U0358761

撬开总监文案脑

文案脑

认知卷
真泄密

塘主 著

机械工业出版社
CHINA MACHINE PRESS

这是一套你买得起、用得上、学得会、能实战的总监文案脑说明书！

写好文案、做好项目，从来都不是靠三招两式的方法论，文案人的文案脑才是内容创作过程中唯一值得依赖的武器。升维文案人的总监文案脑，才是文案人从根上解决创作难题的有效路径。本书把文案总监的大脑里对文案创作、传播沟通、项目管理的全套认知开源于众，涵盖了作者对文案创作的 10 年思考心得和系统认知。

本书写给在文案升级路上一路遭受"毒打"，但仍然相信文案力量的从业者，以及需要靠文案实现破圈、收心的一线创作人和价值创业者们。书里阐述了资深文案能拿到文案总监指导项目的底层创作逻辑；总监能拿到升级文案团队整体战斗力的落地路线；企业品牌方从业者能拿到靠文案走入人心的全套销售、传播和沟通逻辑。

文案要写好，撬开总监文案脑！

图书在版编目（CIP）数据

撬开总监文案脑. 认知卷／塘主著. -- 北京：机械工业出版社，2024. 12. -- ISBN 978 - 7 - 111 - 76688 - 9

Ⅰ. F713. 812

中国国家版本馆 CIP 数据核字第 2024F7M298 号

机械工业出版社（北京市百万庄大街 22 号　邮政编码 100037）
策划编辑：曹雅君　　　　　责任编辑：曹雅君　蔡欣欣
责任校对：王荣庆　李　杉　　责任印制：单爱军
保定市中画美凯印刷有限公司印刷
2025 年 1 月第 1 版第 1 次印刷
170mm×242mm・15.5 印张・1 插页・215 千字
标准书号：ISBN 978 - 7 - 111 - 76688 - 9
定价：128.00 元

电话服务　　　　　　　　　　网络服务
客服电话：010 - 88361066　　机 工 官 网：www. cmpbook. com
　　　　　010 - 88379833　　机 工 官 博：weibo. com/cmp1952
　　　　　010 - 68326294　　金 书 网：www. golden-book. com
封底无防伪标均为盗版　　机工教育服务网：www. cmpedu. com

总　序

在人心红利的时代，
重拾对文案的信赖

———

你好，很高兴和你相遇。我是塘主，写文案的，已经写了10多年。

想必你和我都是同一类怪人。这都什么年代了，还有人像你我一样相信文案的力量吗？文案人在当下的媒介中还有话语权优势吗？相信翻开这页之前，你多半也在心里追问过自己相关问题。

在文字阅读空间被短视频挤压的当下，是什么支持着你还在写文案？我们如何才能经营好自己的文案人生？在短视频兴起的当下，文字影响力渐渐式微了吗？写文案这事儿还值不值得做？在人工智能崛起的背景下，如何找到文案人在商业世界的切入口？我曾无数次问过自己这些重要的问题，现在也把这些问题抛给你！

所有向内的追问，都是在寻找一份深层认知的确定性！

我暂时不知道你心里真实的想法，只好把我脑中的答案原原本本地写给你看。写写我坚信的文案观和我眼里那些关于文案发光的东西。

（一）

文案的真正价值体现在哪里？从根上来说，这是个很少被品牌商家和文案从业者正视的问题。

很多人是从"作品"的维度出发，展开对文案价值的评价。在他们的潜意识里，文案作品刷屏、被看见，就是文案价值的关键所在。而当人们在内容上的消费习惯趋向于短视频，看广告和文字的人明显变少，不少文案人对自己这份文案手艺的信心就变得摇摆起来。

在我看来，这种传统又主流的判断，严重拉低了文案的价值。文案不是一件消费品、不是一件娱乐品，而是产品和品牌的人格化的身影和见证。

有这样一件真事，像刺一样扎在我的心头，时刻提醒我文案的价值不在于创意和作品被看见，它关乎一个品牌的生和死。

一位素食食品企业的创始人通过朋友联系到我，咨询我能不能给他提供一些宣传内容上的支持。深度沟通下来，我知道了这是一个典型的文案缺失情况下的品牌形象塑造案例。

该创始人早年间在香港从事服装外贸，积累了一些原始资本，同时他也是一位素食主义者。回到内地后，他拉来投资、建立团队，想要把自己坚持多年的素食生活介绍给更多的潜在用户。他招来顶尖的海归设计师，用团队能找到最好的食材研发产品，坚持了七八个月后，你猜结果怎么样了？

这位创始人不懂市场营销，也不懂设计和文案的实际功用。他以为找到优秀的设计师按自己的产品理念和想法，把产品包装做出来，拍好产品效果图，设计好产品详情页，就可以上架销售了。结果却事与愿违。经过多轮打磨，设计师设计出来的包装很漂亮，但是仅凭好看的外壳，根本实现不了跟用户沟通这一基本功能。设计只解决了产品外在的形象问题，却没有解决文案的问题。再好看的包装也无法定义、填充产品和品牌的灵魂内核。

由于投资人一直看不到产品上线的预期，有部分款项迟迟不到位，导致资金压力大增。与此同时，食品加工企业的原材料都有保质期，一些糕点也有季节性和上市的时间期限。在咨询沟通中，我看到了一个创业者挣扎在资金耗尽、项目流产和产品包装落地无望的边缘。

因为他们的品牌策划没有专业文案脑的参与，所以设计出来的这款产品不会说话，没有生命力！一旦缺少文案的参与，再好看的画面也没有灵魂记忆点，变成一张没有识别度的脸。这是那个创始人付出了百万元的代价才得到的最深刻的教训。

咨询沟通中，我给过他很多整改建议，他感激地跟我说道，如果早点遇到我，项目可能就不会被逼到绝地。对这个品牌的深度思考，我会放在后面章节里展开细说。

外人对文案价值的最大误解，是以为它只是画面上的一些文字注脚，觉得文案不重要。而这个品牌创始人花了百万元的学费才认识到，正是那一两句话的文案，清晰地翻译和传达了品牌的灵魂和使命。

我举这个实例，只是跟你说，文案真正的价值在于"创造新生"。作为文案人，你有权、有能力去定义一款产品、一个品牌、一个人、一个公司在用户心里的外在形象和内在调性，你可以去潜移默化地改写人们对一个事物的理解和认知。

因为有了"文案脑"加持，我可以造一本书、可以造一个 IP、可以造一个文创品牌，可以造一个文案成长系统……我完全赋予了手里的产品新的生命和意义。

文案人参与产品和品牌使命、认知印象的传达，文案的价值在于创造，文案人很重要！

（二）

当下短视频越来越红火，很多人下意识地认为它大大挤占了文字的存在空间。其实，抱有这样认知的人犯了一个严重错误，他们把文案工具当成目的了。

在当下的商业社会中，我有一个底层的判断——所有商业运作，都在趋向服务于"人"。"人"才是最终的目的和一切的意义。在人心红利的时代，文案人终于迎来了创作者的春天！

所有科技的进步、社会的发展，都是在让人与人更方便地产生连接。只要去做强化人与人连接的事，这件事的大方向就不会错。只要去做促进人与人建立深度连接的事，这件事就一定能成，能赚到钱。

文案就是这样一个走入人心的职业。文字是在"人心"上要答案，在"人心"上做文章的工具，从"我心"到"他心"建立直接连接。

以前，人们认为从"产品为王"到"渠道为王"，现在这种说法要升级了。当下产品同质化严重，人们随时可以在直播间、电商平台、短视频购物车甚至外卖平台找到自己想要的产品。传统人、货、场的依附关系被加以重整、简化。相比明星代言，人们更愿意相信网络平民和达人的真实种草。

当我发现，当下商业正在从"产品为王"转向为"人品为王"时，我才意识到我们这一代文案人正走到了真正属于我们的时代——人心红利的时代。

在洞察用户、创造新生、用最简洁的话语和内容赢得用户信任这件事上，文案人一出场就在一步到位地直达人心。

文案没有磨皮、没有滤镜、没有美颜，没有一切辅助的外在力量，文案来到你面前，不带一切修饰和假装。如果这样的文字还能走入人心，是不是代表了它是一种人与人之间的大巧不工的真实沟通，是心和心之间的高效直连呢？

我说这些，只是重新审视文字的力量，让你重拾对文案的信赖。

我从不担心短视频和算法对文案生存空间的挤压，因为短视频和算法是把好文案、好内容传向更大世界的高效发射载具。而这不正顺应了我们身为传播者的初心吗？

也许，传统广告已然没落，但是属于文案内容人的红利期正式登场了。在这个人心红利的时代，如果你是一个优秀的文案创作者，你就可以用火力十足的内容武器和发射工具，将品牌和产品投送到用户的心中。你还可以用好文案把自己的个人品牌影响力，精准投射到用户心中。

人心就是金钱，人心就是黄金。重拾对文案的信赖，做好上游内容生产者，把人生的确定性和希望放在自己身上，这些在未来的商业世界里无比重要。

既然选定了文案这条路，那剩下的疑问就直指核心，如何高效地成长为一个合格的收心文案人？

这套书就是塘主用 10 年创作经历写成的一个非标准化的答案。

最后，我想感谢我出发探索文案时遇到的七鱼总监，是你为刚出发的我推开了一扇窗；感谢过去在我生命里出现过的每一位信任我的品牌客户、付费文案会员、总监学员和正在看这本书的你，是你们陪伴塘主完成了这一场长达 10 年的文案长途探索。感恩我的爱人吟，我的宝贝（等等），是你们无限度的支持，让我能够沉心写完我的全套文案观。

我希望本书能成为坚信文案力量的人们案头的伙伴，成为人们出发路上的一块厚实的青石板，为他们的"文案脑"铺好一段路，也为中国商业传播贡献属于塘主的一个标点符号。条条大道通罗马，塘主给出的只是一条我验证过的通往人心的道路。

为真诚接受你对这本书的阅读反馈和提升指导，我开放了本书微信公众号"敲醒文案脑"（id：useidea），会不定期举办"文案脑"读书会，用真实实战案例、部落答疑、主题分享，加速同路人消化理解这本书中的训练系统。也希望这里可以成为国内一线"文案脑"生长的起点、平台和基地。虽初次以文字相交，但我脑中设想过无数个与你纸墨相谈的场景。谢你赠我以诚意和期许。我也备了一份实用见面礼，关注回复"文案你好"，直接拿到。

关注回复"文案你好"
下载全套总监高效创作包

前 言

敲醒总监文案脑，开源文案人一年顶五年的高效生长通道

你好，我是塘主。从这一刻起，你我就有了相同的使命——联手加载和升级自己的总监文案脑。

你翻开的是一本全面剖析和解构品牌文案总监思考模型和创作系统的文案书。自打入行第一天起，我就想找这样一本文案书，它能告诉我文案是怎么一步步写出来的，如何更高效地成长为一个合格的文案人，怎样才能成长为一位独当一面的文案总监。

后来，我学会用升维的方式来解决问题，我发现很多问题的答案早就存在了。用更高维度的大脑看待问题，问题就不再成为问题。升级文案力，最直接的答案就在身边，就在身边的文案总监的大脑中！最能帮助人们解决这些实战问题的不是书本，而是你身边那些经验丰富的文案总监。

一代代总监极力掩盖的创作真相

在文案世界里，本就有一套现成的升级和创作方案死死锁在文案总监们的大脑里，成为外人难以触及的创作秘籍。

每一位从 0 到 1 真刀真枪成长起来的文案总监，都构建了一套独立的创作方法论。只要你能向身边的文案总监借来全套创作思路和文案创作系统，就能解决实战中 95% 以上的创作难题。

不要总说"创意没方法，文案全靠多看多写"这样的空话……

懂行的人都不会反驳这一事实：认知决定行动，行动影响和改变现实的创作结果。文案的结果是由深度认知和创作思考过程决定的。

一位总监对文案、创意、策略、洞察的认知是长期稳定的；在文案、创意、策略、洞察的生成过程中，99%的进程都有一套相对固定的思考推进过程，剩下的1%则是靠灵光一现的灵感眷顾。

所以说，一位文案总监的项目思考中的绝大多数认知和创作流程，直接复制、上手使用就能产出结果。你根本无须怀疑这一既定事实。因为文案总监创作过程中的大部分时间，不就是在重复调用自己的同一套创作系统，去解决一个个客户的不同问题吗？

可以说，成为文案总监的高效方式，就是直接复制另一个文案总监的全套创作系统，并进行大量实战。但是，这一最简单的文案力攀升通道，也恰好触碰到了人性中自私的部分——总监们不会把自己整套创作绝活系统分享给身边人。极少有总监愿意将自己的文案系统开放给同事、下属，这无疑是在为自己培养潜在的竞争对手。

于是，我看到了一个让人痛心的现象：一代代志气满满的文案新人，经历过九九八十一难，终把自己磨炼成一位能够带领团队征战四方的文案大将，可因机缘不到或其他原因，他们最终孤独地带上自己的一身经验悄然离场，没有给后来者留下哪怕一个脚印的提醒。

后加入这个行业的文案新人，又将踏上上一代文案人的升级磨难之路，孤独地开始一场长达5～6年的摸黑探索和文案历程。在我看来，这是行业认知资产的严重流失和浪费。

假如一个总监的职业生涯中，愿意带动和影响100个文案下属，帮助他缩短3～5年的摸索时间，那么10000个总监就能为100万个内容创业者铺设一条条快速生长通道。而这些快速成长起来的内容创作者又将为国内优质的品牌和产品落地实效营销，为中国商业发展注入一股强劲的人才力量。当然，这属于我自己一厢情愿的空想。我知道，很难有过来人愿意回过头为后来者做好铺路和搭桥的事。

但是，这是一件有意义的事，总需要有人站出来去做。我希望自己可以做一个对社会有点用的人，让我的存在，使这个世界变得有一点点不一样。

于是，我写了 10 多年品牌文案后，终于存够了能力和底气，可以亲自帮助后来者揭开文案总监的这层神秘面纱，带你探索文案总监创作系统的构成真相。

一套神奇的文案脑编程创作系统

我看过一句对我影响深远的话，"做成一件事，首先因为这是一件对的事。不是我做，也会有别人来做。"

当我想到无数后来的从业者，正像我当初一样迷茫地寻找着文案升级的方向；当我看到很多小微创业者，翻遍了招聘网站也找不到能力靠谱、价格合适的文案人；当我看到很多中小企业品牌，在市场上只会拼价格战，找不到优质的营销文案帮它们传出自己的品牌声音……我就觉得，我可以为他们做点什么。

这本书写给那些同样坚信文案力量的人，也写给想要借助文案的力量推动自我价值实现的创业者们。

在你正式翻开这本书之前，我在此提前跟你概括一下我开发的这套文案脑升级系统的诞生过程和设计理念。

在成长路上，我用几年时间经营过一个总共有上万人付费加入的文案社群。很多人把他们手里的工作项目和创作难题发到群里，征求大家的思路和意见。

几年下来，我在群里深度观察过上千人面对文案问题时的不同反应，也参与过上千场文案创作问题的答疑。这些付费文案成员就成了我深入研究文案人这一群体的重要入口。

当成员把工作问题丢到群里，有空的时候我就会参与他们的创作讨论，大多时候都能推动他们向前一步，也有很多成员因我的引导和启发，成功拿下了重要的客户项目。但是，他们在下一个客户项目上遇到问题后，还会把问题发出来。这是一种不解决根本问题、没有止境的循环答疑。我又陷入了沉思。有没有一种办法，能够一劳永逸地从根本上推动人们去解决他们的内在问题？

在经营社群的那几年，当我认真回复过 400 人、500 人后，我有了一个重大发现，文案人之间最大的差异不在于文案创作能力的高低，而是他们的大脑对一个问题的认知模式和反应精准度。

换句话说，是一个人的整个文案脑决定和影响了他的日常创作。

我可以教人具体方法，去解决当下的某个创作问题。但是换到下一个问题，他的大脑又呈现一团糨糊状，又不会思考了。他的大脑里不具备一套完整的文案思考认知流程和反应模式。因此，下属们只会听从总监们给出来的指令和方法，去执行总监的具体创作方向。一旦放手让他们创作，他们就内心慌乱、毫无方向。

想到这里，我好像找到一个神奇的开关——帮助人们升级总监文案脑，才是那个永远解决问题的核心关键。接着，我做了一个大胆的实战尝试。我关掉了文案会员群，把全部精力都用来梳理自己的文案脑在具体项目实战中的思考路线，把它整理成了一套课程。

在课程里，我封装了自己的总监文案脑在项目思考中的认知反应模式，让人可以直接透视和复制一位品牌文案总监在创作思考过程中的底层思考模型。相当于我把塘主每天在使用的文案脑底层思考源码和框架模型全套开放出来，让人可以直接接入。这个小小的构想，一度让上千人走上了一年顶五年的高速成长通道。

你看到的这套书中的大多内容，都源自于我写在课程里的核心部分。报名学习这门课程的人，有工作八九年的品牌总监，也有工作三四年的资深文案。他们中的大部分人都在短期训练后，拿到了显著的成长结果。

后来，我不断学习和升级这套系统。通过查阅人脑认知相关的科学知识，我才发现这套系统恰好符合人脑认知规律。人脑天生喜欢精确和具象的内容，不喜欢模糊。因为处理模糊的认知内容，会消耗更多能量。所以，当我给出一套清晰的文案认知和创作模型后，对方原本认知模糊的大脑很容易"从善如流"地接入和使用这套模型。因为他的大脑里只有这条清楚的思考路径，自然会主动调用这套现成的文案思考模型。

对一年顶五年的理解

每一个个体都是独立、鲜活的存在。我不敢过多承诺一本书能够给你带来的现实改变！我不想放大你心中对快速成长的渴望。

标题中的一年顶五年，是从我的自身创作和教学经验出发，用它来描述这套成长系统可以推动人们完成一年顶五年的文案探索。

我入行的前五年，每天都在写文案，但是我的头脑里并没有牢固的文案内核和创作系统。当初我和所有文案人一样，都是自下而上地学习。我看过上百本市场营销专业书，大脑里装着无数文案知识碎片，但是一直缺少一个完整的文案创作系统。我学到的文案内容是散装的、零碎的，是一堆不具备内在关联的碎片化知识经验。

当我完整开发了这套成长系统，你就不再需要4～5年时间的训练了。接入总监文案脑训练后，所有的事都只是一件事，即敲醒自己的文案脑。

我带人启动了他们自上而下的成长通道，我会针对性地训练他们的文案脑对文案创作的精确认知、整体理解。我会帮助他们接入一套现成的思考逻辑，提供给他们一套完整的思考框架，这样他们就可以用自己升级后的总监文案脑去解决手边的文案创作难题。

升级总监文案脑的唯一有效方式，是让你的文案脑得到充分的实战训练。所以，敲醒你的文案脑，这件事的主体在于你的文案脑。而我能做的只是不藏私地全面开源和示范，让你看到我是如何进入创作流程的，以及我在每一个创作环节的认知状态。

我一直相信，真正的引导和教育不是给人一套标准化的创作工序，而是启发对方内在智慧和激活创作直觉。所以，请不要把我写在这里的内容当成标准答案，更不要削足适履。

在这一场总监文案脑的升级探索中，请你时刻谨记最重要的事是激活和使用自己的文案脑，而不是完成一次次文案知识点进货。你看过的每一章内容，你写下来的每一篇文案和文章，都是为了敲醒和加固你的文案脑。而你觉醒后的文案脑，将是让你受益一辈子的财富源。

目　录

────

第1篇
初窥门径

深度解剖总监文案脑的
核心构造

初窥门径

第1章

系统争先，解密总监
文案们无往不胜的整
体创作优势

你好，文案同路人，我会在这本书里毫无保留地告诉你，那些杰出文案写作指南和教程里没有提及的文案人成长关键点。

这是塘主多年提炼和开发的一套文案成长系统，核心要点只有一个，直接训练和升级你的"文案脑"。

我并非一开始就顿悟了这条"文案之道"。是走过了好多年弯路，踩过无数文案成长巨坑后，才打磨出了这套独立的文案创作体系——"敲醒文案脑"。

它完全不同于你过往接触的任何一个文案写作提升方案。那些是以文案方法和文案知识点为主体，而我是以文案人为主体，去梳理清楚文案人大脑的思考模型和创作系统。

过去几年，我已经以开班授课的方式，在上千位职业文案人身上测试了这套文案成长方案。完整体验过"总监敲脑文案课"的同学，都惊艳于这套练习给自己带来的明显成长和满满的自信。短时期内，很多人都得到了质的提升和改变！

在我向你完全展示这套文案成长系统前，你可能会怀疑它的威力。在看完对它的介绍后你一定会迫不及待地想问另一个问题："怎样才能升级我的'文案脑'？"话不多说，我们直接进入第一个重要认知。

1. 所有竞争，都是整体性竞争

很多人从一开始，就弄偏了文案练习的重点。刚入行时，我也只能看到眼下的表层内容，长期投入了大量时间关注文字层面的包装，比如，句式、语体、结构、韵律、节奏、修辞……

后来我明白，即使给垃圾包上了一层金箔纸，它仍然是垃圾；内容空洞的文案，用再精妙的写作技巧包装起来，照样没人关注、没人买单。

现在，我不再跟别人攀比文案技巧，也建议你不要去做那些表面文章。要拼就拼内核优势。你的核心竞争力是什么？是你的文案脑对品牌和产品的理解深度。假如你跟另一位文案人竞争同一个岗位，文案脑领先的那位，大概率会胜出。

很多文案前辈都会提炼出一个个创作模板，一套套文案写作思路。有些文案人在拿到别人传授的方法后，顿时觉得心向往之，收获满满、恍然大悟。但一到自己动手时，一个也用不上，照样毫无头绪。为什么？

因为我们自己的大脑里，并没有储备与这套写作方法、创作模型相匹配的底层认知和经验数据包，也就不可能靠它很好地开展日常项目的实战创作。

一个大脑空空的人，他的创作、故事和思考，经不起别人细品细看。没有人愿意浪费时间去看干瘪的内容。文案只是信息的载体，我们看的不是文字本身，而是透过文字去接收这件产品、这个品牌所传播的那份创作者藏着的思考、理解和态度。人们不过是通过你创作的作品，找到了他自己。

所有创作行为，都是在表达作者本人对这个世界的认知状态。创作最核心的是，一个人把内在认知发酵和折射出来的影像掏出来给观众看。

我画了一幅画，这幅画是在呈现我的心情和想法；我写一本书，这本书是在梳理我这些年的系统认知；我为品牌写一条品牌口号，这条口号把我化身为品牌，以品牌身份的口吻去传达它对这个世界的问候……

所以，你才是文案创作中的主体，你的文案脑才是你唯一可以终身依赖的创作工具。

我们从来都不是靠单一方法摘得创作成果的，而是靠创作人身心脑整体的参与和发挥。一个人看过的书、经历的生活、消费过的好物、看过的电影、爱过的人，所有这些都会构成他饱满的创作身份。你不是靠创作方法来竞争，不是靠单兵单点来突围，而是靠整体优势而胜出。

所有竞争，都是整体竞争；

所有胜出，都是系统胜出。

我希望你从接触这套文案成长系统的开始，就在脑海里深深烙下这两句话。它是这套成长系统的认知起点。

当你发现身边的一名文案人每次交出的稿子都不出色，明明细节已经沟通到位了，但他总会偏离靶心。他要提升的只是文案写作方法吗？绝对不是！

一个人文案写作力弱，多半会是全方位都弱。他不仅在写文案上能力弱，其他方面的能力也相对薄弱，甚至对工作成长也没有太多要求，学习积极性都比其他人差很多。相反，文案力强的人，是整体能力强。他的洞察、策略、共情能力、沟通效率、商业思维和其他方面的素质，一定也是同行的上游水准。

所有成长，都是系统性成长。塘主带人成长，重点落在升级"文案脑"上，去提升一个人整体的文案系统，是做整体的提升！

2. 两步敲醒你的"文案脑"

这是你第一次正式接触"文案脑"练习，可能你会在对其的期待中夹杂着些许怀疑和不安。

正式练习前，不少人多少都带着一个疑问："我能学得会吗？"我想给你一个肯定的答复："你可以！"

坦白说，我还没有遇到过学不会的人。我在刚毕业的文案新人身上测试了这套成长系统，也在工作了 7 ~ 10 年的文案总监身上，做了教学测试。他们从第一次接触这条成长路线后，就深深被它吸引。因为他们的"文案脑"从混乱到清晰，是自己能真切感受到的变化。在工作中，他们大大提升了过稿效率，得到同事们的赏识和肯定，自己也收获了满满的自信。

很多人会关心的另一个问题是："我从哪里开始练习'文案脑'？"这是一个直击核心的重要问题。

一提到文案学习，很多人都想拜名师，当面向前辈请教。如果身边有这类人，我会劝他务实一点。可以把"文案大神"当作你追赶的目标，但不要把他们当成学习的对象。他们能提供高维度的成长信条，但提供不了文案提升的具体助力。

你的客户等级、创作预算、媒介投放规模、合作伙伴水平，跟他们有可比性吗？没有的话，你把他们的实操经验、从业心得，照搬过来有用吗？

做文案力提升训练，想要取得真实有效的成果，你需要坚持重复地做简单、可验证、有正反馈的事。太复杂的事情，浪费脑力和时间，简单而有用的事，越学越熟练。

敲醒"文案脑"无非就做两件事：第一，升级你的总监文案创作系统；第二，填充你的文案内容数据库。足够简单吧！

第二件事相对简单，往"文案脑"里填充数据，今天就能做，此刻就在做。你看完了这一节，做好了详细的知识笔记，就是向你的"文案脑"里填入了一条高维度的认知数据。你参与一个真实的项目，会产生一条数据；你拆解完一个成功的作品，会产生一条数据；你过往的一篇成功的文案创作，也是一条数据……

建立和丰富你自己的"文案数据库"，这件事只能由你亲力亲为，别人替代不了你。我无法把我"文案脑"的数据库植入你的脑中。

但是，我能做好另外一件事，它是"文案脑"最核心的主体部分，即向你的"文案脑"里注入"塘主文案创作系统"。

说得再直接点，我把我在日常实战创作中提炼出来的文案底层认知、创作方式、思考模型、实战经验，整理成一套"文案创作系统"摆在你面前。你不需要从头去摸索、重新去打磨，只需要把这些直接搬进你的"文案脑"

里，按一位文案总监的创作引导方式一步步向下思考，推进文案创作就好了。

在第 1 章里，我想让你的大脑正式完成接入总监文案脑训练指令的热身准备，并进一步加深你对总监文案脑的认知和理解，好让你的大脑明白所有成长都是系统性的成长。

如果你是一个内容创作者，你只用记牢此后所有创作行为和认知动作，都是指向一个统一的终点——敲醒自己的文案脑。只要你从心底认定这一步，你就跟过去的文案升级方式完成了彻底切割，并且完成了一步争先的冷启动。只此一步，你往后会把所有的注意力投射到文案脑的整体升级上，而不是个别"干货"信息点的收集和整理。

希望这一场文案长谈指向的终点是敲醒和重构文案脑，而不是向你大脑里输入"干货"包。那些追求"干货"的阅读行为，大多是在追求一份浅层的获得感和片刻的心安。别人咀嚼加工整理的"干货"，无法转化为你的创作能力。唯有你持续升级和觉醒后的文案脑，才能为你此后的职场、人生提供源源不断的安全感和依赖。

那么，回到日常文案创作中，总监文案与普通文案的用脑方式具体相差在哪里？总监们为何能靠大脑算力优势成为项目核心主导人？下一章，让你直观地看到对比真相。

初窥门径

第 2 章

优化算力，加载总监
文案脑 CPU 长年使用的
思考策略

你想像文案总监一样，一上场就能瞄准问题靶心，一出手就能命中问题的要害吗？

从今天开始，我正式把文案总监对文案写作的认知和理解方式，拆解成一块块部件，装进你的"文案脑"中。

我是那种追根求源的文案思考者。我习惯找到内在根本原因后，再来提供针对性的问题解决方案。你愿意跟着我一起升级"文案脑"，我定不负你投来的信任和期待。

文案人成长缓慢的根本原因是什么？可能你根本没有意识到，从一开始你一直就错失了那个最重要的靶心。

1. 手指指月，勿失月轮

很多人带着入行之初的偏见和误解，一直走了很多年。

因为被文案吸引，人们一入行就把很多注意力和时间，投到了字句琢磨上。由于没有创作出自己满意的作品，入行几年后，仍在全心思考文案的表达技巧，而从不关注这个文案项目背后的动机、意义和目的！这样的情况大有人在。

大家似乎都忘记了一件重要的事——文案只是我们的手段，文案本身并不是目的。

就像拉弓射箭，最终的目的是箭中靶心。真正帮助客户解决商业传播问题，是我们写文案的目的。

只有当你盯着客户问题这个目标点时，你的创作系统、你的眼睛、你的注意力、你的生活记忆、你的相关创作经历甚至你的心跳频率……你全身上下的所有资源，才会被调动起来，服从和服务于这个目标点。

我带过一个学员，他做文案工作四五年了。我让他梳理一下当前的职场问题。按他的话，是从来没有受过严谨的职业化训练，也没有资深的总监带过，自己在工作中一边自学、一边独立摸索。他走得很辛苦，也很缓慢。他的每一段回复都流露出一份明显的不自信。他很喜欢这个职业，但工作了几年，仍不敢说自己是一个合格的文案人。

我看出他的心思，赶紧打消他的消极念头。我也把当时对他说的那些话整理一下，写给同样喜欢文案的你。

不管你工作了几年，不管你会不会写文案，不管你上学时的专业背景，不管你之前跟着哪位名师学写文案……这些并不重要。评价你写的文案的大前提，是它能不能解决问题！

文案只是解决客户商业问题的手段之一。文案跟其他的策略、设计、媒介组合在一起，成为一套完整的问题解决方案。

在过去的人生经历中，你明里暗里克服过无数的困难，做过无数的选择，你已经练就一身解决问题的本领。你有过解决复杂问题的丰富经历和能力。现在，请把这份能力有意识地应用到文案创作上。

《楞严经》有名句："如人以手，指月示人。彼人因指，当应看月。若复观指，以为月体，此人岂唯亡失月轮，亦亡其指。"

用大白话来说，有人用手指头指着月亮告诉众人，月亮在那里。照道理，人们应该顺着他的手指去看月亮。

但如果人们只注意那个手指头，反复观看，还把手指头当成月亮本体，那么问题就大了。这样的人不但看不到月亮，就连手指头也看不到了。

在这个比喻中，手指就是文案，是工具和写作技巧；月亮才是我们要留心的文案目的地，月亮就是解决客户的商业问题。人们太过于关注"手指"

本身，太痴迷于当好一位合格的"文案工具人"，反而忘记了为什么写"文案"这个核心问题。长期执着于手段和工具，反而对目标失去焦点！

至此，你就不难发现一个问题，普通文案观手指，文案总监观月轮！普通文案是思考文案本身，大多去做文案的字句雕琢和修辞表达；而文案总监是瞄准商业问题本身，用文案寻找解决方案。调用文案脑的核心 CPU 算力来重点解决问题，是一个普通文案迈向有意识创作的第一步。

2. 文案总监的大脑 CPU

我不会引导你直接去练习文案表达。雕琢表达修辞、遣词造字、语体句式，这些练习完全在误导人走入追求细枝末节的歧途。

文案总监的大脑 CPU，不会满世界去找文案。甚至在思考初期，总监"文案脑"完全不关心文案。文案具体怎么写，用什么字句，怎么表达，这些是以后要思考的问题。总监只聚焦思考一个点——当下客户的商业问题是什么？

时刻瞄准唯一的"靶心"，永远不离重点，这就是职业文案和业余玩家的区别。因为问题是客观存在的，短期内不会发生转移。只要瞄准问题本身，出笔时就找准了受力点；只要帮助客户解决了问题，那么这次创作才有了实际意义。

Lin 是一位有 5 年经验的资深文案。但当她回归家庭，生下第 2 个宝宝后，所有前面的积累都似乎被清零了。离开职场超过半年的她，很难再次获得认可。

她试过副业变现、做兼职文案、参与各种女性成长社群，所有这些挣扎并不能缓解她内在的焦虑。远离职场的她，需要跟这个社会重新建立联系。后来，她选择回到文案岗位，报名了我开发的文案脑升级课程。

学习 2 个月后，好运就向她开了一道门缝。Lin 大胆地向一家大型教育集团投了简历，并且获得了面试机会。这是她毕业以来最想去的一家公司。该公司服务了全国几万家幼儿园，给它们提供教学活动的教学方案设计和产品开发。一旦入职，她还能利用工作中学到的内容，引导自家宝宝的成长。

这份工作像是为她量身定做的一般。当然，面试条件也极为苛刻：硕士优先、能力优先、相关工作经验优先……反正，她一条都不沾边。由于离开职场太久，她自己都底气不足。

公司第一轮安排了笔试，要应聘者撰写一份视频脚本文案。她痛苦地琢磨了好多天，在交稿期临近前，请我给她的文案创作思路提一些建议。

看到她发来的文案，我立马启动自己的总监文案脑，迅速得出结论并回复她。按她之前的创作思考，她进入下轮的概率很小。笔试题目是写一条文案，她就去写这条文案了。这是普通文案的解题方式。

文案总监的思考习惯，是从文案中跳出来，去思考和看待问题本身。Lin 面临的问题是什么？是在表面条件完全不匹配的情况下，如何拿下一份理想的工作。

我给她分析了当前局面，对方真正想要的不是一条笔试文案，而是通过面试筛选出优秀的人。这条文案并不是重点，重点是要让对方看到你对这款产品的策略方向、传播沟通的思考过程。你这个人，才是要呈现的主体，而不是那一条笔试文案。当他们看到你对这个产品的整体分析、布局和思考，就能看到你的文案营销认知体系，而这部分她在课程里已经有过系统的学习和训练。

通过调用文案脑，我引导她跳开文案创作，去准备这个笔试题目。我让她不用写文案，而是提供一套完整的产品分析和策划方案。

我就赌对方内部对产品的开发和推广还没有完整的思路。如果他们想清楚了，就不会把一件已经做成的事情单独拿出来当作笔试题。一个面试者在资料不齐整的条件下，又能写出什么有用的文案呢？然后，我帮着 Lin 进一步分析了这款产品可能的营销推广方式。最终，她把我们之间的对话整理成一份提案，提交给对方。

我甚至还跟她说，你以二孩妈妈的身份面试这份工作，反而比其他硕士研究生更具有优势。因为你能更好地共情其他孩子的成长。我开发的文案脑成长路径，就是要调用自身一切资源来完成当下的创作。

结果，她在学历不占优、经验不匹配且没有写文案面试作业的情况下，受到公司重视。公司中层特意约见她现场提报。因为准备充分、思路清楚，她很顺利地通过了第二轮和第三轮面试，在一周内收到了这份满意的录用通知。这是她系统练习文案脑后收到的完美的礼物。

记录这件真人真事，是要让你看清楚，我们要从问题出发去思考文案，而不是从文案出发写文案。这是两种完全不同的思考模式，一出手时就决定了结果不同。

普通文案是满世界找寻文案果实，而文案总监是找问题爆破点。文案总监的这套创作秘籍，并没有太高的技术门槛，你也能学会。无非就是调取所有"文案脑"资源，每次都集中火力锁定一个具象的问题据点。

如果想成为解决问题的专家，那就要上手加载总监文案脑 CPU 的处理方式，我叫它解决问题的策略。

3. 解决问题的策略

你有这样的思考体验吗？当问题出现在你面前，你的文案脑在 0.001 秒内，自然做出即刻的本能回应。不需要给大脑下达指令，它已像一头从草原蹿出的猎豹，迅猛地扑向猎物。不会有任何迟疑，所有思考过程，就像条件反射一样，自动启动。

上面是我自己无意识的思考状态。我的文案脑已经习惯了对问题做出迅猛的自发分析和攻击。在这个训练过程中，我从李小龙的武术哲学上得到过很多启发。

李小龙对武术有过这样的表述：

"保持本能反应，当你想要的时候，它就出现。当你想要行动，你就已经在行动了。当你在行动的时候，你是下定决心的，不会有任何迟疑。如果我想出拳，那么我的拳已经出去了，这是你所需要去训练的地方。当一有机会，不用我打，它自会出手。"

李小龙追求忠实地表达自己的身体；我们写文案是忠实地表现自己的大脑。当问题向你袭来时，你并非依赖特定的方法，而是靠你的大脑立马做出直觉和本能的应对和反应。

当你看到问题时，你的文案脑已自动地跑起来。就像咖啡泼到电脑上，你会立马跳起来，救起键盘和电源插座；就像一杯热水泼到手上，你出于自我保护的本能，会立马把手抽回去。这些都是身体的本能反应。

身体的本能反应是瞬时发生的，不需要任何思考，不会有任何迟疑，也不需要特意地训练。但我们需要训练大脑，对问题也要保持这份自发的本能反应。要让人去创造方法，而不是让方法受限于人。

如何能做到这种直接的快速响应？下面是我只做没说的秘密武器。

我将向大家解密这个我反复验证了多年，帮助我处理工作、生活中的大小问题的解题策略。这一部分已经化成我大脑的自发反应，同样值得你把它深深刻印在脑海里。

我解决问题的策略只有简单的三连招。它们叠加在一起就成为力量强烈的层层波浪，冲击着问题。理解透彻后，能让你解决问题的效率提升不止10倍。

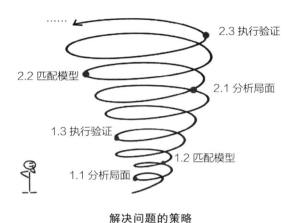

...... 2.3 执行验证

2.2 匹配模型   2.1 分析局面

1.3 执行验证

1.2 匹配模型

1.1 分析局面

解决问题的策略

第一，分析局面。每遇到一个问题，你不需要做任何停顿，直接调用你的文案脑去分析现在的处境和局面。这个阶段的核心任务，是要寻找和锁定问题的具体成因，梳理当前的起点和可调用的资源。

第二，匹配模型。分析完局面后，就要去匹配模型。把你拆解后的问题归类，打上标签，标注它归属于哪个类型下的创作需求。

对问题做匹配模型，也是对大脑算力做精细化的分流过程。就像有天我焦急地抱着眼睛发炎、流泪不止的孩子去医院问诊。哪怕再心急，也要先想清楚，是直接去儿童医院的眼科，还是直接去感染发热门诊。完成模型匹配后，我们就可以调取这个模型下的创作工具和数据库，具体进行解答。

第三，执行验证。先执行再说，效果不理想再升级方案。解决问题是一次次向终点不断进发的过程，你不可能一步迈到终点线。在向前推进的过程中，要养成逐步验证和调整节奏、校正方向的好习惯。不要埋头一下走到底。最好每向前一段，都找人来验证一下目前的思考结果。

上面三步为一个运转周期。第三步走完，代表我们对问题的拆解已经向前走过了一段。此时，起点已经发生改变，你是根据前一轮的认知结论，在新的局面下向前拓展和思考。接着再做第二轮的思考，直到我们最终提出问题的解决方案。

以上解决问题的策略，适用于任何生活场景。哪怕你还没有毕业，生活、学习上也会有不同的困难。现在就拿起这套思考工具，去迎战那些层出不穷的问题。

我们常常看到一些文案总监笔下的文字，毫无修饰感，但是他每一次出笔，都像狙击手一样直击问题要害，用文字在人心里击出一个眼，留下一个痕迹。

我见识过太多没有文学专业背景的人，在各种文案岗位上占据高位，却从没见过一个不善于解决问题的人，能写好一篇日常文案。文案的入行门槛不高，但偏门很多，一不留神就容易走入歪门邪道！这个行业里随处可见那种花里胡哨的文案。根本原因都在于，大多数人都来创作文字作品了，而不关心客户的商业问题。

入行后，我自己也走过很长时间的歪路，没人跟我叮嘱过这些。在商业社会里，客户不需要作品。拿着客户的钱去成就你的作品，是一件不道德的事。商业机构的生存准则是赚取合法的利润，个人的职场从业准则是，帮助商业机构实现它的准则。你又不是自带名气的艺术家，更不是自带流量的创作人。你的作品不值钱，客户只对你的问题解决方案付款。

跟着塘主训练文案，会让你的升级成长之路很务实——从破解一个个具体的问题开始做起。对问题的关注和思考，就是在关注和满足人的需求。

选择以文案为业，最终还是要回到对人的关怀和满足上。只有对客户保持着爱和善良，这样的创作才能走入人心。

哪怕你思考的问题是如何跟恋人相处、怎么照顾街角的流浪猫，虽然它们与文案创作没有丝毫关系，也请保持长期的动脑思考习惯。这份下意识随处可联系起来的琢磨、推理和思考，随时都在打磨你的文案脑。

可能未来的某天，你会接到一个猫粮的品牌服务推广。那你之前对流浪猫的关注，就会成为一条引导你融入宠物爱好人群的线索。因为你关注过这个问题，你也关注了这个问题相关的人群和他们的内在需求。这些思考认知结果都会累积在你脑中，成为创作的数据库。

当你把目光投注在一个个具体的问题上，而不是凭空去想文案创作技巧和招式，你的每一步都会走得平稳且扎实。当你出手终结了一个个棘手的问题，就会每一天都能收到积极的正向反馈。

你不是靠别人的方法和技巧解决问题，你是靠升级自己的文案脑，通过优化算力、提升大脑敏捷度来完成文案进阶成长。以上是我提炼出来的文案成长捷径。除此之外，别无他法。

写到这，相信你已经看到了总监文案脑运转时，始终把思考点落在具体问题上，通过一套思考策略实现文案脑的算力优化。如果你想在日常工作中升级这种直达要害的思考力，离不开对自己大脑算力调配的强化训练。想要随心所欲地调用自己的文案脑，一定不能错过下一章对结构化思维的重点提醒和应用示范。

初窥门径

第3章

结构化思维，人人
都能学会的总监
文案脑思维模型

《教父》中说："花半秒钟就看透事物本质的人，和花一辈子都看不清事物本质的人，注定是截然不同的命运。"

从本质上看，文案创作就是调用文案脑，解决一个个具体问题的过程。你的文案要解决客户的商业问题，同时也要解决大众用户的沟通触达问题。用你的文案脑，真诚地面对每一个环节，这远比技巧更重要。

人人都有大脑，但不是人人都擅于文案思考。在日常实战过程中，不同人表现出来的巨大差异，其实是不同用脑方式的具体体现。

这一章，我会带你回到具体工作中，去分析普通文案跟文案总监对文案脑的不同使用方式，从中提炼出更高效的思维模型。

1. 普通文案的用脑习惯

每个人在专业技能练习上，都会经历一段新手成长期。

结束新手成长期的一个重要标志，就是不再需要自己刻意控制执行过程。想想小时候，我们学习骑自行车，一般是爸爸或兄长在后面扶着车，而你颤巍巍地立在车上，一开始两腿僵硬，一圈都踩不满。双手像抓住救命稻草一样，紧紧握着车把。越想用力控制车的方向越不会控制。长大后，我们去驾校学开车，站在雪橇上学滑雪时，又找到了儿时那种笨手笨脚的感觉。

当我们真正学会了开车、滑雪后，就不会刻意去控制车子和身体，甚至不再留意车子和身体的存在。大脑里想做什么动作，手脚立马自如地动起来。工具和人已融为一体，没有一秒钟的迟疑。

对应到文案写作上，普通文案就像那种刚学车和滑雪的人，缺乏对创作大脑的驾驭和掌握能力。

正式创作文案时，普通文案遇到的最大阻力，反而是来自他的大脑本身。这个脑子啊，一点也不擅长深度思考文案问题，却对其他引发逃离的各种小事都异常敏感。它根本不受主人的控制，一有机会就会擅自脱离创作状态，跑到思考目标以外的对象上，捣鼓其他小动作来舒缓压力。

拿着一个项目策划书，新人会抱怨客户给的需求描述不够明确，但又不自信，不想主动沟通；会临时搜索，找找同类案例怎么写；他还会无意间去一趟茶水间，用离开工位的方式缓解内在创作压力……他的大脑会指挥他去做各种事，反正就是不做思考文案的事。

随着交稿期一点点迫近，时间一分一秒流逝，上司不满地催着他交稿，他每天都处在这样紧张的状态。

一次次低效的创作表现，让人对文案写作更加不自信。这些失利一遍遍强化了他对自己不会写文案的身份认定。于是，普通文案每一天都带着自我怀疑的负面情绪，在长期压抑中不断挣扎。这种背着超大精神包袱的低效成长，不仅前进缓慢，而且很难走远。

文案脑是我们唯一可以倚仗的前进工具。但普通文案的创作过程，文案脑做出的贡献很低，存在感很弱。他们的大脑没有一条思考主线，完全是分散式地思考。

在办公室里，对文案没有掌控力的人，往往还会承受着巨大的思考认知负担。几个字的文案口号都处理不好，这让他从心底升起了一阵阵来自灵魂深处的自我怀疑和否定！他会自责、愧疚、懊恼、躲闪，生怕别人发现他的无力和脆弱感。

我走过这个阶段，也体会过你尝过的每一种苦楚。我特别想对正处于这个阶段的读者说一句，你不需要怀疑和否定自己。你只是没有受过系统专业的文案训练，没人跟你示范过职业文案人是怎么思考的。要把问题和你自己分开。还没找到解决问题的办法，那就专注地去找解决方案，不需要对自己进行过多的审判。

你知道写文案是一项职场技能，经过专业训练后，人人都能写文案。你的问题出现在构建文案系统上，那就跟我一起去升级文案脑，去学习文案总监的思考方式。

与其说文案总监擅长做项目管理，不如说他们更擅长做文案脑的算力分配。文案总监总能自如驾驭文案脑。他们能在短期内调集大量大脑算力，集中到一个点上，去解决具体问题。

当他们要想解决某个类型问题时，文案脑立马开始调取系统解决方案，没有任何迟疑。不需要花费精力去控制大脑，随心所欲地调配大脑，这就依赖于文案总监的结构化思维。

2. 文案总监的结构化思维

相较普通文案常见的无序思考方式，文案总监最擅长的是结构化思维。

我知道你一听到什么思考方式、思维模式就顿时觉得头大。我也不喜欢把讲解内容变得太复杂。我们是文案人，不需要跨界到其他专业的领域，引入高深的管理学范畴知识，来理解结构化思维模式。

我就用小朋友也能听得懂的方式来做拆解和沟通。用结构化思维拆解和理解问题事物，不妨从我们身体的结构出发。我们可以把人拆分成头、双手、双脚和躯干，躯干又可以拆分成上半部胸腔和下半部腹腔。

万物皆可以用结构化思维拆解开来。当我们采用结构化思维，就会对事物有一个相对清晰的整体性认知。

上语文课的时候，老师带孩子们理解一篇课文的过程可以拆解为：

①介绍作者和时代背景；

②领读全文，标注生字词；

③划分文章结构，理出段落关系；

④提炼中心思想，讲解值得学习的创作表达方式；

⑤与学生互动，深化理解。

……

一位创作者写一本书的过程，也可以拆解成如下结构，逐步执行：

①选题立项；

②签订出版合同；

③撰写内容的同时，做好预热宣传；

④确定图书包装风格和设计调性；

⑤三审三校和修改优化；

⑥图书上市，协助出版社宣发。

如果你觉得这些事例离你有些距离，那我们再从生活中找来例子。女生的洗脸上妆，也可以拆解成一个结构化的执行过程。来到洗手池后的第一步，她会做什么？是打开水龙头吗？不，是扎起头发。接下来，她会做什么？回想一下整个洗脸过程。洗完脸以后，她来到化妆品摆放台前，又会分步骤执行哪些动作？

经过结构化的拆解，你会发现工作、生活中的大小事，都可以拆解成相对固态的范式、流程顺序，然后分阶段、分步骤推进执行。

概括而言，结构化思维就是指为了完成一个特定任务，以事物的结构为思维对象，以对事物结构的积极建构为思维过程，力求得出稳定规律的一种思维方法。

结构化思维不是谁的特权，人人都可以习得和掌握这种高效解决问题的思维方式。而且从小学到大学，你一直有意和无意地使用过这种思维技能。甚至说，你已经熟练地使用结构化思维处理生活和工作中的大小事。

比如，给自己安排一场假期的出游，你会先选定目标（目的地），然后选择出行工具和路线，之后安排时间和行程……出发前在脑中的安排和演练，就是结构化思维过程。

文案总监的结构化思维应用，无非就是把整个项目的创作思考过程拆解成结构清晰的几个执行部分，然后分阶段执行和消化每一部分的思考内容。

在结构化思维的引导下，文案总监的大脑不会慌乱和盲目地发散思考，而是出发前有了一张打卡地图，看完一站的风景后，再向下一个站点出发。

文案总监清楚地知道整个项目思考的前进路径，也知道自己现在正处在哪个位置，而且他很清楚当前阶段的思考，可以调用哪些成熟的思维工具。整个创作的流程，都在他的掌握范围内；每一个细化执行操作步骤，也在总监的认知范围内。面对不同的项目，他只是再次调用文案脑里早已经打磨和实战过几百遍的创作系统，拿着这个已经通过反正两方面验证过的思维工具，去解决新问题。

写了这些，只为提醒你把自己已经掌握的结构化思维方式应用到文案写作上来。迈出了这一步，你就离文案总监的思考方式更近了一步。

3. 文案总监的创作系统

写到这里，我都是在介绍文案总监思考行为和习惯。我们知道了，文案总监是完全依靠自己的文案脑，针对客户的商业问题思考定制化的解决方案。

我们也说过了，在思考问题的过程中，文案总监非常依赖结构化思维，将整个文案思考过程切割成几个部分，然后分步消化。

文案总监反复应用文案创作中的结构化思维，我称之为文案总监的创作系统。

一个完整的创作系统如下，你现在看到的只是它的大结构，在接下来的篇章里，我会带你把每一个阶段的内容都填充完整。这套创作系统就是文案总监的秘密武器，也是他们能拿高薪的底气来源。

它就像一套自动化的创作代码，存储在文案总监的大脑中。一遇到新项目，就会按照已有的文案创作流程，一步步加工和提炼阶段性结论。

有了这套总监文案创作系统，你就像按照菜谱做菜一样，一步步准备原料和配菜。写文案可以像下厨房一样简单。

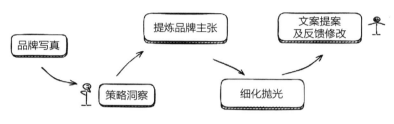

总监文案创作系统流程图

比如，文案总监创作的起始流程叫"品牌写真"。就是指调用你的文案脑，给正在服务的这个品牌客户的营商环境拍部纪录片和写真集。在这一阶段，我们会去分析客户传来的创意简报（brief）、商业问题、产品客群画像、产品本身优势、品牌动机……我们完全可以把这些思考内容的执行方法、验收标准整理出来，方便之后反复调用。

整个文案脑就是一个内容生产工厂。文案创作系统就是一条完整的内容流水线。每一个流程就是一个来料加工生产车间。当你把车间一的任务半成品加工完成后，可以把思考认知结论传输到下一个车间，继续进行下一步深加工，直到最后产出文案成品。

大多数文案创作力问题，都源于脑力和精力管理出现了问题。把文案总监的加工生产地图摊开，平铺在你眼前，你就不难发现很多人关心的文案写作技巧、字词修辞、句式加工，其实是略过了前面4个创作思考环节，直接跳到整个创作的最后一个流程，去做文案起稿和反馈修改环节要做的事。

文字表达是偏主观的、随心的，有人喜欢某种风格，也一定就有人觉得它不适合自己。如果你略过前面对项目的思考认知部分，把脑力和精力放在文字表达上，那么你的大脑肯定找不到思考的附着点。没有具体的创作流程和对象，这时你的思考过程就是在挑战移动打靶。当你还在文案新手时期，你觉得能射中游离的写作目标吗？

文案总监擅长在不确定性的过程中找到确定部分。每天接触的客户类型和传播项目是不确定的，但是他自身的解题和思考过程是确定的。无论拿到什么项目，他做的事情都一样，立即调用文案脑已经掌握的文案创作系统，以结构化思维带动团队成员去拆解公司项目。

一个人把"眼睛看到"转变为"大脑知道"，最后实现"身体做到"，这需要大量有意识的实战练习。

对于一套思考工具，重复使用 50 次能够认知方法，重复使用 100 次能够深刻理解技术内涵，重复使用 1000 次能够成为本能反应。多练习一次就多了一份对文案脑的认知，多训练 10 遍就多获得了 10 次肌肉记忆。

启动自身文案脑，信任它、依赖它、训练它、期待它……像培育一颗种子一样，给它找到合适的土壤，也给它时间和耐心，它自会长成一棵枝繁叶茂的大树，你一定能享受挂满枝头的文案脑智慧果。相信我，也相信你自己，你差的只是一个很好的开始。

拿到传播项目时，成熟的总监们总会自发调出一套定向思考模型，来引导团队成员聚焦到关键点上。主系统争先、优化算力、结构化思考，就是他们所依赖的整体思考程序。

在撰写总监文案脑的第一部分，我着重于关注那些长年不变的底层思考策略和运转机制。如果说前面提到的都是宏观结构层面的文案脑运转方式，那么下一章将直接揭示总监文案脑在微观方向的发力方式。为什么总监们总能走在众人面前，率先提出一些出奇不意的解决方案？下一章，正式为你揭开总监的非平面算法神秘面纱。

初窥门径

第 4 章

非平面算法，
一击即中的总监
文案沟通思考术

　　我在构思这本书之初，就调用了一个文案总监的核心算法来思考它的选题方向。这本书不是传授文案写作技巧，而是指向总监文案脑的思考模式，想要探索出职业文案可以直接复制使用的高效能创作模型。这样的书一出场就是孤品和特例。因为它唯一，所以就不会撞上对手。

　　文案总监们总能在出手之前，就一下瞄准那一新奇且陌生的创作切入口。他们总能找到那种没有对手、没有沟通阻碍的传播点。

　　不知道你会不会有这样一个疑问，同坐在一个办公室内，为什么总监对问题的反应速度总是比我快好多？他思考的切入角度，我怎么就想不到？他看到的问题，我怎么就不能发现？他提出来的创作方向，明明就在眼皮底下，为什么我每次都略过去了？太可惜了！

　　这里面有什么秘密吗？不瞒你说，还真有！

　　引入文案总监的核心算法前，我给你讲一个家庭教育的小事，它与我们的文案成长非常相关。当然，你大概率也会来到这个阶段——调用自己的文案脑，推动家里孩子的学习和成长。

1. 总监文案脑的核心算法

　　2020 年春节过后，我被隔离在家数月，家中的小侄子也全面转入网课学习。有一次，班主任老师特别关照，让家人多留意孩子的书写字迹和学习状态。

　　那个时候，家里人开始发现孩子的学习问题成了一个需要认真对待的问题。那些自律的孩子会跟着老师的节奏正常学习，而小侄子这类成绩一般的孩子，自主学习能力和习惯都不如那些优秀的学生。此消彼长之下，跟优秀学生的差距会越来越大。

我虽然不关注考试分数，但我不想他在小小年纪就认为自己追不上别人。我很想保护孩子心中的那份自信、自强的斗志。于是，我开始给他制订学习成长计划。我用的提升方法，跟我用在很多文案人身上的是同一套训练方式——提升他的自身系统，升级他的学习脑。

很自然的，我把文案脑的思考方式带到家庭教育中来。我最初跟小侄子分析的是自己所处的竞争环境。我跟他说，你跟班上所有同学都在同一个教室上课，听同样的老师讲解知识点，写同样的家庭作业，做同样的试卷练习……相当于你们全班同学每个人乘坐一艘皮划艇，有人早早划到很前面去了。这些学霸从一年级到现在，一直都是班上名列前茅的优秀学生。同一条赛道上，你在进步的同时，别人也在进步。这是数学中常见的追及问题。你的成长速度比不上别人。就算你追到毕业，也不可能拉近与这些学生的距离。听到这里，小侄子默默点头。

我接着往下说："你的学习态度不如他们、专注度不如他们、知识结构的沉淀也不如他们，而且你的努力程度和投入的时间都不如他们……他们肯定不会轻易让出前面的宝座。如果用学校的学习方式追赶那些学霸，你几乎没有机会超过他们，对不对？"

小侄子像听故事一样听得津津有味。局面分析完了之后，我向他脑子中注入了一个重要认知——你不可能拿学霸们擅长的学习方式和成长路径来超越他们。

面对难解的死循环，我们应该怎么办？我向他引入了文案总监解决问题的核心算法——非平面思维。

我跟他说，你们年级有 8 个班，五六百人，其实同学们使用的是同一套教材，老师们使用的是相同的教学方法，大家都按同一套标准被灌输成长。你们像一张纸上的图形，可能有的是圆形，有的是方形，有的是三角形。但身处平面世界里的人，只能看到身边的点和线段。只有逃离平面世界，跳到三维世界中，你才能看到这个平面世界中的所有形状。

当从学校的环境中跳离出来，进入一个非平面的世界，我们才能真正理解，为什么去学习，怎么去学习。

有了这套共同认知之后，我信心满满地给小侄子定制了"非平面"的学习提升计划。身边同学都是在同一条河里向前划船，而且很多人已经领先了我们好多路程。显然，我们无法用行船的方式追赶上他们。我们不再走水路前进，我们从空中去超越他们，我们有飞艇。

知识点是学不完的，是无穷无尽的。但有了一个聪明的大脑，我们可以用更高效的大脑去理解知识点之间的联系。我跟他说做什么都是在练习自己的学习脑。我对他的大脑训练，拆分成几大块——专注度、记忆力、理解和感知力、逻辑思维……

比如，小学数学非常容易训练出结果，能在短期内提升成绩。我带他以"非平面"的方式，去提升计算基础和思维能力。我带他练习围棋和编程，让他思考数学解题、编程游戏和下棋落子之间的共性关系。体验后他会说："数学解题，就是编写一行行代码完成任务的过程。围棋是更难的编程解题游戏。我下一步之后，对手也会下一步，他下的这一步，就让原来的局面发生了改变。我就需要重新思考解题方式。"

我还跟小侄子说，我们写字的时候，不是没有思考地、毫无目的地把一篇字帖、一个字重复 10 遍、20 遍。我们是要感知这个书法家写字时的笔意、结构和变化，要在大脑里先理解了这个字的结构，然后再专注地把它还原出来。在写一个字的过程中，我们训练了大脑的专注力和对手掌的控制力。我们可以把这份专注力，用来做其他事情。

现在他知道了，每做一件事，目的不是去完成这件事、这个任务，而是去摘取这个任务后面更大的果子——那就是去升级和开发他的学习脑。他做了一次有效训练后，他的学习脑就得到了一次强化训练，他的内在系统变得比上一个月更强大了。

在这个过程中，他能感知到自己一天天的变化——字写得好看了，经常被老师夸，被老师选来写黑板报，多次参加学校书法比赛，获得年级二等奖、一等奖。数学成绩稳步提升，从一个不起眼的中等生，变为同班优秀同学想超越的目标对象……

别的孩子在拼命补课时，他有大把时间看我给他找来的动漫、电影和课外图书。我让他通过看《灌篮高手》去感受一个菜鸟为了球队的奋斗目标，坚持在每一个机会上全力投入；通过看《棋魂》明白一个道理，只有自己决心要成长，才能收到成倍的快乐；我带他看《功夫熊猫》整个系列电影，让他明白只有把自己的优势全力发挥出来，才可能成为神龙大侠……

甚至我每周都给他特意安排了游戏时间，让他去玩他喜欢的平板游戏。在他把角色等级玩到黄金段位后，我让他去看看一本很多成人都很少会翻看的书《游戏改变世界》。在这本书里，作者讲解了人类在游戏世界成瘾的原因，这种游戏化的组织方式可以给人们的生活和工作带来的改变和启发。我引导他把这种理解应用到学习上来，把日常学习当成一个大型的闯关游戏。

我就这样一点点地引导，一次次地校正前进路线，最后只用一个学年时间就把他从一个成绩落后的班级小透明，带成了一个对世界充满好奇心的年级优秀学生。

我还让他主动联系身边那些学习用功但进步缓慢的同学，让他给他们分享自己在学习上的非平面思考方式。我对他说："不用担心自己的秘密成长方式被别人学去了。别人不可能抢得走你的领先位置。因为你是在练习自己的学习系统，你是在积累自己的学习脑。最终你是靠自己内在的学习脑整体优势，靠你做事、做题目的专注、投入度去跟别人竞争。"这些听起来是不是很熟悉？这就是我前面说的文案总监赢在整体优势！

以上反复出现的"非平面思维"，就是文案总监们已经深深印在大脑里的本能思考方式。可以说，它是总监们在面对复杂问题时最宝贵的核心算法。

2. 深度解析"非平面"算法

把任意一个认知课题摆在前面，想象着面前有一张写满建议和引导的 A4 纸。这张纸上的所有内容，都是大众给出的平面化的答案。他们的思考给你框定了一个思维认知的边界。我们想方设法从现有解决方案的框架中跳出来，站在问题之外，站到众人现有的结论之上，去纵览问题全貌，并提出属于个人的思考和见解。我把这种从平面化的、大众的认知方式跳脱出来的脑力思考方式，称之为非平面思维。

别的孩子都是在学习和加载无限量的知识。如果要去跟他们竞争，那会一把把孩子推向无止境的疲惫学习中。而我带小侄子成长的过程中，我只关注他的学习脑，只去训练他的学习脑对学习对象的反应和联系。

我用训练职业文案人的方法体系，给孩子搭建了一个高效的学习成长系统。这个成长系统从小跟随着他，可以一直用到他上初中、高中和大学。在学习过程中，他的眼界不局限在书本和课堂。

我把他从枯燥和重复式的机械学习中抽离出来，让他有机会、有信心去理解这个世界的精彩和美好。所有现代文明中的游戏、动漫、电影，以及旅游中的自然风景，都构成了他学习脑的一部分。

他大脑的思考能力提升了，自然能学得好数学；他升级了自己对世界的感知力和敏感度，自然学得好语文。所有成长和创作，最后都要归于他对自我的表达。这也是我主张的非平面的成长方式，一劳永逸地从根本上解决问题。

最后，我们回到非平面思维的认知上来。这是我自己每天都在使用的一种思考习惯，或者说它成了我的生活和创作方式，它已经融入了我的大脑和身体，成了我身体和意识的一部分。

比如，前面提到的面试者 Lin 的案例，别的优秀求职者都在想着怎么把笔试作品写出彩，我建议她不要去写这个作业，而是去全方位展示自己的策略能力，这是一个非平面思维案例。因为她做出了跟平面世界的人完全不同的选择，所以她更容易跳出来成为被关注到的独特对象。

别的家长辅导孩子功课，大多强调答题正确率和掌握知识点，我在引导时更关注孩子的思维能力和自身的成长系统，这是一种非平面思维应用；大多数文案人的成长，都是从写作方法入手，而我带你去构建自己的文案脑，这就是一种非平面思维应用……任何内容和创作，都可以用非平面的方式重新打磨一遍！

为什么我们要熟练掌握总监的非平面思维思考习惯？这是由大众对信息的接受偏好决定的。

文案沟通的前提是获取用户的注意力。当他们主动投入注意力，才能在传播沟通中尽可能地以更低的成本创造更大的用户价值。用户不会对他生活中司空见惯的事物、信息、见解产生好奇和兴趣。而非平面的思维则从根本上解决了这个难题。

文案总监的非平面思维是一种摆脱大众思维惯性，有意选择差异化的切入方式，最终制造新鲜感的思考方式。

特别是做项目思考时，普通文案人很容易被自己首先想到的解决方案束缚住。但文案总监不会这样。他们知道，自己不太动脑都能想到的内容，别人多半也能一下子想到。那这样的创作方向，就不具备任何新意，不产生任何内容吸引力。

他们明白，不假思索之下自动跳出来的解题思路，多半是大众化的思考。你能想到，别人也一定能想到。所以，他们会直接删除这种下意识平面化的思考方案。文案总监在思考时，会刻意在熟悉的生活元素中、在大众化的日常符号下，提炼出非平面的见解和主张。或者是主动地选择与大众的反应相反的方向去搭建传播和沟通机会。

非平面的思维很多时候表现为主动选择与众人相反的推进思考路径。宽敞的阳关大道看似好走，但使用大众化的成长方法，混迹在众人的脚步后头，最终极可能沦为大众脸谱化的面孔，毫无识别度可言。

以非平面的思维设计你的成长路径，开发你个人的文案脑，用你的非平面的文案脑解决商业问题，这是一条少有人走的文案捷径。而且每一份投入都会化为长效的收益。这份踏踏实实的成长和改变，必会让你受益终生。

在文案成长和觉醒上，你跟大多数人不同，最终表现出来的结果反而是你在往前走。当所有人都在向外求解，而你选择了向内生长，升级自己的文案脑，这就是一种非平面的思维。老子说："反者道之动；弱者道之用"，所有事物都会朝着它的对立面转化，这是天道生生不息的规律。而总监们则擅长主动从大众熟悉的日常事物里，去找到与大众反向的认知路径，这也是一种"反"，"反"就是一种非平面。

你现在跟随我敲醒总监文案脑，系统提升你的文案脑的整体竞争优势，这就是一种非平面化的总监思考模型。任何问题都可以找到非平面的出口。当你把这种思考习惯训练成自己的思考本能，你就拥有了资深总监们最核心的精准算法。

撬开总监文案脑

认知卷

第 2 篇

从 1 到 0

步步为营

加载文案总监创作系统

第 5 章

小试牛刀，用总监
文案脑分析文案人
成长路上的三座大山

上一篇，我们初识了一种非平面的文案高效成长方式——敲醒自己的总监文案脑。文案脑这么实用，这么高效，那我们普通文案人如何加载文案总监的文案脑？接下来，我们一起去面对这一很有现实意义的话题。

当然，现在你就可以小试牛刀，试着调用自己文案脑里的现有工具去解决这一复杂问题。当你向内求时，你会发现自己其实已经拿到了一套总监文案脑CPU长年使用的思考策略。在本书第2章，我提过文案总监解决问题的策略思考方式：

第一步：分析局面

第二步：匹配模型

第三步：执行验证

你不妨直接调用总监文案脑解决问题的策略模型，直接分析国内的职业文案人在文案力成长上所面临的处境和局面。

在跟大量文案人接触的过程中，我总会生出一份昨日重现的感慨。当初我遇到的问题，那些阻拦我的文案困惑，目前还在原地兴风作浪，坑害着另一批文案人。

我能在后来的从业者身上，看到自己当时求助无门、上进无路的身影。焦虑、内心无助、成长缓慢、自我怀疑、心里没底……我经受过的情绪内耗、折磨，我受过的文案成长苦，后来人一份不落地又全部经受了一遍。

近10年来，互联网上搜索信息更方便了，但文案人的成长环境变得更好了吗？完全没有。甚至因大量低质量的信息出现，导致从业者获取优质信息的时间成本大大增加了。除了搜索环境的改变，文案人的成长环境有本质的改变吗？完全没有！文案人入行前后，还是没有系统的、职业化的训练指引。

大部分时候都靠个人"多写多练"，靠堆积大量案例数据之后的豁然开朗。

身边同事对文案的标准和审美，仍然停在意会层面。工作中没人能清晰地说出文案是什么，好文案的标准是什么。你能一下讲出你在工作中，对一则好文案的认定标准吗？

10 年来，文案人的成长环境没有变好。深究原因，我发现文案人成长路上横亘了三座大山。因为这三座大山的存在，一代又一代的文案人，把大量的时间浪费在相同的文案问题上，也浪费了大量的社会公共时间资源。

只有透彻分析了文案人的处境，彻底移走这三座大山，你才能加载文案脑，成功进入文案成长的快速通道。

1. 第一座大山：主观且模糊的文案过稿标准

我开设了"总监敲脑文案课"，接到学员报名时，一般都会问他当下最烦恼的文案问题是什么。做这份课前引导，一方面是想认清该学员当下的成长需求，另一方面也带他梳理自己的成长阶段。

在一对一的交流中，我听到了很多相似的成长烦恼。很多人会说，领导不懂品牌和文案，很想有一个靠谱的人帮他把这块业务撑起来。但是自己心里却没底，常常怕不堪重用，怕扛不起来，遇到重要项目不自觉地往后躲、退缩，因此成长缓慢，也错过了很多晋升机会。

日常文案写出来了，但很多时候是借助于总监的方向，或借助同行的参考案例。断掉网线，可能大脑也就断电了。对独立创作心里没底，不那么确定自己下次能不能写出来。缺乏创作逻辑和表达技巧，不知道怎么跟领导提案为何可以这样写。

这些是文案人的日常现状。我习惯往深层再思考一步，为什么那么多人对文案写作缺乏底气？因为大多数人对文案的理解是模糊的，对文案的认知标准是主观的。文案过稿的标准具有很强的主观性，普通从业者对它实在拿捏不准。

我拿新人程序员写代码来做类比。每一份代码有没有写对,会有一个相对理性观察的反馈标准。

比如,点击"执行"后,代码不会报错,同时也反馈想要实现的预期结果。这就是一条起码"能用"的代码。至于代码本身的兼容性、简洁度和健壮程度,这些不是难题,多写一些代码,多阅读公司同事的标准源码,就自然摸清了门路。因为有一个相对清晰的标准,程序员们编码和改进的目标很明确,只要去靠近这个标准就好了。

但文案人的创作,完全是另一个局面。同一个公司内部,没有统一的文案标准。不同公司、不同客户对文案的需求,更是五花八门。

假如现在把公司创意部同事召集起来,你发起一个内部话题,让大家畅所欲言——"好文案的标准是什么",部门里 10 个人就会给出 10 个答案。大家每天在一起搭档做项目,对文案好坏的判断标准,竟然不尽相同!你不觉得这件事很离谱吗?

一部分人对文案创作标准模糊,另一部分人则是主动让渡了太多的立场和底线。在部分人眼里,客户的好恶就是评价文案好坏的标准。我曾发起过一个话题讨论:"你觉得好文案的标准是什么?"收到让我印象最深刻的答案竟然是"文案好坏,不是谁花了钱,谁说了算吗?"

很多文案人刚入职,并不具备判断文案品质的认知能力。从入职第一天起,为了早点下班、为了文案过稿,他选择顺从、放弃自身立场,去迎合决策人的喜好,去执行他人脑中的随意且主观的想法。

渐渐的,你不再是文案创作者,你丢失了创作者"本我"的身份。人家花钱请你写文案,你却只会转达和传输他人的想法。内在的文案初心,早被一次次的改稿磨尽。你放弃了对好文案的执念,同时也放弃了文案成长的船桨和风帆,无法自主决定前进的方向。

因为缺乏相对客观理性的文案审阅标准,很多文案人只能被动接受他人的创作指令，最终活成了一只提线木偶，只会表演别人指定的剧目。

要想做一名好文案，你需要搬走成长路上的这座大山。

2. 第二座大山：缺乏创作资产积累，重复"造轮子"

阻碍文案人成长的第二座大山，叫重复"造轮子"。

还是拿程序员来对比。很多新人程序员入职 6~8 个月，就能成长为公司的新生战斗力。但多数文案人哪怕工作了 1~2 年，还是处于新手的认知状态。为什么？

两者都属于智力密集行业，两者工作时长不相上下。为什么程序员的成长速度是火箭式上升，而文案人的创作力却是龟速爬行？造成差异的原因在哪里？

把工作内容先抛在一边，我们重点聚焦二者的成长环境。最大的不同在于行业创作资源的积累和传承。

一般来说，程序开发公司会不断迭代内部的"资源工具库"。新人进入公司项目组，不需要一行行从 0 写代码，不用重复"造轮子"。很多常见的功能模块，早就经过公司团队整理优化成标准的组件。他们的编程过程更像搭积木一样，按对应业务的需要，把这些函数拼装到一起。

不仅公司内部会做"资源工具库"迭代，程序员们还会在线社区分享自己的编程成果。不少程序员都有互联网共享精神，很多资深程序员长期保持着更新个人技术博客的写作习惯。他们以攻克一个个技术难题为乐，会持续上传和分享自己在某类编程语言下的探索结果。

一代代程序员，是站在前人的肩膀上向上生长。他们可以直接取用前人总结的最优编程开源方案，他们是举着前人点亮的火把前行。

反观文案人，每一步都是在重复"造轮子"。10 年前，有人思考过口号应该怎么写、传播策略怎么做、用户洞察如何思考……10 年后，同样的文案问题，仍然把另一批文案新人死死拦在了前进的路上。

文案人身上缺少程序员们的那份开源、共享精神，生怕自己的独家创作心得和思考成果被别人学去了。

无论是个人还是公司，都很少提炼常见文案类型的创作经验。公司理直气壮地认为，成长是个人的事情，需要文案人自己去面对。公司只招人、用人，很少做思考资源的积累。新人也很难从文案总监那里得到具体的创作过程指导。

在这样的大背景下，文案新人们每向前一步，都是在摸着石头过河。大量新人从零开始，拿一个个项目练手，一次次硬着头皮试错。被文案创作折磨得遍体鳞伤后，才换来一点点实战经验。

因为没能从前人那里继承有效创作资产，新人的每一步前进都是拓荒。自身认知不足和经验匮乏，文案人的每一步都走得又慢又辛苦。这是阻挡文案人快速成长的第二座大山。

3. 第三座大山："文案工具人"杂学难精

第三座大山，说出来有点反常识，甚至在挑战你的传统认知。

我认为，越关注文字创作方式和字句雕琢的人，越难写出好文案。越学习文案创作的技法和经验，离真正的文案创作就越远。

先别急着质疑，听我一一细细拆解其中的要义。为了写好一则合格的文案，文案人要掌握的思考工具有竞品市场分析、传播策略、需求洞察、概念提取、用户画像、客户分析等各类营销分析模型。

除此之外，文案人还要熟悉文案写作认知工具，包括文案调性、创作风格、用户痛点、卖点提炼、发声语体、文案句式、故事结构等。

为了写好文案，一个人把自己的大量时间和脑力分配给了这些抽象、主观的认知对象。这些抽象的文案认知工具，单独挑出任何一个，都需要文案新人琢磨 3 个月以上，才能稍稍理解和应用于实战。文案新人自学、琢磨，等具备了策略分析、需求洞察的能力，理解透彻文案调性、创作风格，几年的时间都过去了。

越写不好文案的人，越倾向于靠加倍的努力，来证明自己的存在价值。一个人的文案作品屡屡被修改、被否定，他会认为是自己的创作技法没学好。于是他会把大量成长时间花在这些主观、非理性、无法量化的思考内容上。

试想一下，一个人同时选修了 20 门专业课，练习得太多、太杂，必然脑力分散。他能建立日常的工作方法论吗，能建立完整的文案体系吗？多半不能！

越关注文案写作方法，越重视外在的招式，越容易沦为一个"文案工具人"。在文案工具上耗费的时间越多，反而越难成为一个好文案人。

以上，我列出了拦在大多数文案人必经路上的三座大山：①主观且模糊的文案过稿标准；②缺乏创作资产积累，重复"造轮子"；③"文案工具人"杂学难精。

我们说了文案成长路上的三座大山是你文案前进路上一定会遭遇的阻碍。几乎所有平面化的文案人一入行就盲目地投入大量宝贵的时间来死磕这三座大山。在此之前，没人告诉他们，文案成长还有其他非平面的路线可走。

靠个人的独自探索，耗费 7~8 年的时间去移动这几座大山，对任何人来说都是成本巨大的投入。好在我们已经熟悉了非平面的思维方式——靠自己的力量移不走的大山，可以飞越过去、绕过去，或者请外人帮忙把这几座大山搬走。

帮你搬走文案路上的大山，填平前进路上的深坑，结束这场鲁莽的文案成长较量，正是我想要完成的事！

第6章

从 1 到 0 "吸融用"，
日益精进搭建总监
文案脑创作体系

　　上一章，我们提过文案成长路上的三座大山，完成了第一步的文案成长局面分析。这些看不见的东西，已经成了你的拦路虎。如果人们想要获得看得见的文案成长，必须先改变看不见的东西。

　　大山不会自己走，你也不可能一天天一镐镐地挖走它。那么我们怎么办？调用总监文案脑策略思考模型的第二步匹配模型，我们不妨去匹配已经被成功验证后的成长升级模型。

　　而非平面化的成长路线，塘主在自己身上验证过、在上千名学员身上验证过，甚至在资质平平的小侄子身上也验证过。如果没有其他更好的路线，你不妨为自己设计一条从 1 到 0 非平面化的总监文案脑升级路线。

　　我知道你对没有走过的路有点迟疑和惊讶。你会怀疑自己走得通吗，学得会吗？请跟随我的脚步，让我用底层逻辑来证明你可以。

1. 你的聪明大脑天生容易接入"非平面"

　　在学习一项专业技能前，多数人都会有一个自我审视期。面对一个庞大的系统，一个立体练习体系，可能你也会问自己，我能学会文案脑思考方式吗？

　　我对所有人的回答都一样："我相信，你能。"事实上，我把你和你的大脑分开来看待。我说的相信，是指相信你的大脑，而不是相信你本人。我写的很多内容，其实是直接与你的大脑沟通。本质上，你的大脑要比你更容易理解和接入这套成长系统。

　　我不认识你，不知道你的做事习惯、学习态度、为人品德、对追求目标的强烈程度……我对你本人一无所知，但我绝对信任你那从善如流的聪明大脑。

现代科学研究表明，人类大脑的重量为体重的2%，却消耗了人体20%的能量，大脑单位质量的代谢成本是肌肉的10倍。而且这个能量怪兽像心脏一样，时刻不停地为你工作着。

步入丛林，你的大脑会立马启动全身上下警觉的细胞，以警惕任何毒蛇害虫；落入水中，你的大脑会自动指挥四肢乱抓、乱蹬，试图抓住任何一根浮木以让自己获救；手不小心碰到刚装满开水的杯子，你会立马缩回来，以防烫伤……人类的大脑不需要任何计算，就直接自动化地引导你的身体做出了一系列复杂的行动反应，帮助我们趋利避害，躲避危险，提升生存可能。你的大脑一直在时时自动地守护着你。

我们人人都有一个聪明的大脑，人类大脑通过精密的自动化计算，来帮助它的主人更好地享受这世间的美好生活。

大脑日常运转的重要规则有两条：第一，决策路径最短；第二，尽可能降低能耗。这两条大脑的运转规则一体两面，不可分割。

面对复杂和简单两条路，大脑一定倾向选择简单的；面对过程未知和过程已知的两套行动方案，大脑倾向执行过程已知的方案。只有这样，人类祖先才能在丛林猛虎和自然天灾中，获得更大的存活机会。决策路径最短、降低能量损耗，这是大脑的天职使然。这些不是哪个人的用脑习惯，而是人类共同的用脑方式。

所以，在文案成长路上，只要把一个低能耗的成长解决方案摆在面前，你的大脑想都不用想，一定会直接去拾起这套方案，来做日常的训练。这对你的大脑来说是最短决策路径。要么看完这本书，你就拿到了一套完整的总监文案脑升级和实战路线，这是一条已经得到验证的路线。如果你不选这条路，那么你就要回到起点用5~6年时间去搬走文案路上的三座大山。两条路线摆在你面前，不用你做决策，你的大脑已经有了倾向性的选择。

我相信，你的大脑是人类亿万年进化出来的智慧结晶。你的大脑已是一件伟大的世间杰作。你的大脑生来就埋藏着人类祖先为了适应自然竞争而进化出来的智能运转机制。

你可以不信任自己，但你聪明的大脑，值得你全力信任它。有了更佳的解决文案，你的大脑一定会爱上它，而且学得会、用得上。

就像我开发完"总监敲脑文案课"后，很多报名学员会不自觉地把整套文案成长课程连续刷了三四遍。有人学过一年后，顺利晋升为文案组长、文案总监后，还会把课程笔记拿出来再重新翻看。这是他的大脑能拿到的最省力、最体系化的课程，最奏效的成长捷径。

在这本书里，我尽可能向你展示总监文案脑的训练路径。他们能学得会的文案创作系统，你同样也能学得会。

2. 从 1 到 0 装载整套文案创作系统

就像我前面跟你说的，文案总监是靠整体优势、是靠整个创作系统来完成创作思考的。如果你想真实有效地快速提升文案力，摆在你面前的只有一条捷径——启动你的文案脑，从 1 到 0 直接搬运文案总监的整套文案创作系统。

从 1 到 0 直接搭建？对，没有看错。整个过程，不是引进个别创作方法和思考方式，不是引入几条先进的创作经验，而是把整个文案创作系统整体搬运到你的大脑中。把一套现成的文案认知系统装进你的文案脑，相当于用一套全新的认知来更新你原有的文案认知。这可能吗？可能。而且它已经成为现实。

过往你看到的文案书大体分为两大类。一类是行业巨擘，诸如大卫·奥格威、杰克·特劳特、詹姆斯·韦伯·扬、克劳德·霍普金斯，这些卓越的前辈们在广告行业发展初期，为同行总结了大量可靠的执业准则。他们在书里留下的智慧遗产像一座座灯塔，给后人指引和方向。

还有一类行业书，是主写方法论和技巧的书。这些书都把关注点放在广告文案上，而不是创作者本身。

在我看来，所有文案问题都是"人"的问题。不解决文案创作人的内在认知和思考问题，那所有创作就无从谈起。所以，我决心去写一本一线文案创作者可以读得懂、用得上的成长书。

如今，我整理了自己多年的文案创作系统，融合了大量文案学员训练成长过程的真实反馈，把它们整体封装到这本书里，让你一次性完成从 1 到 0 的文案创作系统装载。

3. 从 1 到 0，验证和调用已有体系和结论

绝大多数文案引导，都是让人多写多练，以积累量变的方式来引发质变。但我在上一章已经分析过了，要独自翻越文案路上的三座大山，成本太高了。

我为你设计的这条非平面的学习成长路径，与你之前接触的文案引导完全不同。我会把文案总监脑中的一套文案创作系统切分成一块块的认知模块，呈现在你面前。

你需要知道的项目思考流程，你想知道文案总监怎么解读项目简报，你要知道文案如何做策略思考……在实战创作中，你有必要知道的文案知识点，我都会在后面的篇章中，一一地向你展开详细讲述。

这些内容以文字形式记载在纸面上，等待你翻阅和吸收。这是练习成长的第一步。

第二步，你需要把这些认知融入你的文案脑里，融入你的内在体系里，让它真正成为你自己的一部分。只有被你理解、深度融入、成你的一部分的内容，你才能调取出来。看过多少内容不重要，重要的是你存下了多少。

如何才能证明你有效存下来了一套内容？这就来到了第三步——用。我整理的文案创作系统，是跟你工作流程高度匹配的。你可以把在这本书里学到并存在你文案脑里的内容和方法直接应用到工作中。

"吸—融—用"的整个过程，就是我对你的练习要求，就是你要去开启的一套"北冥神功"。先吸收，后融合，再应用。切记，千万不要生硬地套用方法和认知，而是把那些已经被你理解、消化、融入成你身心脑的认知结论，应用到日常的工作中。这就是文案领域的"北冥神功"的运行法门。

你遇到的文案困扰，大多数我也遇到过，所以我提炼出来的文案创作系统对你高度适用。我在这本书里为你搭建了整个文案创作系统。你直接花时间去验证已知的体系和结论就够了。

这份小小的改变，让整个局面变得明朗起来。你把每一天的成长时间，都用来学习和掌握一套现成的创作系统。每施展一遍，你都对它有一份更深刻的理解和认知。每用一次，你对这套系统都有多一份掌握。

你用不着再浪费宝贵时间从 0 到 1 去搭建，试错的成本太高了。如果这条路好走的话，那人人都是文案高手了。就因为它太难走了，所以才有这么多人害怕写文案。

哪怕有些是本书没有涉及的知识盲点，你也能依靠日益精进的文案脑，在其他方向找到准确的引导。你可以将它们吸收进你的内在系统，让各路方法为你的文案脑所用。

按照这套从实战中梳理出来的成长路径，套用资深总监现成的结构化思维方式、树立文案标准、对客户问题提出针对性的解决方案……把这些大的认知模块记在脑中，并在实战中去应用和验证自己的掌握程度，比起那些整日沉浸于雕琢文字、调整句型的人，何止提速了 10 倍？

本章内容针对文案路上三座大山提出了针对性的解决策略。面对文案过稿标准主观且随意、缺乏创作资产积累、"文案工具人"杂学难精这三大突出的问题，我提供的解决方案是练好"北冥神功"，直接从 1 到 0 地搭建一套完整的文案创作系统。

在传统认知习惯中，我们被教育和引导要一步一个脚印，步步为营、稳扎稳打地完成从 0 到 1 的积累。在一定范围内，我十分赞同这种认知理念。

你能从我整理书稿的推进节奏看出，每一章我都力求详尽地把内容写清。

好在非平面的思考方式已经融入了我的文案脑。我习惯在生活、工作和教学引导中寻找非平面的思维空间。我跟小侄子说，任何事情都有非平面的观察角度。就像一枚硬币有正面、反面，它还有一个被众人忽略的侧面。哪怕所有人都是从0到1地积累和学习，也不妨碍你自己选择从1到0地成长。

知识点需要从0到1积累，但学习习惯、思维逻辑、创作技能必须在一开始就打下很好的基础。对于一个文案练习者来说，1是你自己的文案脑对创作系统的整体认知，0是不断往里灌输的其他业内知识。最终你会认识到，你自己能形成创作方法论。从今天起，一定要记得从1到0用"吸融用"的方式开发自己的总监文案脑。

从1到0

第 7 章

**回归"本我",全面激活
和依赖你的"身心脑"
到场参与实战创作**

如何全面地开发你的创作潜能呢?在这一章,你将得到一份更详细的练习指引。

我先说一个现实性的结论——我们的成长环境不鼓励你成为创作者,重在培养"工具人"。

在日常工作中,绝大多数人都试图抹去你的"本我"特征,让你成为整体的一部分。甚至父母都会对孩子说:"你为什么不能学你那某某同学,多跟听话的人交朋友?"

总监、老板并不把你我当成一个完整的"人",而是把我们当成集体的一部分。你本身的个性、想法、经历、感受对他们并不重要。你能实现他们指定的目标,能表达出他们的想法,你当好一个会写文案的"工具人"对他们来说才重要。

各种行业创作经验都在鼓励你放下自己,去执行他人给你指定的那套标准和方向。时间久了,你也把自己的内在特质放在一边,一味去追求前人总结的创作方法,把自己削尖了只为套进他人给出的创作框架里。

外在的声音和你身处的日常创作氛围都像一张张大颗粒的砂纸,一遍遍地在你脑子上反复打磨,磨掉你原有的特征和坚持,使得绝大多数文案人都失去了本来的模样,丢失了"本我"身份。

想要成为一个独立自主的文案创作者,你需要跟外在的声音做抗争。道理很简单,你先找到创作者身份,先回归到"本我",先信任你自己、开发你自己,然后再拿自己的全部优势与这个世界握手交谈。

然而在创作过程中,你最得力的助手和资源——"身心脑",一直被你丢在一边,很少正眼瞅上一眼。

人人都是靠"身心脑"认知世界。一条信息经过创作者的"身心脑"加工过滤之后，成为一个认知包，传输到受众的脑中。只有依靠你的"本我"身份，启动你个人的"身心脑"，你才能搭建起你的文案创作系统。

下面这张图清晰地展示了"身心脑"在信息加工创作中的重要位置。

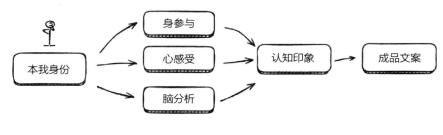

"身心脑"信息加工图

所有创作都有一个相同的过程，信息流经创作者，经过他个人的内在系统过滤发酵后，再传给外在世界。

写一篇文章，是把你对某一对象沉淀下来的思考或认知掏出来；写一首诗，是你用简短文字记录对某人某事内在的真实情感；写一则文案，是你输出了对这个产品、这个品牌的认知理解……整个信息传播过程，"身心脑"起到了至关重要的中转作用。

"身"是指整个人的五种感官。眼睛能看到、耳朵能听到、鼻子能闻到、口舌能品尝到、身体汗腺和肌肤能感知到。这五种身体感官的共同参与，让一条信息的细节变得丰富起来。

"心"是指整个人内在的态度、情绪和感受。"心"可以传递，也会感染人。你会发现，当你对一件事物抱有热情、充满喜欢时，再把它推荐给别人，就很容易引起对方的注意和共鸣。

"脑"对你整个人的过往生活体验、知识经验进行存储。你看过的每一部电影、你遇到过的人、看过的书、走过的路、花过的每一分钱，最终都化成了你大脑认知的一部分。这些记忆素材合在一起会帮助你理解那些即将触及的创作课题。

你的"身心脑"本是你最宝贵的创作工具和武器。可惜你很少拿起这件跟随了你二三十年的利器进行创作。

人人都可以提笔写文案，文案写作过程一点都不复杂。当一件产品、一个品牌或一项服务摆在你的面前，你调用自己的"身心脑"对它进行过滤加工后，把你对它的认知印象转述出来，让读者在 1~3 秒内留下具体的认知印象。这就是文案写作的全过程。

文案创作过程，不需要比拼谁的文案写作方法、创作模板更先进。技巧和经验这些只是表象，条条大道都通往用户的内心。重要的是，当读者拿起你的作品，他要看的是你对于这件产品、这个品牌的独特理解和认知。当你来到用户面前，恭敬地向他问好后，你能呈现一点具象的东西给他看！所以，我升级你的文案脑，就是在解决最根本的创作问题。

当你拿着一个项目，发现一句话也写不出来时，这时候请记住一句话——"不是你的创作方法出现问题，而是你的'身心脑'没能集体到场参与创作。"

你无法写出、无法传达你自己感知为空的内容。换句话说，只有你的"身心脑"能具体感知到的，你才能把它描述出来。

很多时候，你的日常创作不是在具象地写一件产品，而是在写你认知中的产品。你不是在写一款婴儿玩具，是在写一款你愿意用来训练自家宝宝手脑协调性的玩具；你不是在写一款化妆品，是在写一份你会殷勤推荐给闺蜜的贴心好物；你不是在写一款办公椅子，是在写一款你坐上去后，自己屁股都不舍得离开的独家宝座……

因为有了你"身心脑"的参与，眼前这款产品不再是一堆参数、材质数据，它变得与你的体验有关，与你的生活场景有关，与你关心的家人、好友的切身利益相关……把你用"身心脑"感受到的具体内容，以文字和图像结合的方式传递给读者，读者也一定能感知到。

对于一款产品，你的心中装满了充沛的情感和体验，让它自然溢出来，这就成了写给用户的文案。创作和认知需要坚持这个由内向外地溢出的过程。把自己整个人当成创作工具，先用身体的五感感受到、用心察觉到、用大脑分析触到一个具象的实体认知，然后再把你内在的感受和觉知掏出来，讲述给读者听。

看似我在讲述一件理所当然的事，但在实际创作中，很少有人能真正做到调用"身心脑"。他们一上来就去套用已有的模板和写作惯例，完全忽略了"本我"身份的存在。

在引导小侄子的语文学习时，我们也遇到了让很多小朋友头疼的课题——写作文。每周都有一篇习作，一篇作文能消磨他一天的时间，他每次都像一只斗败的公鸡灰溜溜走下场。

我很好奇地问："从低年级起，就报了作文班学写话。这两年多，你都学会了什么？在老师那，你1个多小时能写完的作文，为什么在家要花一天时间来写？"

他回了我一句话，让我内心产生了深深的无力感。孩子说："在作文班，老师给我们理好了思路，读了例文好句，我们接着往下写就好了……老师教我们开篇可以多用排比，文章里要有好词好句，中心思想要明确。"

我在一个孩子的写作过程中，看到绝大多数成年人的写作状态。大家都在依赖外在的创作方法和写作模板，一旦没有了外界的指导，就不会独立创作了。

我自知无法时时守在小侄子身边，我必须让他找到内容创作的根本法门，让他学会依靠自己去写作。对于当时10岁的小朋友，我没法用成年人的方式跟他沟通。我很难让他在短时间内接受大人世界的"身心脑"这种抽象语言。好在我的文案脑很快就找到孩子能听懂的语言，我决定正式给他上一堂写作课。

我带他来到小区旁边的便利店，让他挑选了几杯奶茶粉。回到家，我让他接壶水，插电烧开。整个过程都让他亲力亲为。等一切准备就绪之后，我跟他说："我们现在就用泡奶茶的方式来写一篇文章，好不好？"

泡奶茶跟写文章能产生关系吗？恐怕找遍所有写作教材，也不会找到这样的比喻。我说得认真，他也听得惊喜。

我说："一般人听到泡奶茶，他会想到什么？肯定是'奶茶'对不对？"

小侄子眨着眼，点点头。

我接着说："我们是非平面思维的人。非平面思维的人不能跟别人想的一样，我们最先想到的应该是'泡'这个动作。"我拿出一个咖啡杯，"我用的是一只带盖的咖啡杯。它的特点是什么？"

小侄子立马抢答，"保温和好看。"

这个时候，我开始了自己的写作讲解："对。写作文和泡奶茶到底有什么相同点呢？我们来看一下，奶茶用什么泡？一只碗？一个玻璃杯？一个塑料杯？还是一只好看的咖啡杯？不同的容器对应了不同的写作人。你用的是一只杯子，你的同桌用的可能是一只碗。使用不同材质的容器，会让喝奶茶的心情变得完全不同。"

"没有容器能不能泡奶茶？空手肯定不能泡奶茶。那没有了'人'，还能不能写作文？肯定也不能！写作时，如果没有'我'，不投入'我'真实的感受，这篇作文就没法完成。"

小侄子若有所思，我接着说："选好杯子，我们再把奶茶粉倒进去。对应到作文写作中，奶茶粉是什么？对的，就是核心素材，是最重要的那件事情，或者那个观点。你还可以往里面加入其他相关的素材，让这杯奶茶更有味道。你可以加入糖包，也可加入蜂蜜。相当于主要写作核心素材之外的其他相关小事。"

我看他慢慢进入角色，就指挥他把奶茶包撕开，倒进杯子里，接着引导他用双手提起水壶，小心翼翼地往杯子里倒上刚刚烧好的水，盖上杯盖。

我接着往下说："素材找到了，我们需要往里加入滚烫的开水。如果这个时候你加入的是凉水，会怎么样？"

他答："会泡不开，浪费了这些奶茶粉。"

我说："对的。杯子是你整个人，而热水是什么？就是你在写作时注入的滚烫的内心情绪。如果你不加入自己的情绪，这些写作素材就在你心里凉着。泡不开，素材再好也不会跟你产生关系。就像你写一篇读后感，如果你不投入真实情感去感受它，你写出来的东西永远是干巴巴的，没有味道。对不对？"

"现在需要做什么？对，搅拌。用勺子把杯子里的内容搅拌几下。想象一下，这是让作文素材与你的感受和情绪融合在一起，充分理解和消化它。你觉得搅拌完成了，就可以把盖子盖上。把这些素材装进心里捂热。轻轻地扶着杯子，用手去感受这些素材在里面相互拥抱，融合成为一个整体。"

小侄子在我的引导下，第一次认认真真地泡一杯奶茶。我跟他的这场对话在一阵香气里来到尾声。我让他揭开盖子，顿时一股被高温压抑已久的甜香，从他的指缝中间蒸腾而出。

看着他的惊喜表情，我知道这场写作教学可以画上句号了，接着说道："看到了吧，把素材放进你这个杯子里，加入滚烫的情绪，然后用勺子搅拌几下，再盖好盖子排除其他干扰，给它时间，让素材在你的内心消化融合和发酵。等你觉得这些都准备够了，就可以提笔写作文了。揭开盖子，一下窜出来的香气就是作文的标题，你捧在手里的这杯奶茶，就是一篇带着自己真情实感的文章。"

说完，我让他用泡奶茶的方式，重写白天那篇作文。他就立马投入写作中，等他满意地收尾结稿，那杯奶茶正好降温到适合入口。看到他作文水平的明显提升，我知道这一杯奶茶的余温，可以一直暖到他高中和大学毕业。

之后，为了练习他的"身心脑"对外界的感知力，我找来一些大山里的孩子们的诗集，鼓励他去做那种简短的文字记录和表达。有一天练笔，问他想写什么。他说:"快到夏天了,想写天气热。"我一下乐了,说"那很好啊。"我立马找来纸和笔,一把塞进他怀里,给他打开门,把他赶了出去。

我不会代替他思考、梳理写作主题。我推着他的整个"身心脑"直接去拥抱太阳、感受外面真实的"热"。我是在帮助他打开自己的学习脑,这就是我对他的创作引导方式。

大概 20 多分钟,小家伙从外面敲门了。一进门,他舔着发干的嘴唇,咽着口水,头顶汗珠,但脸上含笑,说:"我知道写什么了。"他立马坐到写字台前。我不去打扰他内心的感受和情绪。不一会儿,就得意地把他的小诗递到我面前:

<blockquote>

热

人是泥巴和水

做的,

太阳把我的水挤干了,

我现在变成

陶做的了。

</blockquote>

冯博(10 岁)

2021 年 7 月 12 日

读着这篇小小习作,我心里翻涌出巨大惊喜。我不过轻轻推他出门,让他得以感受这个世界。

过往,我们过于看重靠句子和篇章理出来的知识点,而轻视了亲身感受到的真实体验。我们过度依赖"脑"学习,而忽略了"身心"参与。很多时间,当你能让丰富的信息、美好的事物、发光的个体迎面撞向你、冲刷你、穿过你、流经你,这也是一种很好的学习和得到。而这种学习无处不在,它是翻开一本无字的书,靠你用"身心脑"去解读。

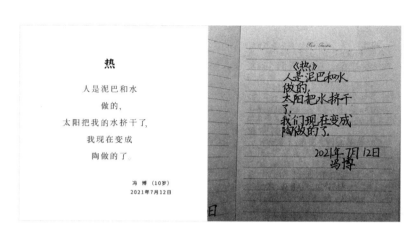

10 岁孩子"身心脑"训练习作（摘录时略有改动）

上天赠予所有人两份平等的东西，一是每人都有相同的一天时长 24 个小时；二是人人都拥有一份宝贵的"身心脑"资源。这是人人都有机会成为好文案人的两项重要保障。别人能完成的事情，你也有一样的实现机会。

毕竟，文案成长这件事，不拼家庭、不拼专业背景。只要你真心实意地调用"身心脑"去拥抱世界，感受它的细腻层次，没有人能阻挡你成为一位优秀的创作者。

回归"本我"，依赖自己。你是自己的创作工具。我会反复强调这个观点，直到把它凿进你的脑海，成为你的本能意识。

第 8 章

填充 4 只知识桶，
装载文案总监的
创作认知系统

心急的读者会说，你能赶紧告诉我文案总监怎么做项目思考吗？我会回答，现在不能！不是我不愿意，是不想做无用功，不想违背客观规律。

这本书的每一段话，都是我付出心血一字一句敲打出来的。我不想让它变成让你读起来很爽，但读完就丢在一旁的快餐书。如果它不能改变你的世界，不能转化为你的生产力，这本书就没有存在的必要。

文案创作就是从大脑"取出存货"的过程。你的脑中原来有"货"，就一定能取出一些东西来。自身没"货"，临时求助的话，什么创作方法都没法当下奏效。

你无法通过创作方法直接获得提升。根本原因在于，任何一套方法、思考轨迹，都需要与之相匹配的认知储备作为生长环境。大脑的"存货"不同，认知数据库和生活经历不同，你用别人提炼出来的概括性的解题方法很难直接转化为生产力。

不过，学习完这一章，你就可以很好地梳理自己的知识，让文案脑进入高速存取的状态。现在，请跟着我的引导，在大脑里放置 4 只神奇的文案知识桶。

1. 神奇的 4 只文案知识桶

有人能快速在衣橱里找到自己的某件衣服，有人能快速地在电脑里找到某个项目的定稿文件，有人擅长快速在文案脑里自动调取出某个知识点……

所有这些不可思议的技能，都有一个相同的起点——他们在存储整理时，养成了良好的收纳习惯。

学习写文案前，我会把你的文案脑分为 4 个存储空间，每个空间里都有 1 只盛装知识的空桶。然后你把自己存储的新旧知识，都放入对应的知识桶内。

（1）Data 事实性知识桶

这个知识桶里装的是有关文案的事实性知识，这点比较好理解。因为它属于基础性的知识储备，常常被人们忽略。

但是，事实性知识是你整个文案体系的水和土壤。有了足够的事实性知识，你才能种下种子、培养果树、收获文案果实。没有这部分知识的储备积累，所有后面的高阶文案概念和创作方法都成了空谈。

事实性知识桶里，可以装入与你的工作强相关的文案宣传、市场营销、媒介传播、广告行业相关的事实性知识点。也可以放入其他你感兴趣的如旅游、游戏、心理学、脑科学、插花、绘画、编程、管理学等一切事实性知识点。

比如，我随手举一个例子，"神奇的数字 7±2"，它就是一条事实性知识。它是对大脑记忆广度的客观描述和记录，只需要记住就好了。

1956 年，美国认知心理学家乔治·A. 米勒最早对短期记忆能力进行了定量研究——他注意到年轻人的记忆广度大约为 7 个单位。7 个以上的单元块，大脑记忆起来就感到吃力了。

当你储备了"神奇的数字 7±2"这条事实性知识，在创作重要的文案，比如品牌口号、图书名字时，你自然知道，最好要在 7 个字上下浮动。

事实性知识不需要耗费时间去理解。遇到了把它存入你的知识桶就好。它有两个重要的来源：①生活体验；②泛读提升。

丰富的生活体验不仅能让你得到事实性知识储备，也大大帮助你了解世界的不同侧面，融入不同的沟通人群。而大量泛读可以扩充你的"身心脑"无法触达的地方和领域。

（2） Information 概念性知识桶

"圆周率 $\pi \approx 3.1415$"，这是一条事实性知识。

换个表达方式，"圆周率，为一个圆的周长和其直径的比率，它是一个数学常数。近似值约等于 3.14159265，常用符号 π。"这就是一条概念性知识。

事实性知识不需要理解，只是孤立存在的知识点。概念性知识相对来说有些抽象，需要人们记忆和理解，它描述了一个对象各个部件的结构性关系。

我知道你不喜欢这类抽象化表达。那我换一种说法，用我自己的话来描述：概念性知识就是人们用语言或文字创作的一幅认知对象素描画。

再简单一点：概念性知识是一幅素描画。素描是对人和物的概括性表达和提取，它忽略了一个对象本身自带的千百种细节，重在提取事物自身的大结构，以及各组件之间的比例和光影关系。

同样，概念性知识也是用来提炼和总结认知对象的结构。文案人的概念性知识桶里，一般放入同行或前辈对文案周边行业的认知结论、模型、原理，所做的系统化、高度概括的抽象总结。

本节标题"4 只知识桶"，就是一个概念知识点。你会听过 4P 理论、4C 理论、AIDMA 原则、KISS 法则、USP、定位理论、视觉锤、360 度品牌形象管理……这些是你在一些书里常常看到的文案相关的概念性知识。

不过，不用害怕，在接下来的章节里，我会尽可能以浅显直白地语言，向你展示那些需要了解的文案概念性知识。我也不喜欢造概念，把认知过程变得简单易懂，才是我们应该关注的重点。

读到现在，你应该明白了一点，概念性知识桶里装着你的文案脑对文案领域的概括性理解和认知，它们是一个个你打磨成型的认知结论。我非常看中这个知识桶的积累。很多人觉得文案写作太难了，进步太慢了，绝大多数原因是概念性知识桶里的水太浅了。

然后说说概念性知识点从哪来。①来自行业内原理性的专业图书；②来自前辈课程的直接教授；③来自你的自我概括提炼。

我比较看重第三个来源。首先，那是你自己整理、提炼的认知结论，记忆会更深刻；其次，对于概念性知识提取的能力，能直接转化为你的文案创作力。事实上，你用文案去介绍一款产品，这不就是在提取你对这个认知对象的概念性认知吗？

可以说，文案人的专业性在这个知识桶的储备和存量上见高低。认真积累概念性知识以及提取概念性认知的能力，这是成为一名职业文案必须要面对的课题。

（3） Knowledge 程序性知识桶

第三个知识桶就很好理解了。这里装着的内容，就是很多人入行那天起，就在寻找的文案创作经验、策略方法、执行方法。换句话说，这里就是很多人一心追求的术的层面的内容。

程序性知识积累非常重要。人们通过高度概括问题得到成功解决问题的过程和步骤，提取出一套成熟的问题解析和执行过程，并把这套过程当作标准化的思考模型，经过反复验证后，下次就可以直接调用了。

程序性知识桶的积累，决定了一名职业文案的日常创作效率。比如，拿我自己来说，我会给每一份频繁出现的文案创作内容，提取出程序性创作方法。

我整理如何阅读一张简报、如何跟客户做需求对接、如何做用户画像、如何写一条合格的传播口号（slogan）、如何做新媒体内容……我会为每一件事提取一个标准化的执行程序。文案的整个创作流程，都可以开发出一个标准程序。而且有了一个高效的创作方法，就会在正确的思考方向上高歌猛进。

但是，我想你需要保持高度清醒。所有的程序性知识，本质上只是一份对执行过程概括性的提炼和描述，它需要前两类知识桶作为铺垫。

这些年来，你也看过不少文案写作提升的专业书，知道了不少专业人士总结出来的创作方法。为什么提笔创作还是会让你感到困难？为什么还是对日常工作深感底气不足？

如果你的文案脑里前面两只知识水桶空空，那第三类程序性知识懂得再多也不起什么作用。假如，现在就告知你传播口号的写作过程和步骤，学会了多半还是不太会用！

因为你脑中传播口号的优质案例储存量太低，而且你对传播口号的概念不明确，更是分不清它与品牌口号（Tagline）的区别。前者是事实性知识，后者是概念性知识。少了哪一块，都无法建立文案创作系统。

（4）Wisdom 元认知知识桶

元认知知识，是衍生知识的知识，是验证知识的知识。四类文案知识中，只有它是一个特例。因为它不可传授，不可给予。

元认知知识无处不在，它可以是前面三种知识桶里任意一类知识形式。只要是能产生新知识的知识，都可以是元认知。

比如，我开发了文案总监的创作系统，提出了以非平面的方式来训练人们的"文案脑"。这是我创造的文案成长系统。但是这套训练系统不是突然就成型的。

我从训练下属、培训文案学员的经历中得到成功经验。甚至我从李小龙的武术哲学里得到过启发和引导，它们都是我开发"文案脑"的元认知。

李小龙谈过，"武术的终极含义，就是忠于表达自我。不欺骗自己，忠实地表达自己，这很困难。你需要训练，需要保持你的本能反应。当你需要的时候，它就会出现。当我想要行动，我已经在行动之中。当你行动，我已经下定决心行动了。不会有半分迟疑，不差毫厘。假设我出拳，我的拳头已经出去了。你需要保持训练，使人技合一。"

几年前读到这句话，我大为震撼。我第一次看到，一个练武之人把练习的意义和目的说得这么清晰。他强调武术是忠实于自我的表达。文案又何曾不是呢？

我们能依靠的，只有自己的"文案脑"。文案人日常创作，不过是一遍遍地往外掏出自己 4 只文案知识桶的内容。明白了这点后，你自然会静下心来，一点点装填自己的知识桶。

2. 整理文案脑的 4 只知识桶

你的文案脑里已有了 4 只知识桶，接下来请大展拳脚分类整理脑中的认知体系吧。

当你正式自省，自然知道自己哪只知识桶比较空。这个时候，有人会习惯依次整理，先填第 1 只桶，再装第 2 只桶，或者说倾向于先装最浅的那只知识桶。不过，我不建议这样去做。这不符合人的认知，也不符合学习知识的规律。

整理 4 只知识桶，更合理的方式是默认把它们全部清空，让它们归零。就像要整理自己的书架或衣橱，最好的方式，是把它先搬空。

然后，划分好存储区域后，再先大后小地一件件分类重新安置自己现有的知识内容。如果你"搬空"自己原有知识内容后，整理起来毫无头绪，这也没有关系。先把它们放在一边，我教你一个看起来很轻松、很容易入手的整理方式。

从现在开始，每经历一个项目、每写一篇文案、每复盘一个案例、每看一本书、每学一个章节，都把学到的知识点放进 4 只知识桶里的一只。

在学习梳理过程中，你会学到新知识，也会重新调用旧认知。等它们在脑海中浮出来之后，再把它们整理放进各自的认知桶里。比如，这几段，我在讲如何整理自己的认知桶。这块提到的就是一类程序性认知，需要放进第 3 个知识桶里。

在整理知识的过程中，我需要着重强调一个关键节点。不是随便摘录一段书摘、一段对话就丢入知识桶。你存入 4 只知识桶的内容，是你完全理解和消化后，成为你大脑意识和认知组成部分的内容。

就像我在这里写的每一章内容，以文字形式展示在你的面前。但它不是你的内容，只有在你消化理解后，再存入你个人的知识桶，下次才能调取出来。知识一定要经过自己的消化和理解。无心消化，不加理解地摘录，不过是囫囵吞枣、鹦鹉学舌。

从我的角度看来，很多书并不是服务于读者而创作的，而是服务于作者的立论需要。你拿到手里的书，其中的观点与工作经验之间会有明显的不兼容感。

大多数作者为了树立自己的权威感，会尽可能放大他自己的营销认知、创作模板、思考模型，而对他人的主张竖起"院墙"。这就让知识、观点像武林门派一样，界限分明地出现在你的面前。

品牌定位理念的创始人，大名鼎鼎的劳拉·里斯在著作《视觉锤》里，提出了"视觉锤"概念。他指出视觉时代，抢占消费者心智的方法除了"语言的钉子"，还要运用强力的"视觉锤"。视觉形象就像锤子，可以更快、更有力地建立定位并引起顾客共鸣。有家国内知名品牌咨询公司也从实战中总结出一套近似的理论——"超级符号和超级口号"。

可以说，品牌营销领域的"视觉锤"和"超级符号"完全是在讲述同一个知识主体。它们完全可以合并，放进你的概念性知识桶里。

在文案成长的路上，你的文案脑 4 只知识桶里的内容，就是你的文案内功。提升内功靠你主动与外界生活、创作者建立连接后，像段誉一样主动以"北冥神功"批判、质疑、理解、吸收、过滤和留下来 4 类知识。印在纸面上的，或别人口中的知识，是外界的信息。留下来、存在你的文案脑里的，才真正属于你。

有了这 4 只知识桶，当你遇到新的认知，就把它先装入桶中。先存储、后重组、排序，最后再调用。随着你往 4 只知识桶装入的内容与日俱增，你的文案脑也会一天天强大起来。

当你大脑里的 4 只知识桶里空空如也，别人给你任何先进的创作模型，你都没有能力去调用它。所有竞争都是整体性的竞争，所有创作都是调用"身心脑"的全部资源参与创作。

以上内容都是我在跟你接入这套非平面的文案脑升级方式，以及帮助你的大脑从 1 到 0 搭建这套创作系统的认知环境。接下来，我会直接向你的大脑写入总监文案脑对文案创作的重要环节流程的核心思考。当你聪明的大脑有了清晰的认知、清楚的流程后，它就再也不会回过头去走那条模糊的老路了。

撬开总监文案脑

认知卷

第 3 篇

销售逻辑

360 度重构你的大脑对文案的

3 维认知体系

销售逻辑

第 9 章

全程透析，漫话文案
前世今生的 6 大生长
阶段

前面两篇，我们都在讨论文案总监的思维方式和创作系统，都是在谈论"人"。接下来，把镜头拉近，我们去看文案这件"事"，去深度地看一看这个日夜折磨无数人的文案真身。

鉴往知今，想彻底理解为什么广告文案生长成今天的样子，我们需要沿着它走过的足迹，去寻找答案。

下面我从文案的发展历程，梳理文案的发展、演绎和流变。我将带你走到时间的轨道，去透析文案的前世今生。

1. 古典文案阶段

先澄清一下，我不是在做广告创意、市场营销学术上的研究。我只是梳理个人对文案发展的脉络认知。这些认知结论，帮助过我快速厘清文案发展主线。我也愿意倾我所有，知无不言地表达自己的文案认知体系。毕竟，你信任我，是要看到我的个性化理解，而不是我从其他前辈那里搬运来的二手知识。

那么，我们直接来看看文案小时候的样子。我把当代文案诞生之前的内容创作时期，叫作"古典文案阶段"。从春秋、战国到隋、唐、宋、元，从民国到改革开放，现代广告进入中国前，"古典文案"早已经在这片中华大地上深深地扎下了根。

先秦时期，诸子百家每一个学术门派，都在参与一个叫"天下一统"的乱世提案比稿，以各自策划方案治世安民。

大唐最知名的文案人——诗人李白，天宝年间离京与友人岑勋、元丹丘相会畅饮时，大诗人当场吟出一篇"劝酒歌"，把《将进酒》当作一篇精心布局的长文案。诗仙的主张是什么？"五花马、千金裘，呼儿将出换美酒，与尔同销万古愁。"

好文案何止让人留名，欧阳修的《醉翁亭记》是一篇火了近千年的带货文案，引得后世游人纷纷前往打卡；张继写的这句"姑苏城外寒山寺，夜半钟声到客船"，成了寒山寺沿用至今的品牌名片……

不要再怯生生地说自己非科班出身。我可以负责任地说，只要你完整接受过9年义务教育，你心中早埋着一枚小小的文案种子。

很多文案人在追求字句雕琢，长期练习语法和句式，经常琢磨那些文字教条经验，比如"名词比动词好，动词比形容词好，多用短句，少用长句"。其实，古典文案时期的作者们，在这个方向上早已经有了上千年的经验沉淀。

"枯藤老树昏鸦，小桥流水人家，古道西风瘦马。夕阳西下……"，一句话22个字、9组名词堆叠。开篇便以文字作画，给我们描绘了一幅《羁旅荒郊夕照图》。最后道出文案金句"断肠人在天涯"，一句话扎了所有漂泊天涯旅人的心。

古典时期的文案作品给我的影响很明显。它们有些就是那个时代的流行广告文案和流行歌词。这些作品里完全包含一切好文案所需的高效沟通要素。它训练了我对文字的审美，更重要的是，这些诗文里一次次情绪饱满、感情真挚的诉说，让我得到了密集的共情力和同理心训练。至今，这些诗文仍然让人有所共鸣，不正说明了我们从古到今，人类一直秉承着同一套共情系统吗？

2. 大工业文案阶段

约1760年兴起，持续到19世纪40年代的第一次工业革命，让人们的生活方式发生了颠覆性的改变。灯泡、电话、留声机、有轨电车纷纷走入人们的生活。

新式机械生产工具的投入使用，大大提升了工业生产效率。工业制造商的手头上堆积了大量的剩余产品，需要找到精准的购买用户。因为现代化的商店销售渠道还未建成，那时候聪明的广告人会使用邮寄的形式，把产品介绍内容直接投递到家家户户门前的邮筒里。当时，印刷业还不算发达，只能使用单色的黑白印刷。文案前辈们在这有限的条件下，以纯文字的表达方式，向人们介绍推广自己家的产品。

工业生活的兴起和变革，催生出货找人的旺盛需要，在这样的土壤下，现代广告诞生后很快就走向成熟。

这个时期，无数伟大的行业前辈先驱们，投入毕生精力探索现代广告的经营方式，研究用户的心理需求，寻找放大产品卖点的方法，研究大众信息传播模型……他们把自己的工作经验、创作系统、行业认知整理出来，这些至今闪烁金光的思考硕果，一直滋养着这个行业的从业人。

最初，前辈们需要帮制造商解决两个问题。一是影响原来自给自足的习惯，引导他们购买现成的肥皂、面包、药物、服装和其他生活品。二是让他们认识到自己的产品值得信任和尝试。总之，要提升文案对用户购买行为的影响力。这是现代文案的基因。

为了让发出去的信件不至于石沉大海或被拆开就丢弃，这个时期的文案创作者前辈们把自己练成了卓越的销售能手。寄出去的每封销售信，都经过精细设计，从标题到正文都在紧紧锁住用户注意力。

换一种角度来看，你每天打开的微信公众号文章、短视频文案，都是 21 世纪的销售信，从标题到正文结构的安排手法与销售信完全一脉相承。

到了 20 世纪中叶，随着报纸、电视和广播媒介已经融入人们生活的方方面面，商业社会极度繁荣，信息量剧增，后来的广告文案需要解决信息传播效率的问题。为了应对全新的传播环境，行业内又出现了品牌形象管理、整合营销、定位原理、竞争优势等影响深远的理论工具。

可以说，在大工业文案阶段，任意摘取一颗行业巨星，都可以成为你的入行引路人。阿尔伯特·拉斯克、克劳德·霍普金斯、李奥·贝纳、威廉·伯恩巴克、大卫·奥格威……只要你沉下心来阅读他们的书，你绝不会走入文案成长的歧途。

3. 媒介垄断的文案阶段

20 世纪下半叶，中国迈开改革开放的脚步。随着国门打开，很多跨国品牌陆续进入中国市场。它们带过来的不仅是汉堡、汽水、比萨、小家电、啤酒、化妆品，还带来了一整套成熟的市场营销和广告传播体系。

1990 年之后，国内广告业进入高度繁荣期。大量国外的行业图书被引进。中国的广告创意人，直接跨过了原始积累期，整体继承了国外的成熟体系，同时整合了对本土文化和市场的洞察，为国内品牌的诞生和崛起，贡献出浓墨重彩的一笔。

这个时期的文案作品，被特殊的媒介传播形式放大，产生过无数文案金句，化为人们生活的一部分。

"大宝，天天见"

"孔府家酒，叫人想家"

"男人，就应该对自己狠一点"

"人靠衣装，美靠靓妆"

"用飘柔，就是这么自信"

那个时期盛产好文案，跟国内的电视媒介形式不无关联。在家家户户对美好生活的追求还处于"楼上楼下电灯电话"的时期，很多人家里是没有电视机的。而且，电视中只能接收到几个中央电视台的频道。于是，那时候的央视频道就成了覆盖全国上下的重要信息源，传播效果可谓是"广告一响，黄金万两"。当时的电视节目不多，新广告中的新面孔一亮相，就成了全新的关注点，强力"收割"人们的注意力。

强势媒体开道的文案阶段诞生的作品，大多用口语化表达，朗朗上口，接近人们的生活，具有很强的亲和力。这些发光点都是值得我们沿袭的地方。

4.明星代言文案阶段

2000 年后，随着国内经济建设的发展，中国庞大的消费市场展现出强劲的包容力。新世纪的年轻一代，兼容并包地吸收一切积极向上的声浪，香港电视广播有限公司（TVB）的电视剧、华语音乐、综艺节目、选秀节目、日剧韩剧等各式各样的娱乐项目集中涌进大众视野。

在那个百花齐放的年代，明星完全是靠作品走进公众心中。人们会主动买喜欢的明星的专辑、贴画、海报，也会关注和选择他本人代言的日用产品。

可以说，国内的第一批真人带货，就是起源这个时期的明星代言。

比如，周杰伦创作的那首广告歌《我的地盘》和金句文案"我的地盘，听我的"，直接让中国移动的"动感地带"套餐在年轻人市场占据了绝对的统治地位。

这个经典代言案例中，品牌、明星、歌迷，甚至是广告创意方，全都享受到了多方共赢的盛宴。明星成了品牌方表达态度的出口，产品成了用户理想身份的具像化表达。广告塑造了人们的认知，植入了新的观念——酷酷的年轻人，都在用"动感地带"。

这个时期的明星代言作品，很好地示范了品牌价值主张、文案调性、明星代言人发声身份，要保持高度统一。

在文案还只字未动的情况下，你要把自己想象成品牌的代言人，在内心勾勒出一个具体的发声身份，去表达品牌方的声音。这是这个时期的优质文案作品给我们创作人的启发。当然，后面会详细讲解创作身份。

5. 平台算法的文案阶段

再后来的文案发展阶段，你大概已经是深度参与者了。虽说互联网的发展让传统纸媒和电视业务受到了极大冲击，但真正撼动传统媒体的重要因素，还是要数移动网络和智能移动终端的兴起和发展。

从前在纸媒和电视的兴盛期，如果你不喜欢看一个广告，你可以选择翻页或切换到其他的电视频道。电视剧中间插播广告的时间，也是人们去小解或者收拾碗筷的时间。人们用自己的时间和视线投票。

但是，发展到移动互联网时期，人们对生活信息的获取和传播，逐步被平台所左右和控制了。你看到的不是自己需要的内容，而是平台在用算法和流量扶持的内容，是平台想让你看到的内容。

比如，进入一个外卖平台，在首页推荐中，平台会优先展示花了钱买了平台推荐流量的商户，还会重点展示成交量大、复购量高的商户店面。只有这样，才能确保平台利益最大化。

进入短视频平台，你也被迫去看平台给你推流的信息。假如你连续完整看完了几个母婴主题的视频作品，接下来你被推荐的信息中，就会出现大量的相关视频。

平台推荐和喂养逐渐培育出了全新一批的消费人群。特别是随着短视频平台的兴起，大家看到的多是平台筛选、匹配过的单一类型的信息。一个人摄入的信息源越单一，他就越相信自己看到的就是整个世界的全貌。很多人都活在各自的小世界中，既而越坚持和笃信自己的选择和立场。我们面对的是一群有强烈自我意识的读者。

在当下，抛开平台算法的媒体新特性，用传统方案思路与如今的大众消费者沟通，等同于老马拉旧车。过去的文案人，是在给纸媒、电视、门户网站制作主题内容。现在的文案人，是把平台当作传播媒介，为平台提供内容。

这是平台算法给我们文案人重新划定的新命题。

6. 人媒体文案阶段

今年是 2024 年，8 年前我在自己的第一本书《文案觉醒》里提过一个带有预见性的观点——"今后，每一个自媒体人，都是人媒体"。

当时我的判断依据是，现代科技的发展、通信技术的飞速提升，实则在解放人的超能力，普通人有了超越他们原来边界的可能。被解放出来的"人"，不会成天跟机器和动物打交道，也不可能一个人天天待在孤岛上，大家需要跟另一个人建立连接和互动。所以，"人"具有渠道和媒体的作用。

没想到，"人媒体"的发展速度远高于我之前的预期。如今，我们通过"人"来完成交易，也通过"人"来获取信息。新型的"人媒体"模式对于平台经济引以为傲的"人货场"的垄断地位造成了不小的冲击。"人"不仅发挥之前的大型店铺和商场的渠道作用，甚至还代替了媒介发布平台的部分功能。

值得注意的是，在"人媒体"阶段，需要放大"人"的特性。需要好的文案人把写作技巧和书面化的表达习惯藏起来，充分暴露他作为一个人真实的、真诚的、本来的样子。

人与人之间有着天然的吸引力。人们天生会选择和靠近那些有生机、有脾气、有热情、有同理心的"人"，而不是一个个冷冰冰、高高在上的品牌。

回顾文案的前世今生，我们看到文案像一棵小树向上生长的过程。从中不难发现，科技的进步、媒介的变革造成的人与人、人与信息关系的转变，直接推动了文案表达形式的与时俱进。这种文案的进化和演变，不是从 A 转变为了 B，而是从 a 生长成了 A。在当下的好文案中，仍能看到 2000 年前古典文案阶段那份对人的关怀和真挚的情感。

人类的大脑对一个抽象、宏观、陌生的议题会不自觉地产生恐惧感。于是，我写这一章内容，给你的大脑捋出一条文案的生长脉络，让你亲眼看到传统的文案生长过程，对它产生内在亲近感。同时，也想给你一个正式提醒，只要你完成过 9 年义务教育，就经历过与古典文案有关的训练。那些流传了千年的名作诗篇，就是你大脑里留下的一篇篇文案大作。跟着我训练文案脑，你再也不要说，自己是半路出身，没有经过文案营销训练。

罗马不是一天建成的，文案不是直接变成了现在这样子。每一个文案阶段所闪烁着的光，都被完整地继承下来，成为今天的文案的一部分。知往鉴今，看清文案的生长过程，对它产生亲切感，就不再对它感到恐惧和不安。接下来，我会带你从时间线回到微观角度，去仔细看文案到底是什么。

第 10 章

直达本质，用一句定乾坤的定义重装你的"文案观"

我看清一件事，才能做好一件事。这是我坚持的底层认知习惯。既然要创作文案，那就离不开对文案的深层认知，离不开你的"文案观"。很多人连"文案是什么"都说不清，就想着去学习写文案，结果自然不理想。

今日头条的创始人张一鸣在一次访谈中说过一段话："我现在越来越觉得，其实对事情的认知，是最关键的。不是方法。你对事情的理解，就是你在这件事上的竞争力。因为理论上，其他的生产要素都可以构建，你要拿多少钱，拿谁的钱，要招什么样的人，这个人在哪里，他有什么特质，应该和怎么样的人配合在一起……所以你对这个事情认识越深刻，你就越有竞争力。"

我完全赞成这段话，我们每个人都是在自己的认知范围内做出选择。你理解的文案世界有多大，你的创作就能走多远。在认识文案是什么之前，我想带你了解一下，什么不是文案。我们必须剔除人们认知中那些非文案的部分，才能很好地去认知文案主体。

1. 什么不是文案

先记得这句话：所有不侵入对方认知领地、不设法引发对方具象反应的自说自话式的表达，都不算是文案。

一定要态度明确地划分出文案和非文案的界限。因为在实际创作中，我们太容易由于主客观原因长期停留在非文案的认知区域内，做文字的加工和生产。

比如，强势且不懂文案沟通的甲方代表，会下"死创作命令"，严格要求一些文案人拼命地把他们的产品卖点信息往宣传页面里塞。很多甲方秉持的认知是，我花了钱来做广告、做宣传，那我肯定要自己品牌的信息露出得越多越好。这是站在自己立场上得出的结论。

自说自话、自卖自夸的文字越多，收到的宣传效果越差。但是普通消费者常常会有密集恐惧症。看到猛烈的宣传攻势，人们会在内心竖起戒备的高墙。

所以，我在替公司筛选文案人才时，不是看他服务了什么客户，他给出的作品有多么漂亮的包装设计形式。我会去看他的文字里透出来的侵入性和企图心。

如果能在他的作品中，发现他企图侵入用户大脑，激发一些认知上的共振，情绪上的共鸣。这样的文案人就说明已经入门了。只需经历一些重大项目的磨砺，他的文案力就很容易走上一个新台阶。

但是，我们身边更容易遇到另外一种文案人。他们在日常创作中，不知道如何写，也不知道为何而写。为了掩饰内心的无力和空虚，他们习惯给一些空洞、干瘪的文字内容，披上一身好看的修辞外衣。他们以形式上的勤奋来掩盖思想上的的懒惰，即便逃过所有人的眼光，也逃不过内心的审判。

该走的路，一步都省不了。接下来，我们就来看清楚文案的真面目。

2. 总监"文案观"，到底什么是文案

我们每个人都是自己认知的囚徒。终其一生，我们都是在按照自己对这个世界的理解和认知来生活。所以，你对文案的理解方式和认知层次决定了你的创作方式。

接触文案这么久了，你认真想过什么是文案吗？如果你之前回避这个问题，这一次请认真面对，它可能会影响你的整个文案职业生涯。

当你回答了文案是什么之后，你每天的创作，就循着这个你心中认知的内容就好了。我不在意一个文案的具体定义，而在意对文案认知背后的那一

套确定的支撑体系。

闭上眼，给自己 10 秒的回顾时间，去捋一下自己脑中对文案的概念性认知。它应该存放在你的第 2 个知识桶里。如果没有这份思考和积累，你现在是掏不出结果来的。

那你只能来听我研究和思考了多年的认知结果。我用一句话向你表达（见下图）。

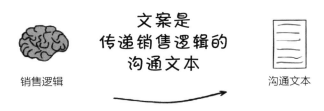

销售逻辑　　文案是
传递销售逻辑的
沟通文本　　沟通文本

直达本质，一句话概括总监"文案观"

文案是传递销售逻辑的沟通文本。这是一把打开文案大门的钥匙，一句定乾坤的文案表达。在你心中一直模模糊糊的文案认知，第一次以大标题显示的方式出现在你面前。这也是本书中我需要你刻在脑子里的第一句话，这是改变你的文案认知局面，影响你整个文案生长轨迹的一句重要的话。

请先放下内心隐隐升起的疑惑，停下阅读的脚步，在这句话上盯上 10 秒钟。现在，在心中把它默念 3 遍，确保你对它产生亲切感了再往下阅读。

这句文案的定义中有两个重点：①文案是沟通文本。②文案要传递销售逻辑。第 1 点很好理解，文案是需要向对方要回应的，是需要对沟通效率负责的文本内容。

第 2 点是绝大多数文案人存在的认知盲点。人们忽略了文案只是一款沟通工具，或者说一个信息容器。文案只是装着销售逻辑的梭，而真正的珍珠是文案呈现出来的销售逻辑。很多文案人终其一生都是在卖那个用来装珍珠的文字空盒子。

客户花钱买的不是文案本身，而是文案这个沟通工具所承载的销售逻辑，客户要买的是珍珠。

3. 销售逻辑的构成 3 要素

销售逻辑是站在卖家立场上提出来的沟通解决方案。说得直白一点，就是你怎样把产品和服务卖给对方。想清楚这一问题，自然也就找到了本次沟通文案的创作方向。

一段完整的文案销售逻辑，需要回答清楚 3 个问题：卖的是什么，怎么卖，在哪里卖。它们分别对应了销售逻辑的 3 个重要组成部分。接下来，我带你解构总监文案脑的思考方式，去详细分析销售逻辑的 3 要素。

（1）附属物或衍生物

拿到一个项目工作简报，此时请立马正视一个问题：这次卖的是什么？

有人会大惊。卖的是什么，不是明明白白地写在客户沟通文件上了吗？要帮客户卖锅、卖毛巾、卖跑步机、卖汽车、卖水杯、卖商业培训课程……客户想让我们卖什么，我们就帮他卖什么！

错！我问的是，"对于这个产品或服务，你打算给用户的是什么？"比如，你手里拿着一款进口的电容静音键盘，你打算卖什么？

这不是文字游戏，这是职业文案每天在面临的选择题。一款产品摆在你面前，你不可能面面俱到地介绍它，总需要一个侧重点吧？你需要以一个切入口为起点，让人对它产生基础的认知印象。

这个时候，摆在你面前的就有两种选择了。是卖它的附属物，还是衍生物？附属物，是这件产品或服务与生俱来的物理属性。衍生物，是指这件产品或服务给用户带来的额外的心理满足和精神愉悦感。一个对应物质需要，一个对应精神满足。

比如，上面提到的电容键盘，我们应该从物理属性层面来讲解，还是直接讲良好敲击录入体验带来的满足感？这就需要在写作之初，立马做出选择和预判。这种筛选和预判，又仰赖你文案知识桶里的其他知识储备。

我初步判断电容键盘的文案，应该是直接附属物方向。讲这款电容键盘自身物质层面的自带优势，展示它的强大科技实力。比如，展示它的工艺、设计、材质、轴体和获奖经历。我产生这种判断倾向的原因是，主动搜索电容键盘的人，多半是一些相对理性的发烧友，他们需要明确的有说服力的购买理由。

如果把文案宣传的对象换成另一款小家电，比如，孩子学习用的台灯，我们就要重新思考这次卖什么了。或许卖衍生物，传递出家长对孩子成长的守护和爱，可能是一种更好的选择。

（2）共情符号

认识了上一个问题，我们知道了在一个项目中"卖什么"。接下来，又迎来另一个重点难题——"怎么卖"？

持有甲方思维的人，以及对文案认知不足的人，会拼命堆砌自己的产品亮点，生怕哪里说漏了。我把这种文案叫"目中无人"式沟通。

我们所有人都是自私的生物。大家的直觉选择都是把自己放大，或把自己的产品放大。这是很正常的选择。当然你也会为此付出代价。代价就是，你的文案压抑了对方"自私欲望"的表达，用户找不到自己的存在感，当然会远离产品。

如果想让对方对你的文案做出回应，很好的办法就是尽全力满足他的"自私主张"。

因为客户在做选择时，根本不关心你的产品有多少卖点、你的产品有多少专家研发、你的产品经过多少次迭代……用户会觉得，品牌方在产品研发上付出的努力，不是应该做的事吗？用户唯一关心的，只有他们自己。

　　用户只关心自己的需要是否被满足、情绪是否被照顾、感受是否被理解、时间是否不被耽误，还有他口袋里的钱不被轻易骗走……对于掏钱、花时间的用户来说，他跟卖家之间的初次相见，总隔着一道心理防线。越不过用户内在的这道"心墙"，我们的文案沟通只是一阵风，从用户耳边吹走，不起一点作用。

　　事实上，敲开用户"心墙"的秘诀却十分简单——从用户的内心出发，找一个核心的钩子，放大用户的"自私主张"。这个钩子，就是文案"销售逻辑"3 大要素中的"共情符号"。

　　"共情符号"有且只有一个来源，那就是来自用户大脑的已有认知。聪明的办法是，找到心中的那根弦，轻轻地拨动它。让回音直达用户心间。

　　举个例子，销售家庭监控摄像头时，大多方案会提它的高清视野、红外夜视、声光警报、人形探测……这些都属于产品的功能价值。但是，对于城市用户，只是一味强调产品的功能，却很少正视用户对"安全和隐私"（鱼和熊掌）如何兼顾的内在诉求，这是文案上值得斟酌的地方。

　　同样的监控摄像头产品，如果想卖给下沉市场的用户，再把"安全"当作钩子就不适合了。下沉市场的用户内在的"共情符号"是什么？是他们的孩子。年轻一代出门打工，把孩子留给老人家在老家照看。远处的年轻爸妈打开摄像头，可以看到自己孩子在"眼皮底下"乱跑，一解对孩子的思念和牵挂。"随时看见孩子"就成了监控摄像头在下沉市场里的一记共情符号。

　　我们不是从别处找钩子，不是找来新的认知和符号，然后灌输到用户脑中。我们应尽可能避免去做改变用户认知的各类尝试。因为从零开始教育和改变一个人的认知，所需要消耗的时间和金钱成本都是无限大的。

　　我们必须进入用户认知中，找到那个他在意的点。"共情符号"就是普遍存在于用户认知中的一个支点，"附属物/衍生物"是产品或品牌的长杆。两个要素组合在一起，就能成为撬动用户内心的杠杆。

（3） 沟通场

绝大多数人应该是第一次听说"沟通场"，因为这是我在总监文案实战课程中提炼出来的一个文案认知概念。

在成为一位职业文案之前，你必须牢记这一事实，我们的文案不是写在电脑里面，而是要写在一个具体的沟通环境里。这条文案所出现的空间环境、时间节点、人文氛围、媒介平台、社会背景、社会预期……所有这些外在元素所构成的整体传播氛围，我称它为文案的"沟通场"。

文案是一颗你亲手培养的种子，你必须把它种在具体的"沟通场"土壤中。脱离"沟通场"去构思或谈论文案，就脱离商业实际了。

来看一则文案案例：

"用无穷无尽的风，
放过缓缓生长的树"

会不会觉得不明所以？其实，这句文案出现在公众场所的卫生间的洗手台旁边。当人们洗完手后，抬起双手伸到风干机下方，机身上方的墙壁上贴着这样一句话。风干手的几秒时间，刚好足够读完。读完后会觉得心头一暖。一想到用风干机可以减少纸巾使用，对森林、树木起到了间接保护作用，洗手风干便成了一件仪式感满满的心头小事。

任何一条文案，都要落在一个非常具体的传播环境中，与用户完成沟通对话。脱离了"沟通场"，人们对文案的认知多半只停留在字面意义和字句琢磨上了。"沟通场"是文案出现的环境、平台，也是文案发酵器。

通过这一章的学习，我们认知了什么不是文案，也获得了文案的具体定义——文案是传递销售逻辑的沟通文本。

文案的重点不是字句，而在销售逻辑。把文案销售逻辑3要素填满了，一则文案自然就浮现在纸面上了。销售逻辑立得住，文案内在的筋骨不会差。文案创作先塑筋骨、再画皮，顺序切莫颠倒。切记切记！

第11章

总监标准，一步到位
直接载入总监的 5 维
文案评价体系

沿着上一章文案认知问题，继续向下讨论——好文案的评价标准。

文案总监的一份重要工作，就是当好一个"作品筛子"，剔除团队下属提交上来的不合格作品，以防残次品文案被递交到客户面前。

你想过文案总监对文案的审读、打分过程，要花多长时间吗？5秒钟内。5秒钟时间就足够他完成对一篇文案评价的全过程。在阅读评价作品时，越专业的总监，越懂得剔除从业身份的重要性。

5秒钟时间，足够一位文案总监调出脑中存储的文案标尺，来对你的文案做出基础的认知判断。所有这些的前提，是你的文案评论体系要足够接近实战，要能经得住各类文案的考验。

满足了哪些条件，你的文案才能算是一条合格的作品，可以交给设计同事放进画面或视频呢？你心中有没有一把衡量文案的标尺？

1. 从时间和金钱维度衡量文案

情绪和立场在文案创作中非常重要，它们是影响读者感知的重要元素。离开创作者的情绪和立场，就谈不上文案写作。但是，在评价文案时，卷入太多个人主观情绪和立场，就会让团队协作进入无序状态。

试想一下，你写了一篇文案，融入了自己大量的真实情感，把自己感动得一塌糊涂。老板或客户接到作品后，淡淡地回了一句"我不喜欢这类文案，再改改"，你会不会意难平？

在一场创作中，人人都放大自己的主观意愿，往作品里添加自己的个人喜好，把自己的诉求当作判断依据，那简直是创作的灾难现场。作为沟通双方中的一方，过度强调自己的喜好，会让对方面临认知困难。所有不可衡量和评估的主张，都是在为沟通设置障碍。

评论一条文案，"喜欢"与否根本不重要。你的、我的、老板的、客户的，甚至是用户喜欢与否，都不重要。广告要的是用户的"喜欢"吗？不！商业传播要的是可量化的结果，要的是用户的认知和行动，而不是用户的好感。

人们看到走心的文案，喜欢的不是文案本身，而是文案让他们再次走入了自己的内心世界。本质上，用户喜欢的不是文案，他真正喜欢的是他自己！

"恒源祥，羊羊羊""今年过节不收礼，收礼只收脑白金""找工作，跟老板谈"……你会对这类广告产生好感吗？我一点儿都不喜欢这类洗脑型广告文案，但并不妨碍我在专业认知层面给它投上一张赞成票。这些都是为企业做出过巨大贡献的好文案。

那些所谓的走心、动情、欢喜、感动，都是俗世浮云；人们愿意因你的文案花时间、花钱，才是真正的奖赏。时间、钱、认知和行动，才是最诚实的文案赞成票。

文案总监习惯把个人喜好、情绪、立场通通放在一边，尽可能地剔除个体主观意愿对文案的影响，然后从那些趋于理性、可量化的维度来建立自己的评价体系。

确立了这些认知基础后，我来给你看看在工作中，我使用了多年的文案评价体系。

2.5 维文案评价体系

我从高中起就是足球迷。谁曾想当初学习的一些足球小知识，成了工作后建立文案评价体系的好帮手。

在玩足球游戏和翻看球星动态时，经常能看到专业机构对球员能力值的打分。常见的打分模型，是一个正六边形的坐标系，分别记录着球员的速度、射门、传球、盘带、防守、力量这 6 个维度的各项能力分数，最后通过公式计算出一个综合能力的评分。这个评分体现了球员能力和身价。

起初，这些事实性知识跟文案没有一丁点关系。在一天天的创作、带人引导、文案教学过程中，我需要给别人的文案以最直接的修正、调整和反馈意见。要明确地告诉他，哪里需要加强，哪里有明显的不足……

过了很久我才发现，在修改文案时，那些需要强化的地方，那些我们常常盯着不放、坚决不退让的地方，不就是我们每个人坚持的文案标准线吗？

于是，我试着按重要程度一个个筛选出影响文案的核心要素，把它们组织在一起，就成了你现在看到的 5 维文案评价体系。

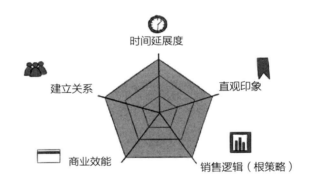

5 维文案评价体系

我挑选出 5 个维度的考量标准，每个维度上都有高、中、低 3 档得分。当拿到一则文案时，就可以套用这个评价模型给每条文案进行评价和打分。

（1）直观印象

这个维度是从普通用户出发的。用户只凭自己的直觉印象做判断、做筛选。他们没有时间，也没有义务去细看任何一条文案。职业文案人，要能够抽离创作者身份，以一个普通路人的身份，去查看自己笔下的作品。

具体操作方式很简单，用过眼不过脑的方式，在几秒内快速看一眼文案，看后留下来的记忆，就是最接近用户感知的直观印象。

（2）销售逻辑（根策略）

这个维度可以用来判断一个创作者的专业度。以创作者身份来评价文案时，我们审核的不是眼前这几个或几段文字，而是去找到它背后的销售逻辑，即根策略，然后对它进行评论和打分。

2019 年前后，国内一家大型企业在手机支付领域发起了宣传攻势。品牌方在传播中使用各种快速支付的生活场景，引发用户注意。比如，1 秒快速通过地铁闸口，请客时快速完成支付买单，不打开手机 App 直接付款……广告文案"一闪就付，用闪付"。

本案的文案销售逻辑，是极力放大产品内在"闪付"故事性，以此来塑造产品快捷、便利的独特优势。从甲方的视角来看，这套逻辑是讲得通的。

但是，文案人不只是品牌的传声筒，还要做用户的好伙伴。从用户立场来说，"一闪就付"无法构成一个让用户心动的沟通概念。付款越快，代表"我"口袋里的钱流失越快。谁会为自己的钱快速流失而心生快感？

即便是知名企业核心业务的品牌传播文案，也存在着销售逻辑得分很低的可能。所以，在每一篇稿子交给客户前，我们都要给这篇文案的根策略打分。这里的隐藏问题，多半情况下，只有从业者能看出。

（3）商业效能

工作中的实际情况，跟理想的状态总会存在落差。接到甲方发过来的创作需求，跟品牌调性有一些出入，你会去跟对方协商，还是继续执行他们的主张？

作为乙方中的一员，你的老板和总监为了团队利益和公司发展，多半会主推利润最大的营销方案，而不是品牌现阶段最适合的推广方向。此时，你还能坚定自己的文案主张吗？

如果你有过动摇，请在心里放一个叫"商业效能"的文案认知锚。你我都不太可能在一家公司、一个平台工作至终老。公司有自己的主张，我也有自己的坚持。

我们不是为了公司老板写文案，不是为了客户的喜好写文案。我的文案不是服务于任何人，而是服务于品牌本身。我的文案审核标准里，永远有一根叫"商业效能"的底线，我会用它去丈量这条文案为品牌留下了哪些认知资产。

（4）建立关系

我从文案发挥作用的根本原因出发，提取出这个评判维度。为什么用户会被一则文案所打动？因为文案与他本人产生了关系。

用户通过文案，读到了文字所承载的价值主张和利己成分。因为这个主张是由品牌方发出来的，用户接收到了这个主张，认可了它的价值导向，就会在主观倾向上选择跟品牌站在同一个阵营里。于是，品牌和用户就在认知上建立了相互认同的关系。

> "踢不烂，用一辈子去完成"——建立朋友之间互相打气、彼此激励的关系；
> "吃点好的很有必要"——建立像亲友一般的关心；
> "点赞可爱中国"——我们都是中国粉；
> "我们都是有问题的人"（知乎）——建立相同身份，拉近关系；
> "冷热酸甜，想吃就吃"——我们都是吃货，懂彼此。

用户在做选择前，都会在潜意识问一个问题，它跟我有什么关系呢？锁定人群、建立关系，是品牌沟通或销售推广中的必经环节。文案沟通中，自说自话很难形成用户的认知资产积累。所以，我会把"建立关系"列入重要的文案评价。

（5）时间延展度

站在时间的维度上评价文案，就是去看它有没有帮助品牌形成认知资产沉淀。

用户对品牌的认知，很大程度上依赖于时间积累。做营销传播非常忌讳"打一枪换一个地方"。文案人有时需要极力压制自己的表达创作欲，去认真思考自己的方案为品牌留下了什么资产。变着花样写文案相对简单，让一件文案作品可以沿用 3 ~ 5 年，就需要专业眼光和职业精神。

站在时间线的维度上，每一次投向市场的推广文案，都是一次与市场的沟通对话。同样的主张，反复沟通，才能形成品牌印象。所以，文案要与品牌的生长生命线合拍，要做到与品牌历来的主张融为一体。

3. 文案标准的本质是什么

以上给出的文案评价体系，是偏向于品牌沟通方向的文案。你也可以根据自己所处的行业需要，增加或替代其中的核心要素，最终形成专属于你的文案评分标准。

当你的文案脑里注入了上述文案认知模型，你也能像文案总监一样，为一条文案进行相对客观的打分。

为什么一定要在脑中建立一个清晰的文案评价标准？答案很简单，你清楚了"好"文案的样子，才会在动笔前后不断地校正自己的创作方向，尽可能地往"好"的标准上靠。这个"好"文案是你的内在驱动，是你坚持的文案主张，不是别人强加给你的标准。

在文案创作上，你认为是对的事就去坚持，认为是好的就去争取靠近。你坚持的文案评价标准，会在你精疲力竭的时候再推你一把，让你把作品再修改得完美一些。因为你知道，眼下的文案，还可以离"好"再近一点。

本质上，这一章讨论的"好"文案评价体系，是我们每个人坚守的文案从业理念，是我们内心深处认定的执念，是在漫长征途中推动我们向前的内驱力。它关乎你为什么选择文案工作，关乎你留下来做文案的信念，当然也关乎你想成为怎样的文案人！

第 12 章

加速成交，深度解密
高效、长效的第 2 代
文案成交系统

前文主要介绍了构建大脑对文案的认知体系。为此，我带你看过了文案6大生长阶段，用一句定乾坤的话向你的文案脑直接注入文案的内核定义，也在你的大脑里树立了好文案的标准……

这一章，我们来说一个文案路上不可避免的问题——成交。

你必须在动笔写文案前，在大脑里构建一个清晰的成交系统。你懂得用户为何买，才能更加清楚地解决如何卖的问题。

谈到成交，很多人大脑里直接浮现的画面，是交易双方一手交钱、一手交货的交易现场。人们默认卖货收钱才叫成交。实际上，这种观点就把文案沟通的成交结果看得太窄了。

提前说明一下，我说的"文案成交"是指沟通双方完成了统一认知和立场同盟建立的过程。从内涵和场景上看，文案传播的"成交"要比卖货收钱的"成交"丰富千百倍。

你买下了这本书，这是一种成交；你抱着这本书津津有味地读完了，认可其中的多数观点，这也是一种成交；读完后，你把这本书推荐给了公司老板，他在你的热情推荐下，给全公司一人配了一本新书，这也是一种成交；当你读内容，加入我组织的官方读书群，这还是一种成交……

成交是跟精准用户发生关系的起点。小到个体、大到品牌都需要，提升文案成交的效率。这一章，我想更深入透露我是如何建立高效、长效的文案成交系统的。

1. 第1代文案成交系统

影响文案成交的根本要素是什么？怎么让客户尽早同意成交？哪些认知能帮助提升文案成交效率？有没有长效的增长方式？这些问题，自打入行第一天就跟着我走到今天。

我脑中的第 1 代文案成交系统，是从行业前辈那直接继承过来的。这就是很多文案人都接触过的 AIDA 成交模型。

第 1 步：引发注意（Attention）

第 2 步：激发兴趣（Interest）

第 3 步：激活渴望（Desire）

第 4 步：号召行动（Action）

这个模型已经有 100 多年的历史。所有的广告都必须引发注意，激发兴趣，激活渴望，号召行动。这早已成了从业者深深认可的创作法则。

不过，因为时代发展和媒体环境的变化，这个成交模型也产生了很多变体。我自己在使用这个成交模型时，就感到了它带来的不适。

我在开发文案成长产品时，会做一些学员内测。通常都是在朋友圈小范围宣传自己在做产品。这些工作都是文案人每天的日常工作，操作起来当然熟门熟路。因为我的朋友圈有不少文案从业者，其中不少人看过我的文章、参与过我组织的文案成长社群，所以大家的报名和反馈都很积极。

不过，随着前期老读者的参与纷纷结束，学习报名的节奏就缓了下来。当时，我做的第一选择，自然是加大对卖货文案投入，不断去做课程发售，用第一代 AIDA 成交模型吸引新人来报名。但没走多久，这一代成交系统就出现卡顿了，效果明显下降，且难以带来持续成交。

问题出现在哪里？我也是经过了实际操作，才体会到了它与当下传播环境不兼容的地方。

比如，第 1 代文案成交系统很强调 A. 和 I.，即把注意力和兴趣当成用户来源的重要入口。我们设想一下，100 多年前，没有网络、没有彩色电视的环境下，大家日常接触的外来信息不多。从那时候发展到今天，人类社会的信息量呈爆炸式增长，增量何止超过万倍！在当今的人工智能时代，人们能接收到的能引起他注意、激发他的兴趣的信息已经如此丰富，哪还会有多少人因一篇销售文案，一则卖货广告停下脚步？

现在人们接触信息的主要媒介变成了手机。当他在手机上看过1遍、2遍相同的广告推送，且没有产生购买意愿或行为后，就会主动去屏蔽相同的广告推送。换句话说，向同一个人推送2次，跟向他推送20次销售文案，带来的效果差别不会很大。准确的潜在客户，在前5次就已经完成了成交转化。那些非意向用户，早就忽略或屏蔽了相关信息。

除非能通过付费购买流量的方式扩大移动广告投放的范围，否则很难在同一批用户群里，获得持续的成交增长，而且在订阅数不能持续增长的情况下，销售增长和时间成反比关系。

第1代的文案成交系统，重点是信息的触达，离开当初适宜的土壤，它已经很难发挥出最初时的核弹级威力。今天的文案人应该重新思考当下的成交系统。

2. 成交的主体永远在"人"

在我整理思考文案成交系统时，有一个内省的瞬间我一直记得。

有一阵子，我对外写推荐文案，去介绍自己开发的文案脑升级产品。我写的时候，精心地布局文案结构，反复斟酌开头怎么吸引人，要缩短句子，减少长句的比例，提升阅读体验，结尾最好加一句点睛金句……我把一个个好文案的要素都叠加进文字里面，精心地计算着读者们阅读后的反馈。

我把内容发出去后，咨询报名的人不少，每一篇发出的销售文案都成了小小提款机，大家很信任地给我转钱。但是没写多久，我累了，心累。哪怕一直收到了钱，我也不认可自己在做的这件内容宣发的事。很重要的原因是，它是在消耗我，而不是让我变得更强大。

我显然感觉自己好像在脚踩手摇一座小型发电机，当我用力做功的时候，就一定有收入进账。但当我停下来，不再写销售文案推荐产品时，所有投入都归零了。我不怕投入，但我很心疼自己那些不能产生叠加效益的脑力创作。

当时，有那么一秒，我特别反感自己精心布的局，我讨厌这种基于人心、人脑算计的文案写作。这些人是我的读者，看过我不少文章。他们就在我的朋友圈通讯录里，就在我的公众号关注列表里。平常时没有关心他们的成长，甚至谈不上点赞之交。我没把他们当成一个真实存在的真人，一个活生生的个体，只是当作一个流量源。这是我反感自己的地方。

这一秒，我恍然大悟，当下的文案成交应该回归到"人"，关注"人"，主体是"人"。一想到这里，会觉得当初自己的那些精心布局，在文案表达里加入各种吸引注意力的开头和写作技巧，显得麻木又可笑。如果我只是不停地对外推广产品，哪怕文案技巧发挥得再好，用户也不会轻易地相信一个陌生的人。

反过来，当用户认可了我这个"人"，理解了我做的"事"，看到了我做出的"成绩"，也看到了自己需要解决的"问题"，他自然会联系我，找我提供产品方案，最终形成不销而销、自动成交的局面。

当我决意回归"人"，我终于看到了升级文案成交系统的两个重要元素——"关系"和"结盟"。

我把它们融入第1代文案成交系统后，逐步消化、调整，最后成为我的第2代文案成交系统。它解决了我前面的种种困惑，也能帮助我让成交变得高效和持久。

这套升级后的文案成交系统，适用于各类业务领域和品牌成长过程。有了第2代文案成交系统，你甚至可以立马上手经营你的初代内容商业的创业项目。核心重点就在第3部分，它是我之前从未解密过的内部私货。

3. 我的第 2 代文案成交系统

第 2 代文案成交系统与第 1 代成交系统最大的不同，在于成交的发起端和结束端的改变。

第 2 代文案成交系统在文案成交的发起端，不再把注意力当作沟通的起点，而是把品牌与用户的关系当成起点；成交购买，不再是成交的结束端，在成交之后我们可以做的事，是与用户结盟。这些都是先前的成交系统不曾有过的部分。

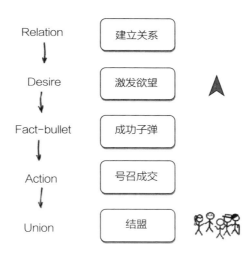

第 2 代文案成交系统

（1）建立关系（Relation）

这一步强调把搭建用户认知和信任关系置于正式销售推广和产品成交之前。

过去，人们把产品摆放到货架上，让需要的人过来挑选。本质上，销售渠道方便人们完成人找货的过程。渠道可以是一个路边的便利店，也可以是城市商业中心的购物广场。在那个渠道为王的时代，掌握了销售渠道，就守住了一台现金取款机。

而现在，人与货的对接关系可以变得更加直接。人与人之间的"关系"本身，就可以取代之前的渠道，成为销售成交的主舞台。人们不用跑到几百米、几公里外的地方去购买生活必需品。只要加入一个社区团购群，把采购清单发给团长，团长会派人帮你送货上门。这个社区团购平台就成了一种基于用户关系的新型渠道平台，建立了人与货的连接。

所有基于渠道思维的成交活动，都可以用"建立关系"的方式重新设计。有了一层"关系"做前提，相当于用户先选择了这个人、这个品牌，自然对他正在做的事不排斥。只要你用诚心做产品，用诚意写文案，那怎么写都能走进他心里。

（2）激发欲望（Desire）

文案成交系统第 2 步是激发欲望，这里有一个重要秘诀——精准地引导用户做需求匹配。要在广告文案里让用户直接看到、感知到这个产品，正好对应了他内心长期存在的那个最大的具体问题。

找到了这个需要解决的问题，就找到了激发用户购买欲望的按钮。当然，用户心中相应的最大问题，需要我们自己去理解和寻找。这个问题越具体，越容易引发用户的购买成交。

比如，在电商平台上做老人保健鞋宣传，你能找到的最大问题是什么？老年人走路脚疼，鞋子挤脚、胳脚背，是这些吗？可能已有人默默点头了。

但是，在这一消费场景下，用户心里还有比这更大的、更想解决的问题吗？有的！他们更想要的是传递出对爸妈的关心和爱，传递出一份表达孝心的情感需要。老人鞋的广告，其实是做给年轻子女们看的。为了验证我的这一预判，我打开一款知名的老人鞋品牌的广告，果然文案里一口一个"爸妈"："凉风出行，爸妈不喊热""动态助力鞋底，爸妈走半天都不累""鞋底不易滑，爸妈出行更放心"……这些文案瞄准了用户的内在需求——孝敬老人、表达爱意。

（3）成功子弹（Fact-bullet）

"不看广告看疗效"，人们对广告多持有一种谨慎的态度。让客户看到实在的"疗效"，比描述一堆产品卖点更有说服力。打消用户戒心的直接办法，是在广告中增加效果展示的部分。

"成功子弹"就是指那些能展示产品特征、效果的事实和主张。常见的"成功子弹"包括产品特征的直观展示的图片和录像、产品使用后带来的巨大改变，以及用户真实的个人成长故事。

电视广告中的牙膏可以让牙齿变得坚固又靓白，洗衣液不伤手，家中孩子大声地喊着"妈妈再也不用担心我的学习"……这些都是一个个明确的"成功子弹"，直接瞄准用户的内在烦恼。

在新媒体和电商广告中，展示"成功子弹"的方式变得更加多样。果农为了表达自己家里的果子好，直接来到果园随意摘下一颗大苹果，拿一把柴刀夸张地把苹果削成两半，镜头对着果肉近拍，让人直接感受到刚摘下的新鲜。

"成功子弹"用于打消用户内心防御。一连串的事实摆在用户面前，让他们认识到，买了这个产品，"我"也能享受这些直观的好处，收获这些明确的成功。

（4）号召成交（Action）

如果用户已经完整地看了前面 3 部分内容，而且他继续向下查看内容，起码说明他已经是一个很精准的意向客户。

前面认知上的铺垫，是为了引出"号召成交"部分。我们一定要明明白白地亮出本次沟通的成交动机。想让用户接收什么信息、想让他给你什么样的反馈，一定要在结尾处清晰地展示出来，要向他发出立马行动的邀请。你不发出号召，用户的成交动作就会少很多。

常见的号召成交方式，在短视频直播间里能频繁看到，比如大额礼券、限量名额、随时优惠、超值福利赠送……

承诺用户当下完成成交，就可以享受额外的赠送。过了这个时间点，就无法得到这些礼物。这时想购买的用户，多半会开始成交。

（5）结盟（Union）

"结盟"是指我们与用户就某个高频场景下的需求达成一致的目标，建立共同行为盟约。"结盟"是第 2 代成交系统的重中之重。

在一场正式成交中，用户付出时间或金钱作为交易的筹码。当他交出筹码的那刻，他就与品牌方完成了一场互相信任的交换。我们要把这场信任关系保留下来，与他建立长期"结盟"关系。

比如，你买完这本书，可以加入我组织的读者群。在群里，读者互相交流讨论，这不算是结盟，顶多算作是建了个读书群。"结盟"的核心内容，是组织用户共同去达成一个明确的目标，共赴一个有价值的目标。

最后，想跟你传达一个清楚的认知，在每一次文案沟通对话的结尾，一定要有意识地植入号召成交以及建立联盟的信息。只有你明确、清晰地传递了自己的成交号召，用户才会正式响应。

如果你接入和信任了我开发的文案脑训练系统，这是我们达成成交、建立关系的开始。这本书会聚合很多相信文案力量的创作者，以及想要提升团队宣发能力的创业者。

我计划把这些强大的一线文案脑聚合起来，组成国内第一个"文案脑共享联盟"，共同去帮助中国中小企业创业者完成低成本、高品质的市场沟通。这就是我在此发出的文案脑结盟号召。

以上是我对文案成交系统的理解和认知。这部分的认知看似与你写作文案无关，其实不然。我们先理解了正确地做事后，才能做出正确的事。

锚定精准的成交系统，选定了一个正确且有结果的创作方向，当你的写作出发点是奔着加速用户成交而去，你的作品能为品牌和客户带来真实有效的沟通收益，市场能不认可你提交的文案吗？在文案这个领域，有用远比好看更具生命力！

如果你想要加入我组织的"文案脑共享联盟"，可关注本书官方公众号"敲醒文案脑"，查看丰富的总监文案脑实战案例，获得品牌一对一成长诊断。

撬开总监文案脑

认知卷

第 4 篇

沟通模型

牢记文案总监
用于编程人脑的
沟通模型

沟通模型

第 13 章

撬动立场，文案总监
秘而不宣的沟通深水
炸弹

在上一篇，我在你的文案脑里全面写入了我对文案体系 360 度的认知理解。你的大脑已经得到了文案的本质定义——文案是传递销售逻辑的沟通文本。越是接近第一性原理的认知，越是直接和简洁。这看似简单的一句话，却是我的"文案观"的集中体现。

这个简单定义里隐藏了"文案观"最重要的两个构成部分：第一部分是"销售逻辑"；第二部分是"沟通模型"。为了讲清楚"销售逻辑"，我们从总监的 5 维文案评价体系和第 2 代成交系统进一步探索了文案成交倍增的实战方式。

我用了 3 章的篇幅，带你去理解总监文案脑里的"销售逻辑"。从这一章起，我将带你的文案脑开启一个全新的征程，一起拆解总监文案脑中的"沟通模型"。

然而，我们很少认真审视沟通的内核。通常人们会认为一个人能说会道，就说明他很擅长沟通。这种认知太表面了。真正的沟通，是通过一切有效的方式对他人立场加以直接和潜在的影响。接下来，请提起精神正式进入这一场提升沟通力的密集特训。

1. 回到沟通的起点

在这里，先给你介绍一个我一直在使用的认知工具：回到认知对象的初始形态，在它最简单的条件和形式下，对它展开观察和思考。

剥离沟通自带的种种附加条件，回到沟通的起点，我们就能很好地认识它的本质。那么，人与人沟通的起始点发生在哪里？我想，一定是远在类人猿时期，人类的祖先早已开始了高效的沟通协作。

从远古人猿起，人类祖先就开始了群居生活，唯有借助和依靠群体的力量，才能在洪水、猛兽和各种自然灾害下得以繁衍和生存。离群和落单意味着饥饿、危险和死亡。

亚里士多德在《政治学》里有过一段精辟的描述："城邦是天然产物，先于个人而存在，理由如下：孤立的一个人，是无法自给自足的，所以他就像整体的一部分；一个人如果不见容于城邦，或自身过于完善而不需加入城邦，那他只能是一头野兽或是一尊神灵，他不可能构成城邦的一部分。"

这段话强调了在人类社会，群体先于个体存在，个体是整体的一部分。人人内心都希望融入一个强大的群体，从中得到群体的庇护和温暖。弱小的人猿投靠一个强大的族群部落，意味着它多了一份生存下来的可能性和安全感。

人类祖先还没形成自己的语言之前，就已经使用了各种沟通方式展开日常交流，高效地进行分工协作。有的人猿负责照顾幼崽，有的人猿外出打猎、收集果实。它们或是大声吼叫，发出警报和吓阻猛兽入侵领地；或是挥动四肢，发出召集同伴的信号……

从远古时期起，群的意识深深刻在人类基因里，一直延续至今。人们用沟通协作，来维护部落的整体稳定和文化传承，每个人都在全力维系着族群的传统、血缘、信仰、习俗和秩序……

所以，我们可以看出，人类间沟通的根本目的，在于寻找同类的人，去维系同类人之间的紧密联系，维护整体的稳定和协作！

沟通不是交流，沟通的目的也不是说服对方，沟通不是对话，而是延续群的意志，维护群的立场。这份对沟通的理解，对我们今后写文案极其重要！

2. 人人都在维护部落立场

步入现代社会，人类基因里的部落记忆片段、群的意识，依然在左右着现代人的生活方式。

人们依然会自觉地寻找和投靠某个特定的群体，成为族群的一员，扮演整体的一个组成部分。

外卖小哥加入"骑手群"，全国卡车司机组成"卡友圈"，城市中动物保护成员组成"流浪动物救助联盟"……人类深层意识中的群意识，引导他向主体部落靠拢。

如今，人们仍处处受到所在主体部落的影响。每个人都是有组织、归属于群的人，身后有一个隐藏的主体部落。这个主体部落自带的传统、习俗、行为守则，自然影响了这个个体的身份特征和行为选择。

个体也会将延续部落主体的信条当作毕生使命，他会无条件地坚守部落的立场和主张。这份偏执的选择无关对错，不可能客观、理性。作为部落主体的一部分，个体如果放弃了部落立场，他就失去了身份归属，背离主体部落的召唤，成为一个离群索居的"游子"。

于是，在实际生活中，来源于不同部落的沟通双方，一开始就天然存在着一份立场拉锯之争。

每个人都是从自己所在的部落立场、身份和利益出发考虑问题、做出选择。人人都在死守己方的部落立场。这是人类与生俱来的初始预设，在人类社会中已经存续了亿万年。

哪怕亲人间的日常沟通，这种立场之争也时时发生。孩子坚持的立场，永远是想脱离大人的管控，去体验外面更大的世界。他们从向大人说"不"开始，走出独立的第一步。而父母永恒的立场，是看护和抚养。

当我们真正从根上理解了沟通，就不会狂妄地试图在文案沟通中说服他人，改变人们的立场和认识。

我们的文案根本不可能说服他人，人人都自带屏蔽系统。这套系统的初衷，就是维护自己的部落立场不被外人入侵。

3. 有效沟通，在于撬动立场

可以说，每一位文案总监都是有效沟通的专家。生活中的每一个场景，都是你练习和实战沟通模型的主战场。总监们提升文案沟通力的深水炸弹，就是在人的立场上做文章。

沟通对象会强烈地捍卫自己的部落主体，会明确地强调自己的主场和主张。其实啊，他越封闭，就越有沟通的可乘之机。我们可以利用他的立场，打入他的心墙，从内部撬动对方的认知，与他达成沟通共识。

说到沟通困局，我们不妨从身边人看起。可能你也会发现某位家人在一些方面极难沟通。怎么想办法都改变不了他们。哪怕这件事对他有明显的好处，他也不愿意去尝试。我就遇到了这样的"对手"，就是前面提过的小侄子，一个让我绝望过的沟通对象。

之前，我很难理解，一个孩子抗拒学习能达到怎样的程度。你可能认为在学习任务面前大吼、上蹿下跳才叫反抗。不，这些都太表面了。那种从骨子里透出的绝对抗拒，向来不声不响、毫无痕迹可言。

他的学习状态，是时时刻刻想着怎么少动一点脑子，怎么省力、舒坦，他就怎么来。整个人不主动、不拒绝、不抵抗，也不改进。他宁愿空耗时间，也不愿意动脑把效率提高一点。他虽然成绩名列前茅，但身上那些懒散、省力、表层思考的恶习，随时都在拉低他的日常表现，没法独立应对真正的考验。

他的学习脑，就像是惰性病菌的培养皿。跟他讲过的解题方法，隔天就抛在一边。因为使用新方法，需要花点脑力消化理解，宁愿用笨方法硬算，也不愿去调用大脑尝试更省力的方法。遇到暗暗抗拒学东西的孩子，你有哪些沟通经验？

当我调整过无数次谈判沟通方式后，绝望地回到沟通的起点，我才发现问题出现在哪。本质上，我跟小侄子的沟通过招，是部落主体的立场纷争。

每个人都有效忠和死守的群体意识。在群体部落里，他有自己的身份、生活方式和个人立场，这些都不可能被说服，是不可退让的主场。我们是一家人，但归属于不同的部落主体，有着不同的立场和做事标准。我的立场是一位工作狂家长，小侄子的部落主体和自我身份认同，是一位无忧无虑的小学生。

我时时要求自己事事发挥到极致，尽可能拿出最好的表现。而他呢，只要不犯错不被老师找，有小朋友在一起玩，整天无所事事的状态，就是他最满意的日常。只要不让他动脑，坐在那里偷懒，假装在学习的样子，哪怕坐在那里发呆，他也能很开心。这里就产生了明显的立场对抗。

我们大人面对孩子，常常把"你怎么一点不听话"挂在嘴边。其实，孩子不是不听话，他只是不听破坏自己的立场、对自己没好处的话。他主动关闭沟通通道，表面上不声不响，暗地里死死对抗，死守自己的内在立场。想到这里，我好像找到了解决方案，我重新设计了与他沟通的方式。

其实，操作起来很简单，就是我想办法去摇动他的立场。对他，我设计了两步改善方式：

（1）第 1 步：动摇他的原有立场

我买过写给孩子的时间管理书，找过好家长的引导沟通技巧，带他看孩子成长的励志电影、看关于多巴胺和内啡肽的 TED 演讲，让他去看《灌篮高手》里球员为了赢下比赛的专注和投入……我用过所有能找到的方式，建立正面引导和管教，跟他做耐心沟通，帮助他从内建立自驱力。结果怎样？收效甚微！

后来我才发现，他以拖延方式减少单位时间的大脑做功，作业故意写到晚上 10 点以后，他觉得这样很省力、很舒服。

我对症下药，只说了一句话，就瓦解了他原来坚守的立场。我评估了他们作业，其实功课量没有那么大，我跟他说："你可以故意慢慢写，但只要超过

20:30，就让家人给你多安排一张试卷。"

虽然他还是个小孩子，但他可清楚地知道，拖下去对自己没有一点好处。

不仅如此，我还做了另外一件事！

（2）第2步：重构沟通立场

我给他设计了一套《魔法时间学习表》，让他在周末列出下一周自己从周一到周五，每天的课后学习和游戏项目安排。

他可以每一周都为自己设立一个探索主题，我们大人会全力协助他去完成这个探索主题。当他工工整整写下日程计划，到了第2天奇迹就跟着到来。没有人用强力高压去规定他必须在几点完成。但是，如果在这一件事上偷懒、拖延、低效，只会挤压当天他最喜欢的游戏时间。

遇到某些学习任务耗时较长，我才站出来，帮他分析如何优化调整，提高效率、减少无效学习时间。我的身份不再是一位工作狂家长，而变成了他愿意接受的学习帮手。其实，我是让他自己去重新构建他的主场。我从调整立场出发，重新设计了与他的沟通方式，局面立马发生了彻底改变。

除了家人的沟通，我们还会直接面对各种立场对立的沟通困局。甲方和乙方、员工和老板、下属和直属上级、卖家和买家……

文案人身处不同沟通对象之间，需要看到眼下这群人背后的部落立场。人人都有自己的立场。我们的文案不要去说服他人，也不可能说服别人，而是让用户自我说服。一切有效沟通都要向用户群体发起一场立场地震。

文案总监在写文案前，就已经看到沟通对象的内在执念、看到他强力守护的立场，然后通过切换视角，站在他人的立场上，投下一些让他心动的共情符号，让用户微调和动摇了自己的立场和身份，就能完成一场有效的文案传播。甚至有的总监创作者在创作之初，就故意找准有明显立场对立的社会议题，通过操作立场不同的人来讨论作品话题达到引导传播的目的。

这些就是总监们在沟通创作背后秘而不宣，一直在使用的元认知武器。

第 14 章

优化 3 大沟通要素，
成为潜入人心的
文案沟通高手

"文案是传递销售逻辑的沟通文本。"这句文案的定义，藏着文案世界的两座大金矿。

在一场文案创作中，找到了"销售逻辑"，你就找到了文案的龙骨；提升了有效"沟通"的能力，你就能轻松地护送自己写下的文案，一路闯关，最终把它送到大众面前，送进用户心里。

在你的文案脑里，把这两座金矿勘探清楚，充分开采后，你的文案力自然就能日益精进。锁定这些底层逻辑，就像精准地锁定了打井的位置，不用挖多深，就能涌出清泉作为回报。

而职场中总有一些舍近求远的"聪明人"，他们不去思考"销售逻辑"，也不提升自己的有效沟通能力，一味地去寻找文案写作技巧，想从别人那里寻得一招半式。东拼西凑地学到了一些细枝末节的零碎认知，结果自然是脑袋空空，碌碌无为。

可能有人会说，我天天都在说中国话，还需要练习有效沟通吗？对，需要，非常需要！会说话的人很多，懂沟通的人很少；会写中国方块字的人很多，会用方块字组成文案的很少。

正是因为不懂用嘴巴沟通，所以你落在纸面上的话，才显得那么没有章法，没有目的性。想真正从根上有效提升文案力，就得从一场有效沟通说起。

1. 沟通的第一性原理

你肯定想不到，正在跟你谈论沟通第一性原理的我，是一位一点也不喜欢主动社交的文案人。工作内外，我都会主动选择远离人群。哪怕身处聚会之中，我也习惯于把自己抽身于人群之外，去旁观大家的热闹。

正是接下来我要写的底层认知，对我的沟通能力产生过地震一般的剧烈影响，让我从一个不爱说话的人，成长为一个文案沟通高手。

亚里士多德说："任何一个系统都有自己的第一性原理，它是一个根基性命题或假设，不能被缺省，也不能被违反。"

在认知对象时，找到它系统内部的第一性原理，抓住它的根基性命题，就不至于被外在的种种变化形式扰乱心智。那么，有一个值得关注的问题摆在面前："沟通的第一性原理是什么？"

在谈论和思考沟通时，你把什么设定为最根本的命题？沟通形式、外在技巧，还是你个人的气质、气场，以及你对人性的理解和掌握程度？这些都不是根本命题。

沟通的第一性原理，是促成双方建立行为共识。这是我的独家认知。我们向外发起沟通，不是为了把对方说赢、说服，而是要跨过双方的立场鸿沟，促成与对方签订认知盟约、建立行为共识。这才是沟通的第一目的。

除了能言会断、巧言善辩，单刀直入的沟通风格也能解决问题。技巧再高明，也要为沟通的第一性原理服务。把球踢进门，才能获得积分。花式足球要得再好，到了职业比赛现场也派不上用场，论实战远不如几十米开外一记大脚轰门。有了这些底层认知后，我内在的沟通力得以彻底释放。

在跟客户对接业务时，我不再纠结自己没有气场的声音和不老成的外在形象。我的内心已然强大到不用靠外在的形象铠甲来武装信心。当一个人足够坦荡，就有了不可摧毁的内在力量。

当我认清了沟通的第一性原理，我不再掩饰身上的这些丢分点，让沟通客户看到眼前的这个沟通对手还挺真诚的，没有多少侵略性。当他脑中对我产生这种判断时，就对我放下一半戒心。然后，我就开始微笑地用我最擅长的文案脑，悄悄拿下这场沟通的主动权。

作为创作人员，我出现在客户的面前，是来帮助他解决现有的问题的。他有困惑，我有专业的解决方案。他有求于我，在他不设防的情况下，就很容易接受我的沟通引导。他不把我当成对手，而是看作可以合作共事、值得托付的帮手时，我们就统一了立场，达成了一致的行动共识。

2. 沟通的三大构成要素

一场有效沟通有三个重要组成部分，它们分别是：动机、情绪立场、行为共识。

（1）动机是沟通的起点

下班时间快到了，老板走到你身边问了一句："晚上有没有重要安排？"他是在关心你下班后的生活安排吗？显然不是。

你本能地在心里暗自叫苦："完了，又被抓住了。铁定又要被留下来加班干活了。"在这个典型的职场沟通场景中，老板口中说出的那句话，叫"表层信息"。它并不是沟通中的重点，重点是老板说这句话时传递的意图，是这句话藏着的"动机"。

"动机"是这场沟通中的起点，有了"动机"老板才会发起沟通。所以，我会把"动机"列为沟通的第一个重要组成部分。

"动机"不被看见，但它真实存在。它就是话背后的话——"话中话"。

真正的沟通高手不会在意"表层信息"，他们会直奔对方发起沟通的意图做出行为反应。跟专业的人共事总会觉得特别轻松，是因为他懂你说的，你们之间的沟通成本会无限降低，执行的阻力就会很小。

可能有人会抬杠：你们这样说话不累吗？为什么不能直接把话说清楚？为什么要让人去猜话背后的意图？这与沟通的第二要素有关了。

（2）情绪立场是沟通的护城墙

每个人的身上都带着所在部落的所有基因。两个人在做沟通，其实是两个部落在发起联盟对话。沟通双方都有一道厚厚的护城墙，在自动守护着本部落的立场。

在沟通过程中，我自然不愿侵入对方的立场，让对方感到被冒犯而产生情绪波动。尊重和照顾对方的情绪立场，是一场有效沟通中第二重要的组成部分。

（3） 行为共识是沟通根本性命题

我在开篇说过，很多人只是会说话，并不擅长沟通。沟通是双方朝着同一结果双向奔赴的交流。而生活中，大部分人的沟通动作，只是在声明自己的部落立场。

我举个例子，进入青春期的孩子，很烦躁地对妈妈大声说："你少说两句，不要管我了，行不行啊？"妈妈气不打一处来，放下手中的家务活，大声回呛："我是你妈，说你两句怎么了？我们小时候不都这样过来的？"

看到没有？孩子和妈妈之间只有对话，并没有沟通。孩子只是在索要独立自主的权利，妈妈则是在声明自己作为家长监护人的权利。这种立场和身份的对抗，一直延续到孩子上大学远走高飞才结束。

大家完全没有意识到，建立行为共识才是沟通的根本性命题。缺乏这项认知的人，就不断地去强调自身的立场和主张。

当你的文案脑掌握了沟通的第一性原理和沟通构成三要素，就可以靠它们来大幅提升你的文案沟通力。

3. 优化三大沟通要素，把话说到心窝里

与老板、家人、恋人、客户之间的对接，本质上并没有什么区别。我们都可以通过优化沟通三要素，让自己的对外发声效果得到巨大的提升。

（1） 守护原始动机

守住你发起沟通的原始动机，就能在双方磨合中找到自己内在的定力。

它是唯一确定的方向，与这个方向无关的要素，都不应该纳入考虑范围。

有一句话特别适合用在这里："注意力在哪里，产出就发生在哪里。"一件事在推进过程中，在众人的共同参与下，人的注意力是会发生阶段性转移的。

比如，刚开始品牌方确定的立项内容，是帮助新产品建立最初的市场认知，让人们对新品有个初步好感。这个动机很合理，对吧？但在把这件事往下推进的过程中，往往内外团队不再锁定沟通的最初动机，转而整天去对传播大概念、用户洞察做着精雕细琢的修改和加工。如何做好眼前的这场广告活动，如何取得更好的数据反馈，成了团队最关心的问题。此时，人们好像忘记了最初的动机是什么！也就是说，随着事情发展，人们往往很容易发生注意力转移，忽略了最初的原始动机。

还有大学生毕业后参与面试，他的原始动机是向用人单位展示自己。结果到了沟通现场，被对方一阵打压，说能力不行，需要实战项目经验，愿意参与岗前培训的话，可以优先录取。结果不少新人经不住这类打压加诱惑，当场刷了信用卡，成为诈骗受害对象。他们完全忘记了，自己走进这个公司大门的原始动机是面试，而不是报名参加"培训"。

沟通表达的形式可以有无数种变化，沟通对象有无数种应变风格，但是一次沟通只有一个初始动机。守住了沟通的原始动机，就像掌控了一条船的舵和帆。你需要去主控这份内在的动力。

（2）打破己方立场

前面我们说了，一个人代表着一个部落。

文案沟通高手都懂得以退为进的重要性。当你率先打破己方的立场，全身心地为对方的利益考量，对方绝对能感受到你的用心，反而更容易向你靠近。

你说的话，你做的事，是对他有利的。你没有给他造成压迫感和侵略感，甚至让他心中有了正在掌握沟通局面的赢家体验，这种情况下就很容易达成沟通共识。

相反，在实际工作中，很多企业的老板或者品牌部的市场总监，为了维护本部落的立场和利益，会无意识地在对外的沟通文案中，反复强调"我"的产品有多好、"我"使用了多少研发技术、"我"投入了多大的成本……而从消费者的立场上看，为了在市场上生存，你做的这些不是理所当然的吗？你夸耀了很多，却很少提及与他有关的利益。显然，这类失败的沟通，每天都在发生着。

沟通双方都在部落边缘竖起高墙的话，则无法对话。这就需要我们先放下自己的身份、立场，跟对方靠近。

大人跟小孩子对话，弯下腰是不够的。你需要蹲下来，而且视线要放得比他更低，移除了大人与小孩子身高差带来的压迫感后，他自然会跟你说自己的心里话。

立场不是目的，立场只是我们走进用户心里的手段。之后的沟通练习中，请时刻记得两个提醒：放下、蹲下。

（3）促成行动共识

家人之间、情侣之间、师生之间、公司上下级之间，整个社会就是由一对对相互依存的沟通关系组成。可以说，提升沟通能力关系着一个团队的工作效率，以及一个品牌的发展。

但是，偏偏在日常生活中，很多对话都止步于宣讲自我立场。大家都习惯从自我的立场向外发声，强调"我"很重要，我应该被倾听，"我"应该被满足……当人们把"我"放得无限大时，就忽略了这场沟通的真正目的，是让双方有一个共赢的结果。

作为一位合格的文案人，你必须要时刻提醒自己，沟通的最终导向是让品牌和用户形成统一的行为共识。文案人的沟通，不能单向停留在任何一方的立场上。

过多地植入品牌方想要表达的观点，或者把品牌方的利益放在一边，转去大力讨好传播用户，这两种文案写作状态，都极不可取。

我在课程中问过大家一个问题，文案人的天职是什么？很多人脑中下意识地就蹦出一个答案，写出好的文案作品。

其实，这种开放性的问题没有标准答案。我关心的不是答案，而是你对这个问题的认知。你具体的认知，就会引导出一连串具体的行动。我对文案人天职的理解，可以用一句话总结，而且这句话跟了我好多年——替品牌方做用户筛选，替用户方匹配产品解决方案。

做这份工作，我们要时刻提醒自己：我们的文案是为了买卖双方建立高效的沟通通道，促成他们达成行动共识。文案本身并不重要，文案只是实现目的的工具。

你要做的是用它去照顾和拉近双方的需求和立场，减少两者之间的沟通成本。所以，作为文案人，你必须自己是一位沟通专家，而不是写作专家。

你先是一个会沟通的人，然后才有机会成为一个很好的文案人。相信这一章沟通第一性原理和沟通三要素知识点，能转化为你文案创作的强力引导工具。下一章，我们进一步走进用户大脑继续深入理解"沟通模型"。

第 15 章

人脑编程，用户大脑是一场有效文案沟通的终点站

入行前几年，我对传播和沟通的理解相当肤浅。那时，我无知地觉得笔下的文字，就是大众情绪的节拍器，可以调度用户内心的欢喜和忧伤，总觉得文字可以直指人心，操控用户的购买选择，这些妄念在心中存放了很久。

后来，随着工作的深入，我对文案和用户产生了敬畏心，也渐渐明白，一场沟通的质量，不是由说者决定的，而是由听者决定的。

用户根本不关心文案，他只是从我们的文案里提取他想要吸收的有效信息，而屏蔽与他立场相左的观点或理念。我们无法改变用户，是用户的大脑主动筛选并决定哪些信息可以留下来。真正的沟通交流，并不发生在你与对方的口语或文字传播之间，而是发生在用户的脑中。

正是以上这些听起来奇怪的结论，彻底颠覆了我对文案作用力的理解，也让我对听者一直保持着一颗绝对的诚心。

认知到真正的文案沟通发生在用户脑中，就可据此来重构我们的日常创作行为，梳理创作中的重要节点，降低人与人之间的沟通成本。

1. 用户的大脑，是文案沟通的终点站

广告文案沟通只有一个终点站，那就是用户的大脑。我们要做的就是，把文案从自己的大脑里整理出来，并打包送进用户的大脑。这就导致了广告文案的存在，对用户来说是一场消耗和打扰。绝大多数的文案内容，除了在消磨用户的时间，就是在引导用户掏空腰包多花钱。人们天然会去排斥和抗拒广告。

用户不会主动投入时间认真看，不会花费脑力去理解，更不会花费精力去传播广告文案。时间成本、理解成本、传播成本，是文案传播路上的三大

沟通成本。

文案需越过重重险关，才有机会出现在市场上，来到用户面前。它的最初原型，是你大脑里的一个构思、一个闪念，你把它捕捉下来，输送到团队其他人大脑中，内部审核通过后会整理成一个提案，再交给客户做决策。

整个文案创作的过程，就像一群人列成一排，大家一起玩木桶传水、接水的游戏。大家越用力、越努力，场面越热闹，水桶越晃荡，洒出来的水也就越多。

你要明确地知道，当你想快速把一只水桶里的水倒进下一只水桶里，一定有水会洒出来。同理，当你把自己脑中的文案构想以对话或文案的沟通形式，传送到另一个人的脑袋中，洒出来的内容，丢失的有效文案信息可能更多。

把一个人的大脑比作一只水桶的话，两个人的水桶有不同的容积、形状，有完全不同的认知结构、思维方式、生活经历。那么，这两个人对同一个文案的理解深度和层次，会完全不一样。这就导致你写的文案，跟他最终解读的文案内容，极可能是两件不尽相同的物件。

王朔在《看上去很美》里写道："被误会是表达者的宿命，却也不必因此就把别人都当作无可救药的傻瓜或一概斥为别有用心。"别人不会有心去误读你的表达和沟通，是他们内在信息的解码器和对事物的态度，跟你不尽相同。

你对外传出的文字内容，常常会以另一种走形和变样的形式，在另一个人的大脑中得以重新组装。这是无法避免的事情。甚至在一对一对谈时，我们也很难做到，说出去的话，对方能100%地理解原意。包括在写这本书的时候，我也做好了被误读的心理准备。

别人总会戴着有色眼镜来看待你的言行举止。对方大脑中摘取、解码、沉淀出来的内容，才是他真正拿到的认知印象。

消费者有权完全以自己的立场、利益、习惯作为出发点，去重构一则文案的内在本义和引申义。这就导致了文案沟通传播过程中，一定有信息被误读、失焦、走样、变形……比这更可怕的是，绝大多数文案内容，没有进入被误读、被重构的内容池里，就直接被忽略了。

总之，作为文案内容的创作者，如果想让自己辛苦创作的作品被用户看到，我们就要时刻提醒自己，真实的沟通发生在对方脑中，用户对我们笔下的文案拥有了最终解释权。我们只有尽可能降低文案沟通的成本，使用一些必要的沟通表达技巧，才有机会把文案送达终点站——用户大脑。

2. 表达精准、内容分层，减少时间成本

文案人应该有一种服务意识，要把阅读你文字的人，想象为这个世界上最忙碌的国王。他们没有时间、没有心思，也没有必要非要看完你呈上来的文案奏折不可。

想把文案快速送到国王的大脑，第一原则就要表达精准、内容分层，尽可能减少国王在摄取信息时所花费的时间成本。

练习文案之初，你要把自己当成一个合格的信息梳理员，帮助用户国王所见即所得。让他们不用找，睁开眼就能自动定位你要传递出的重要信息。对信息的分层处理，是文案人的日常基本功。而为什么要加强训练这些基本功，根本原因就在于，信息沟通是发生在用户脑中。一旦你的文案脑装备了这些认知，你自然会想尽办法去帮助用户减少信息的理解、消化、吸收成本。

比如，我用语音通话帮一个朋友梳理了她运营的心理疗愈社群的产品升级。沟通完，她发了一则通知到群里，内容如下：

"欢迎更多小伙伴加入，就群活动做出如下调整：

①由于目前设置不适合限制人数，因此会开放给更多大群里的小伙伴。

②接下来将以主题的形式进行内容分享，分上下两期（两周固定时间，例如周日或周四）。这样既保证了时长足够大家深入分享，也能够让你按自己

感兴趣的主题选择参与。

③ 01 期周日有来的小伙伴，记得一定要报名 02 期周日版，我们会继续深入研讨并结束这个主题。

看到这些文字，我的脑袋一下抗拒起来。我不喜欢去一堆文字里找信息。这些文字不仅没做内容分层，也没做到表达精准。我跟她沟通的产品升级内容，也没有体现在通知中。

我知道她一时改不出来更好的了，因为她的脑袋里没有装备所需要的文案沟通的底层认知。于是，我放下手边工作，顺手理了一下她的文字，发了过去：

"Dear all：

经过上两轮体验反馈，小组做了以下升级调整：

【升级 1】：主题更明确

心理小组有了新名称——"周日精神补氧小花园"。每一次心理体验，会针对性地启发大家回归一个生活主题，建立自己的内核。

【升级 2】：时间更固定

每个周日 10:00，来"周日精神补氧小花园"款待自己。

【升级 3】：体验更完整

每个主题分为上下期，用两周时间完成。上一期面对问题，下一期对上期课程进行深度反馈。让每一次课程都收获完整的结果。"

重新修改沟通文本时，我把重点信息以标题形式单列出来。而且把每一段的开头第一句用来承载这一段的主干内容。因为对信息做了很好的分层，用户看完这一段的第一句，就知道了这一段在表达什么。

所有重要信息，都自上而下地按重要程度做了分层管理。用户可以毫不费力地直接检索到核心信息。

当然，这只是一个非常非常微小的沟通案例。我想表达的是，哪怕在这么小的沟通场景下，你都能关心到用户的时间，那么这种沟通意识就会渐渐成为你的职业本能。

你不用等到那些宏大的品牌案例中去练习文案沟通基本功，而是在每一次、每一个对外沟通的机会下，都想办法去降低用户的沟通成本。

3. 巧用用户语言，主动降低理解成本

认识到沟通发生在用户脑中后，我就有意从对方脑中调取他所存储和使用的语言符号，来与他产生对话和交流。

比如说，你跟一个小朋友讲解作文怎么写，他会非常抗拒。因为这是逼迫他去学习、去理解一件对他来说难以完成的事。我也会找小侄子沟通作文写作的话题，发现他微微皱起的眉头，我有意避开了灌输和说教的沟通方式。

我说："你不是喜欢'吃鸡'游戏吗？我们就用游戏的方式来说一下这篇习作，《记最可敬的人》。"

玩游戏跟写作文能产生关联？看他来劲了，我继续往下说："游戏开局后，我们做的第一件事是什么？"他答："登飞机，跳伞！"

我故意摇头："唉，你这几年游戏白玩了。第一件事不是跳伞，是选择跳伞的目的地。你可以定位'学校'，也可以选择'P城'。同理，在写作文时，我们的第一件事，也是选择跳伞目的地——写《记最可敬的人》，你选一个想写的人，是写妈妈，写爸爸，还是写家人以外的其他人？"

小侄子："我写一下外面的人吧！家里人都写过好多遍了。"

我："好，你认识外面的人也不多啊？从学校到家里的这段路上，有哪些人可以写？"

小侄子眨着眼睛："要么写路上的环卫阿姨？"

我点了点头："好的，现在我们已经锁定了跳伞目的地。跳伞落地之后的

第一件事要干吗?"

小侄子抢答:"找装备。"

我接着往下引导:"对的。那你能在环卫工阿姨身上，找到哪些好的'装备'? 有哪些让你印象深刻的真实素材，是可以放进作文里的?"

小侄子陷入了沉思，慢慢地说:"有一天放学，我看到一位大姐姐对着环卫工生气，说她在扫地时，把脏东西扫到了她的裙子上了。这个事情我印象深刻!"

我立马肯定他:"对啊，这就是一个很好的素材。环卫阿姨们每天都在清理着这个城市的垃圾，把干净留给了我们。你还能想到哪些素材当装备?"

后面的对话，就略过去了。这 10 多分钟的对话中，我大量调用了孩子能快速理解的游戏语言，让他听起来觉得新奇，竟然还可以用玩游戏的方式去理解写作文。

整个沟通没有说教，只有引导。在很短时间内，把一篇文章写作的阅读审题、素材梳理、文章结构、主题升华等重要步骤拆解出来，送进他的脑中。这不仅是文案总监坚守常识，更是在日常沟通中会体现出来的本能反应。

我们在日常文案创作中，不同的产品对应不同的使用人群。那么，调用这类人群所擅长的生活语言，极大地降低对方的沟通理解成本，是我们需要具备的本能意识。

商业广告是一种信息的传播和沟通，校园和家庭教育是一种信息的传播和沟通，图书出版同样也是一种信息的传播和沟通……有时候我会想，一旦其他领域的从业者同样引入文案脑的沟通认知和意识，那么这个社会的运转效率必将大大得到提升。

4. 固化认知印象，让沟通始终如一

真正的沟通，发生在用户脑中。这就要求呈现在用户面前的文案，需要

给他留下一个固定的认知印象。你不能让用户去理解、揣测你的文字，你要明明白白地给他们一个确定的认知结论。

举些例子，我从一些海报里找到了一些好看但不好用的日常文案。这里的每一个字我都认识，但我完全理解不了作者想给我留下什么印象。

"生活是场律动，

有光有影有左有右，

滋味就在，这不变生猛的曲折里"

"敢做梦的鸟，

特别会游泳"

企业花了大把预算，把这些文字包装成海报传播出去。但是用户读完这些文字，它们就从唇边、从耳边飘走了，不能在脑海中留下一片残影。写了等于没写，读过等于没读。那么这场沟通的效果就是零。

我们写文案是向用户的大脑发送认知编程指令，但是有效文案沟通的接收开关一直掌握在用户一方。所以我们写文案要彻彻底底地做到从用户立场出发，优先去写他们想听、能听得懂、看起来不费力的文案。正是这些对沟通的元认知，直接影响了总监们愿意花费极大的精力把最终成品文案打磨到没有余力改动一个字为止。

这不仅是因他们对创作持有一份执着，更是从心底表现出来的对用户持有的一份敬畏之心。因为任何一则文案信息中的毛糙细节和杂音出现，都会影响用户大脑对信息的接收结果和体验。毕竟，用户的大脑是一场有效文案沟通的终点站。只有创作者把文案表达全力发挥到极限，才能心安地接受用户大脑对文案内容的最终审判。

第 16 章

**沟通模型，完全解密
总监文案脑的沟通模
型 7 大要件**

我在前面几章，向你的大脑注入了"沟通模型"这一概念，并且从立场、动机、情绪、共识和人脑编程的不同侧面引导你对"沟通模型"的深度理解。在这一章，我将在你的脑中塞入一个完整的文案总监的沟通模型。请放心，你一定学得会。

不过，你得先把自己从字里行间拨出来，站到总览全局的高度，来提升自己对整个传播项目的分析和管理能力，而不是整天低着头，去玩文字推敲的游戏。

很早之前我就说过文案不值钱，值钱的是这条文案背后的销售逻辑和沟通模型，它所带来的结果，以及它为品牌所产生的效益。

我希望你拿到一个文案工作项目，不是去直接思考这个文案怎么写，而是先梳理自己和这个品牌所处的沟通场景。

想要快速实现并适应这种身份的切换也很简单，你只需要在脑中牢牢嵌入下面这个文案总监的沟通模型。

1. 文案脑沟通模型

文案写作的过程，就是以文字的方式呈现你的沟通解决方案。所以，自始至终我都没有像其他文案书的作者一样，把焦点落在具体的文案写作上。

在文案成长路上，你不能仅仅去学习那种简单化的内容输出技巧。比如，去拆解标题的写法、品牌口号怎么写。这些碎片化的知识点，并不影响整体文案力的提升。

我带你探索的是在文案脑中建立一套可以反复调用的文案创作系统。这个文案系统由多个板块构成。每一个板块都可以用模型化的思维，提取出具体的思考路径。当你来到某个阶段，只需清楚地调取这个时候的思维模型。

我整理的整个文案创作系统，它有一个核心板块就是搭建一个高效的沟通模型。有了这个沟通模型，你就能快速理解客户或老板的工作需求，也能拿它去搭建用户与品牌方的关系。

总监文案脑沟通模型的全部秘密，就藏在我画的这幅简单的小画里。理解了这幅小画，你脑中就有了一个立体的文案总监沟通模型。

总监文案脑沟通模型

这幅小图使用了形象化的视觉语言，记录了总监文案脑的沟通模型。

左边的小人是沟通发起方，也就是文案的"创作者身份"；右边是沟通回应方，也就是"观众身份"。我把沟通双方置于两座山崖，这代表了人与人之间的认知差。双方分处两个不同的部落，有着不同的立场，身份不同、服饰不同、观念不同、需求不同……中间隔着巨大的"认知鸿沟"。

我们需要清晰认识到，沟通双方来自于不同的部落，有着与自己不同的边界和"立场"。我们不能站在自己的立场上大声地叫卖。那样的沟通没有意义。我们几乎不可能让对方主动放下立场，跨过中间的认知鸿沟，来迁就我方的部落立场。

整个沟通过程，是我方主动让渡了自己的立场，主动向他靠近，而不是原地等着对方走过来。让对方保全他的主场优势，让对方获得胜利感，让对方感受自己占据了优先权。但是，最终达成的行为共识是能让我方获利的。

高效的沟通，就是迈入对方立场领地、使用对方的语言，找到"共情符号"，主动进入对方认知脑，跟他达成"行为共识"、签订盟约。沟通不是为了争输赢，而是让对方在心理上获胜，我方获利。

我把小图中重要的元素提取出来，得到任何沟通场景中都会具备的 7 大要件。把它们拼接在一起，就能成为你脑中牢固的沟通模型。

总监文案脑沟通模型 7 大要件

- 沟通场
- 讲述人（创作者）身份
- 观众身份
- 认知鸿沟
- 立场声明
- 共情符号
- 行动共识（购买决定）

"沟通场""立场声明""共情符号""行为共识"这 4 项知识，都在前面的章节里有过详细介绍。我们把那些学到的知识点串在一起，就成了一个稳固的沟通模型。

有了这个沟通模型，只完成了认知积累的第一步。怎么把它应用于实际工作中，才是更值得关心的话题。别急，下面我就带你联系实际去做一遍实操训练。

2. 总监文案脑沟通模型的实例应用

我有一个习惯，所有学到或自己整理的新认知，都要在真实生活或工作中亲自验证后，我才把它们放入自己的知识桶。

整理完这套沟通模型后，面对不同的沟通交流场景，我分别填入沟通模型中的 7 要件后，快速在脑中建立一个沟通模型。我把这套沟通模型应用在品牌客户沟通、家人关系梳理、孩子学习引导以及文案学员课前咨询各个场景……

下面我列举的是一个让多数家长头疼不已的沟通案例。

（1）孩子学习不投入的沟通模型

跟孩子沟通，是众多生活沟通场景下的一个特例。你面前的这个对手完全不讲道理，只讲感受。与这样的沟通对手交流，讲逻辑、讲道理完全没有用。他们转身就忘记了。一个还在学习文化课的孩子，能品出多少经过风霜的生活经验和人生道理？

我们跟孩子的沟通很多时候是基于一个错误的立场。

审讯式学习沟通方式

- 沟通场：气氛压抑、向下训斥、单向管教、家庭批判会
- 讲述人（创作者）身份：大家长、审讯者、行刑者
- 观众身份：犯错者、罪人
- 认知鸿沟：学习的苦与甜
- 立场声明：你必须听我的，为什么总是犯相同的错
- 共情符号：咆哮、鸡毛掸子、戒尺、惩罚
- 行动共识（购买决定）：错题抄写多少遍、罚站、思过……

我用文案总监的沟通模型，拆解、记录了典型的父母与孩子的沟通场景，结合前面所提及的认知，你能发现这种家庭沟通的问题出在哪里吗？

没错，立场。这种沟通方式完全磨灭和无视了孩子的立场。从前到后，全部都是在强调父母的主张和立场。

整个沟通都处在一种极度压抑、情绪低落的氛围中，父母对孩子的教育

和引导，是以一个审判者和行刑者的身份出现。弱小的孩子随时提防着爸妈情绪爆发而突然降下的怒火。大人和孩子的力量极度悬殊，恐惧、担心、自责占满了他们幼小的心灵，哪有心力去分辨爸妈言行中的爱、怨气和期许。

整个沟通学习，全是爸妈把自己的立场、主张、意愿强加在一个孩子身上。孩子的立场和主张完全不被顾及，孩子成了父母指挥下的学习工具。他们从小就脱离了学习的根本目的，变成为了下次不犯错、为了家人争光、为了考高分而学习的学习工具。

我们的沟通目的，不是要引导孩子模仿上一代人走过的老路，孩子是独立的生命个体，他们不应该成为大人的影子。帮助孩子自己找到学习的乐趣和成就感，让他们自己去找到学习路上的点滴快乐。这才是我们跟孩子建立沟通的目的和意义。

（2）升级版孩子学习沟通模型

说实话，在带小侄子学习提升的过程中，我也经历过抓狂和绝望。好在我一直保持着良好的反思习惯。我发现一种选择需要长期维护和投入，就说明我多半走在了一条错误的路上。

经历过种种挫败后，我才使用文案总监的沟通模型，重新与小侄子建立良好的学习沟通状态。

传统的审讯式学习沟通方式完全无视孩子的立场和诉求。孩子们的童年那么短暂、易逝，他们本应该充分地享受这个年龄的无忧无虑和天真烂漫。他们没能在学习上找到快乐和成就，他们的大脑当然时刻在谋划着逃离学习。

所以，我转换了沟通模型，我不再监督和审讯小侄子在学习上的投入，我弱化了家长的身份存在，强调了孩子的立场和主张。

陪伴式学习沟通方式

- 沟通场：平等、互动、游戏化
- 讲述人（创作者）身份：大朋友，领队，游戏队长

- 观众身份：奋力小菜鸟
- 认知鸿沟：学习的苦与甜
- 立场声明：跟我来，一起上
- 共情符号：非平面，跟所有人不一样
- 行动共识（购买决定）：升级自己的学习系统……

孩子喜欢玩，那我就给他设计这一场名叫"学习"的真人闯关游戏。我用文案脑带着小侄子去分析这个闯关过程的策略。在这个引导过程中，我不再是他的大家长，而是承担他在游戏中的队长角色。他想在这场竞赛中更轻松地取得成绩，他自然会向我靠拢，听我的"指挥"。

其实，在这个过程中，我在向他提案并销售一种全新的升级版的学习方案。他听到有利可图，而且不用多付出，当然满心欢喜。

接着，我告诉他这套方案的核心秘密，就是开发他的学习系统，升级他的学习脑。我告诉他，我们学习的目的，不是把题目做对，而是要练习和提升自己的学习力、思考力、探索力，要保持对这个世界的求知欲和好奇心。

说真的，我不确定他能听进去多少。但是，他绝对听懂了那句"学习不是为了把题目做对"。他听到了不用多做题目、不用多投入，小脑袋就醒过来了。

我跟他说，这个世界有我们学不完的知识，学习的重心不在知识，而在人。学习路上，最重要的是修炼我们自己的内核和学习脑。我把孩子对学习的关注点从课业转移到他自身上来，引导他去开发自己的想象力、逻辑推理能力、语言组织能力、专注力、规范做事的好习惯等基础能力。升级系统后，它们会成为孩子的武器，帮助他去完成初中、高中和大学的课业，甚至可以更好地帮助他培养课外兴趣。这样，之后的人生路上，再有什么问题，他可以调用自己的学习脑去解决。

套用总监文案脑沟通模型，我能一下子跳到事外，勾勒出这场沟通中双方所处的位置和立场，看清各自的主张，以及最终的行为共识。

因为脑中有了可以依靠的沟通模型，遇到什么突发情况，都可以使用它去拆解当下的沟通问题。把人和事都看清之后，再去提笔写文案，自然水到渠成。

至此，我完整写下了总监文案脑中对"销售逻辑"和"沟通模型"的全部理解。日常创作文案时，就是启动文案脑去找到对当下这个项目的"销售逻辑"和"沟通模型"的思考结论，然后再找到对应的、精准的文字描述它。接下来，我会写明总监文案脑高效寻找"销售逻辑"的核心思考方式。

第5篇

敲击心门

总监文案脑绝对成交的
4 大人性按钮

第 17 章

撬动成心，从此变为
强力的"人心收割机"

在上一篇中，我引导你在文案脑中构建了一个完整的沟通模型。我们明白了人与人之间在沟通时，情绪立场是双方的护城墙。只有率先放下我方立场，穿过对方的心墙，才能走进他的世界，与他达成统一的行动共识。

那么摆在我们面前的最大问题就成了，怎样才能穿过对方高高筑起的心墙？我们的文案从哪里入手走入对方的心？

总不能让一方一厢情愿地单向奔赴，而另一方站在原地紧锁心门。别急，想破解这个沟通困局也很简单。

我们只要先找到对方的成心之见，找到了成心之见，就找到了对方心墙的门。敲开心门，你就能走入对方的心里。

1. 成心之见，是用户心墙上的大门

前面我们提到，每个人都是从自己所在的部落立场、身份和利益出发考虑问题，做出选择。人人都在死守己方的部落立场、信仰和生活方式。

人们靠什么去维护和传承他所在部落的边界、传统认知和行为共识？答案很简单，是从小到大，家庭生活、学校教育和社会文化慢慢浸入他脑海里的"成心之见"。

一个人会潜移默化地受所处的文化环境、部落文明的影响。在他的生长过程中，他的大脑里会自小被植入一段段的记忆片段和自动化执行的代码。你我的大脑都被我们的文化、教育、家庭、媒介、社会舆论深深编码和改写过。

最终，我们每个人都是带着这份初始编码，按照自己已经掌握的观念生活、创作。几千年的先贤哲人庄子就清晰点出了人们的"成心"这一认知

执念。

庄子在《庄子·齐物论》里写道："夫随其成心而师之，谁独且无师乎？奚必知代而心自取者有之？愚者与有焉！"

用今人能听懂的话转述就是："人们心中都有固有的成见，并把成见当老师一样遵循。这世上谁能独独没有成见呢？哪是只有阅历丰富，因而坚持一己之见的人才有成见？事实上，即使是傻瓜也会拜他那傻瓜的成见为师啊。"

在庄子看来，人的一切认知活动以及对世界的反映，都与"成心"相关。"成心"是人们心中牢不可破的"成见"，是人们用来衡量是非的主观标准。庄子论述时，他是希望引导戒除"成心"，走向"丧我"，以无"我"有"道"之心去看待人间的是非争论。

翻开《庄子》，欣喜地看到我的一些认知与圣贤哲思交汇于此，好像相隔千年却远远看到了一位挚友。

后来，我在经典书《社会心理学》上看到相近观点——"我们并非如实对现实做出反应，而是根据人们对现实的建构做出反应"。脑中的"现实建构"就是你的"成心之见"。

人们以自己已有经验为基础来认知、建构、解释现实。每一个个体，都是用自己的头脑创建对于世界的理解，赋予它意义和对外做出反应。"成见"是人们用来维护自己的立场和生活方式的高墙。人们不可能放下"成见"和"现实建构"，那相当于要抹去了他们个体差异。

动了人们的"成见"，就等于在攻击他们的立场，伤害他们的核心利益。大家都有各自的坚持，我们的文案说服不了任何人。

不过，身为市场营销人，我们应该感谢"成心之见"的存在。如果人人都戒除了"成心"，那这个世界就没了矛盾纠纷、立场争论，也没了认知鸿沟……走到那一步，大家都统一观点、统一立场，当然也就不需要文案来沟通了。试想一下，那样的世界该多无趣啊！

也正是因为"成心"的存在，以及我们的沟通对象固执己见，反而给了文案人发挥沟通力的空间，也给了敲开他人心门的绝佳机会。

这个内在的"成心之见"，就成了用户心理长城上一个天然存在的巨大缺口，一扇向你敞开的大门。

2. 撬动"成心"，秒懂文案总监的终极秘籍

撬动"成心"，直接闯进用户心里，正是多数文案总监用来赚钱和撬动人心的终极武器。

这项沟通技术在生活中处处可见，只是你从没认真对待过它。过往，多数文案总监不愿公开，但它却是大多数从业者梦寐以求的底层密码。

它是我在多年营销实战和学习中榨出的认知精华，也会是让你相见恨晚的营销真经。一朝熟练拥有，从此变身为行走的"人心收割机"，每次创作都能写到人们的心坎上。

这项沟通技术极其容易上手，用过一遍之后就能掌握。说真的，能否掌握这项沟通技术，跟你是否从事文案工作无关。哪怕你不会写文案，只要会用嘴说话，也能在各个场景用好它。我这就向你解密它的底层原理。

只要你破解这项沟通技术，就能立马获知文案总监们私藏的核心秘密！

我猜你现在一定正非常认真地盯着这一句，包括也会认真对待接下来几段里的每一句话。

因为按照上下文的结构安排，我理应会在这个内容区域里向你展示一项少数文案总监私藏的创作秘籍。它值得你打起十二分的精神和注意力。

在刚才这几分钟内，你的大脑反应已经完整体验过了这个核心秘籍。我在上面有意使用了一些文字人拿手的技术在你的大脑湖面掀起了几层波浪。

多数文案人心里会有一个既定认知——别人比我厉害，是因为他有一些不愿示人的秘籍和方法。这个就是你内心的"成心之见"。你认定这份秘籍是存在的，或者说你希望有这样一份秘籍存在。你在潜意识里，一直在期待、

在寻找、在挖掘这份宝藏。

有一天，有个路人对你说："我有这份秘籍的线索，你想不想听？"你恨不得一步跨上前，揪着路人的衣领，立马把话从他的嗓子眼里挤出来。

明白我要说的话吗？在沟通中，对方的内心"成见"就是文案撬动他内心的支点，也是我们走进他内心的大门。

3. 挖掘"成心"，普通文案瞬间产生高级感

从认知到实战落地，中间有一个小小的过程。我就拿我在总监文案课当中遇到的一个小小案例，来展示一下"成心"在文案写作中的思考应用。

有位学员所在的单位有一款劲牌小酒，要举办 30 周年的品牌宣传。公司高层想要借助这次品牌传播与年轻人沟通，解决产品年轻化的问题。但是，这位学员煎熬了两天后一直找不到好的突破点。

看到他的思考过程，我决定推他一把。凭着直觉，我认为"30 周年"和"劲"这两个关键信息，一定会出现在文案里。

提到"30"，你能想到什么？三十而立？对，这个词就是人们的"成心"。我们能不能利用这份人们心中早已存在的认知资产，来进行一些与品牌相关的宣传？我接着往下分析。

其实，我个人不太喜欢"三十而立"这个词。在这样的言语暗示下，30 岁似乎成了一道重要的人生关卡。到了 30 岁的年纪，能否成家立业就成为给一个人打分的重要标准。这样的"成心"认知，给我们的社会带来了一份极强的心理压力，甚至成了人们焦虑的来源。我希望在劲牌小酒上市 30 周年之际去做一点关注年轻人、关爱用户的传播。

当我把"30""劲"两个词放在一起的时候，一个非常自然的声音就出现在我的脑海中，我立马把它捕捉下来——"30 起劲""人生，三十起劲"。对，这就是我想对外传递的声音。

当一个小酒品牌来到 30 周年的时候，它没有倚老卖老。它很坚定地对外人说："我的品牌来到了 30 周年，但是品牌的精彩人生刚刚起劲。"

这个声音是由品牌方传递出来的，同时它也代表了品牌方与千千万万年轻群体的善意沟通。希望年轻的群体不被社会的焦虑所裹挟。30 岁不是人生的一个重要关卡，30 岁只是人生的另一条起跑线。

"人生，三十起劲"，这句话我为品牌而写，当然也为我自己写。每当我遇到困苦、低落，我都把它翻出来。它成了我心底一个坚强的声音，时刻提醒我，不管来到什么时候，无论遇到什么困境，我的人生都能向上起劲。

回想起整个文案的思考过程，我不过是因为"30 周年"这个关键词而想到了"三十而立"这份"成心之见"。接着，又在大脑中调取了文案总监非平面的思维方式，向"三十而立"这个词发出了冲锋和挑战。

当你找到用户"成心"的时候，就找到了打开对方心里的大门。这是一条非常简洁、明确、清晰的思维路径。第 1 步寻找"成心"，第 2 步撬动"成心"，这完全可以成为一套标准化高效沟通的思考过程。

当然，在我开发的总监文案脑创作体系中，有专门用来撬动"成心"的认知工具。下一章向你详细解密。

敲击心门

第 18 章

启动效应，让用户
主动敞开心门的
总监沟通术

人人都自持立场，大家都对外竖起心墙，有意无意中与不同立场、不同身份的外人产生隔离。在这道厚厚高高的心墙上有很多暗门。我叫它用户的"成心之见"。

找到用户对待这件事的"成心"，就很容易找到走进他心中的大门。当然，如果你什么都不做，这扇大门肯定一直是紧闭着。在文案沟通中，我们需要让对方从内把门打开，我们才能走进他的心里。

这个打开用户心门的认知工具，叫启动效应。

1. 启动效应，点燃用户内心的烟花

启动效应，是指由于之前受某一刺激的影响，而使得之后对同一刺激的知觉变得容易的心理现象。

如果我这样写，你肯定很难一下子抓到重点。我们不如换一种通俗的语言来说启动效应。

当你拉开抽屉，无意中翻到了一部早已无法开机的旧手机，此时你心里有可能会想起另外一个人。当时，你就是用这部旧手机跟她说着数不尽的甜言蜜语。你不知道这部旧手机的相册里具体装着什么，但你们一起上学、一起出游，一起街边吃烤串的画面，像放电影一样，一幕幕地出现在你的脑海里。在这一秒，你一下子回到了那些青春年少的时光，那个早已被时间的灰尘覆盖的故人，在你心中又鲜活了起来。这部手机就在你的身上激活了一场启动效应。

经历过的人和事，大脑都不会忘记。人过去的经验、认知、阅历、口味、情感、遭遇、成长……所有这些定义我们个人身份和特征的信息，被存储在

一张相互联结的认知记忆网上。

当一个刺激物出现，就像在这张记忆网上投下了一个小球。小球成为刺激物击中一些念头后，记忆网周边的关联结点也会被带得震动起来，其他相关念头、记忆随之也会无意识地跟着快速出现。

未被注意的刺激，可以微妙地影响我们对事件的解释和回忆。当"启动球"投入记忆网，相关的记忆节点也会随之共振。心理学家把这个过程总结为"启动效应"。

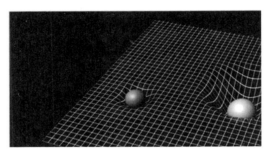

文案沟通中的"启动效应"

读懂启动效应之后，你就找到了一把走入用户心门的钥匙。因为看似无关的信息刺激物，会影响、唤醒或激发人们的情绪、行为和反应。而这些启动球，也就是我在前面提到的"销售逻辑"三大要素中的"共情符号"。

我们对外沟通时，可以有意筛选出一些情绪和认知刺激物、启动球，启动对方内心尘封已久的认知和记忆，让这场沟通的情绪共鸣真正由他内心生出来。这就是文案总监在实战中常用的沟通策略。

在前面的章节中我重点提过，真正的沟通发生在用户脑中。如果想在用户脑中发起一场沟通，通常有两种操作途径。一种是从外到内，给用户灌输一种新的认知，另一种是以用户脑中现有素材、心中的声音为沟通起点，用文字轻轻地描绘出那种情绪、那个素材，让用户从中得到共鸣。启动效应说的就是后者。

我们不是用一些外来的情绪炸弹去轰炸用户，而是找到用户内在的记忆节点，轻轻地抛出一个启动球，精准地点燃他内心的情绪烟花。

2. 投下一个启动球，用户自会跟你走

因为立场不同，你很难把一个观点、一个新的概念、一些新的想法，植入用户脑中。但是，我们可以去找到他脑中已经存在的认知记忆，他的内心成见，然后用轻轻点拨的方式，让他想起这份藏在记忆深处的经历。

在用户不知不觉中勾起他内在的认知和行为反应，"随风潜入夜，润物细无声"，就是启动效应的真正魅力。

启动效应是用户深层的认知行为反应模式。不用学习和练习，它是自发、自觉的，自动地发生在用户身上。当人们没有反应过来时，启动效应已然完成。

就像在家中，一听到小房间的孩子大声哭泣，妈妈就会放下手边的活，立马冲到房间里。孩子的哭声对妈妈来说，就是一个启动球。妈妈不顾一切冲到孩子身边，妈妈的冲跑几乎跟孩子的哭声同时发生，这就是一场母子之间的启动效应。

色彩、声音、味道、触觉、物件、情绪、环境、既有认知，都可以成为另一件事物的启动球。

不知道你有没有留意过一个场景，走入菜市场肉食区，可以看到猪牛羊肉的柜台上方都有暗红的灯光照射，仿佛进入迷幻场景一样。商家们给红肉打光，其实就是在用户心中激活一场启动效应。这些红色的灯光让人一下子联想起新鲜肉的模样。这是利用色彩作为启动球。

同样是菜市场的果蔬区，菜农们喜欢在菜叶上面洒点水。大家明明知道这是商家故意洒的水，但是买菜的人还是不自觉地认为带着水珠的菜更新鲜。这个动作就是在启动人们的深层认知，刚摘的菜上面都挂满了露珠。菜叶上

的水珠，就成了人们对新鲜果蔬记忆的启动球。

启动效应就像是一串深深植入用户脑中的执行代码。启动球一旦出现，满足了条件后，接下来的认知和行为反应，就会自然而然地自动发生。所以我会强调，好文案不过是有意识地在用户心中，发生了一起又一起的启动效应。当你每次对外出声都找到了那个精准的启动球，你就能越发确定这次沟通可以敲开用户的心门。

我上一章写过，"人生，三十起劲"。当我提出这句文案的时候，身边的好多人都觉得这句话就是为他自己写的。这句话给了他一份鼓励。其实，以创作者的身份来说，我不过是潜入了他的心底，挖出来他已经有的深层认知，然后在他的心里精准地投下了一个启动球。

一个 20 来岁的大学生，带着慌乱和期待只身投入社会。没资源、没经历、没背景的年轻人，在工作岗位上披荆斩棘，一路闯关，没几年就来到了"三十而立"的门槛。这 4 个字带给人极大的压力和自我审判。

"三十而立"这份传统文化认知，成了人人都需要面临的压力和困局。身处困局当中的人，他们心中会生出向外求救的信号，需要找到一个这样的明确的情绪出口。

此时，我站出来了，拍拍他的肩膀说："没关系，人生嘛，30 岁，刚刚起劲。"

我想告诉他，我们前 20 多年的成长积蓄，我们在学习上的用功、在工作上的投入，都是为了给 30 岁的人生阶段，积累向上行走的动力。

在这次文案思考中，品牌方 30 周年这一数字，启动了我对"三十而立"的传统认识。然后，"三十而立"这个词，又启动了我内在的压力和困扰。30 这个数字，就成了一个递到手边，根本无法回避的启动球。

面对工作的压力，世俗的眼光，人们心中总是存在着矛盾、对立的两个小人，一个天天给自己打鸡血，把奋斗的神经绷紧；另一个天天唱反调，让自己的节奏慢下来。一个说"我要努力"，另一个说"我不用那么着急"。一个说"我要追求成功"，另一个说"我可不可以不成功？"

写文案时，我不过是选择了和用户内心深处那个更愿意宽容自己的小人站在了一起，我替用户内在的那个小人，说出了心里的话，不用那么急，只要向上走，晚一点成功又有什么关系？

我通过找到启动球，把它精准地投到用户的心门上，他内心那个想给自己松绑的自己，更愿意给自己一点空间和宽容度的小人，就为我打开了心门。我直接说出了他的心声、对上了暗号，与他内在的小人结成联盟。用户把我当作自己人，就会开门让我走进用户的内心。

不用大声喧哗，不用歇斯底里，只要启动球投得准、对上暗号，对方就会给打开心门。

3. 启动效应的两种主流应用形式

广告文案是一种目的性极强的沟通文本。有一句话挺适合用来描述文案人的日常创作状态：每一次开口都在营销，每一次落笔都要有影响。

如何把文案沟通的效果发挥到最大？答案只有一条，在对外的每一次发声中用好启动效应。

当然，启动效应的两种主要应用形式，你都经历过。因为这个行业的顶尖高手就是这样去改写用户大脑对品牌的认知的。只是我全面公开了背后的文案脑创作思考逻辑。甚至说，无数个品牌广告都是用这两种形式，时刻在影响你的行为，塑造你的消费观念。

启动效应的第一种应用形式，就是提取人们在社会组织中，通过各类教学、实践、认知探索而留在脑海中的固有认知符号、文化习俗、行为方式和生活习惯，把它们当作启动球，在用户脑中发起一场启动效应。

说得简单点，就是从人们的生产和生活活动中，提取人们认知中的公共符号，把那些早已经存在于用户脑中的认知，当作传播沟通中的重要资产。

谁先开采这些用户认知资产，谁就享有了对它的优先使用权。

比如，步步高点读机有一条经典的广告语："妈妈再也不用担心我的学习了"。这句话是一下子启动了千万家长辅导孩子学习时的痛苦记忆。不过，千万不能把启动效应简单粗暴地理解为找用户痛点。这是完全错误的认知概括。用户痛点只是启动球中的一个表现形式。

"洗手吃饭"，是妈妈在厨房经常对孩子说的话。这句话被舒肤佳用在品牌广告推广中，一用好多年。"洗手吃饭"启动了人们记忆中跟爸妈团聚在一起，围着一个小饭桌，全家团聚的美好时光，也启动了出门在外的孩子对家人的思念和感恩。它完全不是在讲用户痛点，而是去找到用户心中已经存在的一种认知资产，把它拿来作为与他们沟通的启动球。

启动效应的第二种应用形式比较费钱，但是回报也相当丰厚。

简单来说，就是长年累月统一形象、统一口号地重复传播同一个广告，在人们大脑中植入一场启动效应。

可能我在这点认知上，跟传统的创意广告人完全不一样。国内有些广告创意人总有挥霍不完的创作冲动，每年都要出一些代表作。他们求新求变，而我追求和思考的是，一则广告推广给品牌方留下了什么资产？站在品牌成长的角度上来看，品牌一年出多少条广告不重要，重要的是一条广告能用多少年。一条广告文案重复了 2 年、5 年、8 年、10 年，它自然就成了人们心中的经典。

品牌商们通过长年累月、铺天盖地地宣传同一条广告内容，无形地影响着人们内在认知的启动效应。这些广告把具体的生活场景与产品进行了强强关联的绑定，让生活场景成为人们认知的启动球。

因为脑中那句"困了累了喝红牛"，熬夜加班时候，想到喝红牛；因为那句"怕上火喝王老吉"，吃火锅的时候总要点瓶王老吉；因为那句"饿货，来根士力架"，需要补充能量时，习惯顺手买根士力架……

对了，不要把任何一条文案夸上天。并不是上面这几句文案有多牛，不是说这一句文案就改变了品牌经营的局面。真正牛的是这些品牌背后的企业家，用每年上亿元的广告投放预算铺天盖地地进行了全国范围的大量投放，让这句话千百次地出现在人们的眼前，成了人们生活记忆中的一部分。

重复重复重复，广告里大量重复着在具体场景选择什么商品。所谓的经典广告，不过是重复得足够多后，被植入了用户脑中，成了记忆的一部分。于是，人们一来到这个生活场景，就启动了脑中的广告传播认知。

第一种启动效应的应用，是寻找人们认知中的公共资产，以之作为启动球；第二种应用，是把生活场景与具体产品进行强关联、强绑定，把生活场景作为启动球，让吃火锅的场景启动了人们喝王老吉的记忆；让空腹无力的感受启动了士力架的记忆……

总之，"启动效应"和"成心之见"是一对相伴相生的高级沟通工具。深刻理解这两个工具之后，你就不会漫天遍野地去寻找文案灵感，而是从对方的脑中、对方的心中，去寻找与之沟通的线索。把文案创作的起点拉回到人，在人的认知资产里找到共情符号，这是我们成长为资深文案人过程中的重要一步。

"启动效应"和"成心之见"是我在寻找文案销售逻辑的"共情符号"时，使用频率最高的唯二法门。如果你想要在练习中查看更多实战案例，可在微信公众号"敲醒文案脑"（ID：useidea）回复"实战集"，拿到塘主独家整理的最新实战库，带你知行合一，敲醒文案脑。

敲击心门

第 19 章

用户筛选，用文案
瞄准成交中的两大
核动力推进器

如果说文案成长路上真的有捷径的话，那一定是"回归到人"。

很多文案的问题不在文案本身，而在于创作、审核和阅读文案的人。所有问题，都是人的问题。我们应该把注意力从文案中移开，移到客户的真实需要上，移到理解普通用户内在需求上，回归人、关注人、成就人。这个成长路径将成为你在文案路上的一条高速通道。

文案只是工具，文案不是目的。当你的注意力从文案上面回归到人，你会发现文案的成长路径变得特别清晰和明朗。你无非需要去沟通和满足卖方市场和买方市场的人内在的需求和期望。

我也希望你养成这样的习惯，去真实地看到产品背后的人，他内心的诉求、购买动机，也看到品牌方与用户的沟通方式上存在的问题和可以优化的地方。回到人，就回到了思考文案沟通的根。

1. 用户筛选，文案批量成交的秘密武器

我这里有一些跟用户讨论项目的实战经验，值得你拿起记号笔来标记重点。

接到文案任务时，要条件反射式地去瞄准第一个认知目标——这次沟通对谁说？也就是，我们所有的思考都要把人放在第一位，首要任务就是去完成用户筛选。

如果不想陷入客户的甲方思维陷阱，你必须主动去争取和掌控沟通主动权。一定要尽快把沟通的重心拖离客户所熟悉的甲方立场，把他拖回到对市场用户的维度上。

跟客户做项目沟通就是一场拉锯战，如果你不主动把他拉到你对市场营

销的认知轨道上，他一定会把你拉到他的认知圈里。一般来说，一旦客户急着把讨论推进到产品包装、品牌形象、品牌传播上时，我都会把他拉回来。我不想跟他陷入务虚的较劲。每个人对品牌的理解深度和层次都不尽相同，他有自己喜欢的风格和偏好，直接去讨论品牌宣传，肯定得不出明确的结论。

我们一定要提醒自己尽早从客户的思维约束中逃离出来。当对方在传达他想要的文案风格时，我一般会习惯性地引导对方："我们先不谈文案，把用户找准了，筛选出来了，后面对他说什么，就是自然而然的结果了。"我并不急于给他结果，而是帮他推导出结果。当我引导他去面对市场和用户，这是在一个相对客观的范围内，去发现问题和提出优化方案。我往往就靠着这一个小技巧，很快赢得了对方的信任。

这样做的目的很直接，要在最短的时间与客户建立沟通共识。毕竟，文案是用来跟人沟通的，把沟通的对象找出来后，无论是做成交转化，还是做营销宣传，都很容易找到沟通落脚点。不夸张地说，只要筛选出了合适用户，你的文案创作的前期准备，就完成了一半。

比如，我在规划这本文案书选题时，只有一个模糊的方向，我要把自己在文案上的思考体系，整理总结成一本书。

如果只是这样思考的话，就失去准心了，因为它是完完全全的甲方思维。凭什么这本书有市场、有人会买单？我必须把这书的读者范围缩小，去为一个具体的群体定制内容。

盘点市面上的主流文案书，很多"长销款"都是行业前辈们高屋建瓴的文案从业之道的引导书，还有一些是用来追风口的流量爆款选题文案书。除了这两大类，我想提出第三种阅读选择。有什么方向是值得写的呢？我整理了一下，从事这份工作以来身上沉淀的最宝贵的东西。我找到一份金光闪闪的宝贝，文案总监的思维方式和创作系统。

找到了这本书的核心卖点，我一下子就明白了，我只能影响和我在一个发展方向上的人。想到这里，我好像能清晰地筛选出自己的核心读者了。

他们是一群正在成为文案总监，或已经成了文案总监但缺乏内在体系、知识结构松散的职业文案人。这个群体理性、专业、上进，具备独立思考精神，对内容价值有判断力……

当我清楚地看到我要沟通的对象是这样一群高知人士，我的写作方向和主题筛选就有了非常强的针对性。我们的内容创作不需要取得全世界的认可，只需要向那些被筛选出来的精准用户做定制文案沟通。把目标用户选出来之后，再为他们量身定制沟通内容，就很容易把话送到他们心里。

当然，用户筛选本身就是一个需要慎重考量的经营策略。它需要你和客户在一起深度沟通后，针对产品的具体功能特征、投放市场、产品定价和期待的回报率等要素，做出精细的验证和规划。

以下提到的用户筛选，主要是指对外传播中，我们要重点找到用户的两种身份形态，然后与他们定制沟通方案。

2. 筛选产品受益者身份，找到"我要买"的支撑点

在写文案前，你要找到这个产品的直接受益者身份。我会把这个人群视作文案人的第一"大甲方"。有了具体的人，你才能一一匹配他真正的需求点，发现他真正关心的产品细节，并使用之前学过的"成心之见"和"启动效应"，去敲开他的心门。

文案人真正的甲方从来都不是品牌方。最终为你的创意、策略和方案买单的人，一直是那些看你文案的普通用户。品牌方只是把市场给你的酬劳替你保管一阵后，再转交给你。你真正的甲方一直都是市场上千千万万的精准用户。

所以，文案人要时刻认清，我们和品牌方都有一个相同的"大甲方"——那就是市场上千千万万的真实用户。我们所有的努力，都是为了更好地把产品和信息呈现到用户面前。他们买单之后，企业才有了现金流，公

司才有了回款，团队成员的工资才有了着落。

正因为你往往搞错了真正的付钱给你的人是谁，所以才会对甲方的意见、老板的观点坚决执行。这样的恶果，当然是因为长期被别人牵着鼻子走，被别人摁着脖子去写上司和客户想表达的东西，忽略了建立你自己对文案标准的内在判断力。亲爱的文案人，你必须拿回自己的创作主动权，否则你每天的日子定会痛苦不堪。

前面我们提过，大家都是从自己的立场出发考虑问题。在商业传播中，从自我立场出发的这个认知习惯大大阻碍了品牌与用户的沟通效率。

多数品牌方的态度是，我花了钱找你来帮我做事，所以你要听我的安排和指挥。对普通用户来说，多数品牌方的态度是，用户需要被引导、市场需要被教育。具体执行表现是他们总认为自己花了钱请人写文案、做设计、做媒体投放，品牌形象和声音露出越多越赚。他们恨不得把整个广告画面、整个广告短片都植入产品信息。

站在品牌方的立场上，可以理解他们的这种思考习惯，但这一定不是更好的沟通方式。品牌方"想卖什么"那是他的事，他有没有关心用户"想买"的是什么？

当品牌方想卖给用户一些东西时，会发现整个过程阻力重重。因为你的每一步沟通，都是从用户的钱包往外掏钱，会让他觉得自己产生了损失。所以，我们文案人在创作中一定要从根上颠覆"卖点"的惯性思维，转去为用户找到"我要买"的支撑点。

"我要卖"不重要，重要的是"我要买"。要时刻把"用户买点"高高凌驾于"产品卖点"之上。这是我想向你重点灌输的文案认知。

相对来说，大众用户想要的"买点"直接又简单，往往几个关键词就能覆盖用户心中的核心需要。比如，夏天人们选购电风扇时，通常需要"静音、高颜值、自然风"；选空调时，心里的关键词是"省电、实惠、售后有保障"……用户心中的"买点"，就是他对这款产品的期待，也是他在选购时的内心成见。

显然，对准用户的"买点"做沟通，就成了瞄准他的成心和需求做文章，每一句话都更容易写到用户的心尖上。

3.筛选购买决策者身份，给出"我想买"的理由

认真观察，你会发现用户的"买点"一直存在。但是，从实际情况来说，"用户买点"并不能立马带来成交转化。这个"用户买点"在他身上不是存在一两天了，他再忍一段时间也不会对他的生活产生什么实质影响。就像你在购物车收藏了不少宝贝，一直放在那里迟迟没有下单。

因为人们购买决策的顺序是，先基于感觉和情感做出决策，然后寻找一个清楚的逻辑理论来解释自己的选择。所以，我们在沟通中，还得把用户往前推一把。当他在内心犹豫不决、挣扎于买还是不买时，需要有一个声音推他一把，去完成这个两难的选择，结束这份纠结的痛苦。这个声音，就是文案人在沟通现场要给用户传递出的"我想买"的理由。

如果想加速文案成交，我们就要找到具体的购买决策人，在他脑中种下"我想买"的理由。在很多购买场合，产品使用者和购买决策人通常不是同一个人。所以，一定要针对购买决策人定制传播内容，按下他脑中"我想买"的按钮。

比如，一部少儿学习机，使用者是孩子，受益者是带孩子学习的妈妈，最终购买的决策者可能是偏理性思考多一点的爸爸。爸爸会对比学习机的硬件配置、课程资源和智能学习辅导的功能……那么，在沟通中，就需要从爸爸的观察视角去做宣传内容，为他定制沟通文案。

在另外一个例子中，老人鞋的使用者是上了年龄的老人家，但不少老人家不太懂网上购物，所以网购老人鞋的用户中不少是年轻的子女们。那么，在产品的详情页，就需要增加对爸妈的关爱和照顾这方面的文案内容。卖鞋

子不再是单单销售这款产品，也传递了天下子女对父母的爱和对老人家健康出行的关心。

以上，我提出了站在用户立场上，分别找到了"我要买"和"我想买"两个理由。"我要买"是一种理性选择，"我想买"是一种感觉和冲动。它们分别代表了用户期待的一款产品带来的功能满足和精神满足。

当你完成了用户筛选后，就要分别按下他脑中的"我要买"和"我想买"两个认知按钮。

用户为什么会产生"我要买""我想买"的冲动？它与用户购买逻辑相关。下一章带你详细了解。

第 20 章

购买逻辑，文案高手
让用户主动批量下单
的成交秘密

文案思考和创作真的没有那么难。只需要你心里装着一套清晰的作业流程，然后知道自己正处在哪一个思考节点上，明白自己当下应该集中脑力去处理的问题就好了。

上一章，我们提到文案沟通要做精准的用户筛选。把用户筛选出来之后，接下来做什么？很简单，去梳理他们内心的购买逻辑。顾名思义，购买逻辑就是指用户做出消费、购买行为时的底层规律。

撬动成心、使用启动效应、做好用户筛选、探寻购买逻辑，这是总监们熟练运用的一套连贯创作思考组合拳。我把总监文案脑里常年使用的这4大项目创作工具，提炼成了4个绝对成交的人性按钮。4个人性按钮先后一齐按下，就能敲开用户紧锁的心门。说通俗一点，就是找对人，说对话，做对事。不过，想让你的文案精准地击中用户的购买逻辑，你需要对购买行为有更深刻的理解。

1. 购买行为背后的两大人性推手

用户为什么购买？这是一个很宏观的问题。不过，我们可以拉到微观视角，去仔细分析自己的每一次购买选择。你能理解自己的购买行为选择，当然也有能力理解消费者的选择。

联系自身情况，你大体能发现，你的每一个购买行为背后，都对应了一个正当的下单理由。如果不下单、不付钱，会感觉生活里少一点什么。往往你加入购物车的商品，不一定是你的刚需物品。不买它，你的生活不会受到多大影响，但你内心会像一块拼图缺了一角，会长期受到煎熬。

这份缺失感会让你心理失衡、焦虑、难安。它像一个疙瘩、一颗石子、一个漏洞，长期出现在用户身上，停在用户心头。

时间久了，这些因欲望没有得到满足而带来的种种后果，就会沉淀为内在的遗憾，让人有了更深刻的缺失感。它会影响着整个人的身心健康、生活质量，改变一个人生活习惯，甚至潜移默化地改变着一个人的性格。

可以说，每一个购买行为的背后，都藏有两大人性推手——满足欲望和逃离恐惧。

比如，很多喜欢给孩子买玩具的大人，极可能拥有一个满是遗憾的童年。小时候，每每路过橱窗，望着柜台上的玩具又低下头走开，放学后跟在小伙伴们后面，只为摸上几把他人手里的新玩具……这些没有被满足的欲望，成为追随一生的记忆，永远刻在了一个人的心理账户上。

长大后，带上家里的小侄子、小外甥路过玩具商店时，看到他们手里一人抱着一个心爱的小玩具，就启动了儿时的记忆，把自己拉回到了当年自己站在橱窗外的场景。

这时，看到孩子为了一个小小玩具开心的样子，仿佛弥补了当年自己的遗憾，同时也避免了自己儿时的遗憾再次发生在孩子身上，于是很爽快地掏钱买单了。

这个购买决策过程，满足欲望和逃离恐惧同时上演。于是，用户就自然地完成自主下单。

2. 满足用户的自我实现

文案人不要成天想着去用文案去影响用户、说服用户。人们不是因为文案而购买，用户是为他们自己而购买。

用户根本不关心文案、不关心产品、也不关心品牌，用户只关心他们自己。这点相当反常识，但这是基本事实。

选择一个手机时，你关心的是品牌和文案吗？不，你只关心你自己，你希望在自己的预算范围内，买到最满意的解决自己问题的产品方案。

在购买决策过程中，用户非常在意自我的身份地位、可预测的结果和掌握主动权。所有高转化、高成交的沟通文案都有一个相似的特点，即帮助用户在现有状态下，找到通往理想状态的桥梁和连接通道——满足用户自我实现的愿望。

用户在自我实现过程中，有 3 个层面的需求考量：理性、感性、神性。

理性的文案沟通，讲卖点、功能、利益、性价比；感性的文案沟通，描述用户的使用感觉、体验、身份认知、精神享受；神性的文案沟通，描述"超人"蓝图、英雄场景。

假设你和一群人所乘的大船遇上风浪，部分幸存者漂落孤岛。你开口跟人们沟通说："小岛食物短缺、远离航道，我们必须自救。"这是理性的文案沟通，但这不能统一激起他们内在的行动力。

你对他们说："30 海里外，有一处海岛是出海渔民的中转休息站。只要能到达那里，我们就能吃上海鲜大餐，通上卫星电话给家人报平安。想要去那里，我们赶紧分工搭建木筏。"这是感性层面的沟通，人们会为了一个自己想要得到的结果主动行动。

再进一步，你跟他们说："我们加紧动工，木筏修好了，也许在海上还能捞起几位幸存者。再晚那些抱着木片和救生圈漂在海上的同伴，可能就要支撑不下去了。"这是神性层面的沟通。它激活了人们心中那份拯救弱小、征服世界、与死神搏斗的超级英雄愿望。

如果只用理性跟用户沟通，他们只会用理性回应。能让用户主动下单的文案，多是感性和神性层面的沟通。

人们真正想要的并不是产品，也不是单纯为了某个倡导和理念做出行动。他们通过购买行动来达成心中的某个自我实现愿望。

3.购买逻辑的 4 大要素

站在卖方市场上，我提炼过文案的销售逻辑 3 要素——附属物或衍生物、共情符号、沟通场。它点明了在一个文案中，卖方人员的思考要素。掌握了销售逻辑，你就能帮助品牌方制订传播方案。

同样，身为一个职业文案人，想要广大用户接受你的沟通方案，你还要过了买方的购买逻辑这一关。

用户为什么购买？为了满足欲望，逃离恐惧。用户购买的本质是什么？自我实现。用户在购买选择中，有哪些重要考虑要素？购买逻辑共有 4 大要素。

- 看到问题的结果
- 相对信任感
- 比较购买成本
- 描述付费愿景

这 4 项购买要素，完整概括了一位普通消费者购买选择过程的思考进程。

（1）购买要素 1：看到问题的结果

人们在某些广告里看见了问题的结果，比如看到了孩子、妈妈露出自信满满的笑容，无形中渐渐被影响了购买选择，最后大家甘愿以更高的价格去买商家推荐的概念新品。

汰渍洗衣液广告，让人看到孩子玩耍被弄脏的衣服被轻易洗净；高露洁牙膏广告，让人看到不坚固的牙齿像一只脆弱的贝壳，轻易被敲碎，而使用高露洁牙膏涂抹的牙齿模型就不会受伤；舒肤佳香皂广告，让人看到宝宝小手上布满细菌，用过舒肤佳香皂之后，细菌一下减少了；超能洗衣液广告，让人看到一个兼顾了家庭和工作的超能女人。

很多经典的广告都在向用户传递一个普通的生活场景下，出现了一个巨大的麻烦。使用了某某产品后，问题得到轻松化解，人与人的关系变得更亲近了，广告中的主角对生活有了更好的掌控。这些都是展示问题被解决后的结果。

（2）购买要素2：相对信任感

当用户看到了问题解决的结果，他心里就产生了购买的冲动。但是，购买决策过程，是先感性再理性的思考过程。消费者不会放纵非理性的物欲冲昏头脑。冲动转为下单行动，还要跨过两个购买决策过程——寻找信任砝码和衡量成本。这两个决策过程，都是为了趋利避害，降低购买风险。

增强用户信任感的方式有很多，常见的有零风险退换货承诺、老用户效果证言、老用户高复购、专业机构背书、营造专家身份、海量用户五星推荐、大企业大客户推荐……

有了足够的信任背书后，距离用户下单只差一步了——比较购买成本。

（3）购买要素3：比较购买成本

可以说，一件商品定价是贵还是便宜，这不是绝对认知，而是相对认知。一台定价8000元的笔记本电脑，有人觉得可以接受，有人觉得它太贵了，超预算。所以说，用户的购买冲动能否转化为实际的行为，最关键的一步就在于比较购买成本。

用户在做任何消费前，往往会在心里划定一个可接受的成本范围，以及一条明确的成本上限。如果实际报价低于心理报价，人们就倾向于拿下这件心动的产品。如果大大超过他能支付的心理成本上限，他就会选择其他替代方案。

（4）购买要素4：描述付费愿景

一旦人们看到问题的结果、获得了足够的信任承诺，也接受了比较购买成本，他距离下单购买，只剩下最后的临门一脚了。

哪怕这是一个他看中好久的宝贝，但真正到付款时，要输入支付密码，这是一个让人痛苦的决定。他心里是带着一些压力和失落的，因为他的钱包会缩水一大截，或者下个月要背上一大笔信用卡还款压力。此时，只要轻轻推动一下，让用户踢出这一脚，一笔成交可能就会自然发生。

用户其实在要一个明确的心理诱因，让他清晰地认识到支出了这笔钱，可以得到一个美好的结果。这个美好的结果带来的快乐，远远大于支付这笔钱所带来的压力感。

有的时候，如果真的很想买一件商品，为了逃离付费前的迟疑带来的煎熬，早点完成下单这个动作，人们还会在大脑里给自己编辑一个个付费愿景。比如，买了这款新电脑，我的工作效率就会提高好多；买了这部新手机，我出门旅游再也不用背着单反相机，也能给女朋友拍出美照了；买了这部大屏水墨屏电子书阅读器，我一年可以多看二三十本书了……

可以说，人们的购买行为起于感性的冲动，经历短期理性的分析处理过程后，又靠着非理性的心理活动完成了自主下单。作为一个文案人，在深度剖析了用户购买逻辑后，就有办法对他们的购买行为做出合理的引导和设计。

这里需要用到一个核心的文案呈现技术，就是影像写作法。下一篇，我会带你走近这个效果立竿见影的写作技术。

撬开总监文案脑

认知卷

第6篇

影像写作法

用文字在用户大脑里
放映一场收心电影

第 21 章

**影像写作法，激发大脑
源源不断的文案创造力**

在前面，我们花大量篇幅描述了文案脑中相对理性的思考流程，这一章我将带你打开总监文案脑里的形象感知能力。

在创作过程中，我坚持一种状态，做一个理性的感性人。在项目分析阶段，先调出那些理性、周全的策略分析，使用前面提到的文案总监的沟通模型、成心之见、用户筛选、启动效应等思考工具，来层层递进地引导自己的思考。

其实，真实的项目创作推导过程，特别像足球场上，足球从后场到前场的层层推进。球在中后场的时候，很依赖队员之间精密的传导、配合和向前的梳理。一旦足球来到中前场，一旦想法落于笔尖，就要仰仗前场队员独特的感知和当下的创造力。

足球场上很少有预谋已久的神仙球，每一个精彩的射门，都是足球前场创造者灵光乍现下的精妙创作。同样，每一条精彩的文案表达，都是你基于创作者情绪和感知下的油然而发。

现在，我们走到了创作的中前场位置，需要让执笔创作成为一种本能习惯。那我们就需要有意识地训练自己的文案脑。只有激活你形象文案脑中的画面感、情绪感知力，才能让每一次创作都变得自然，言之有物且走入人心。

1. 影像是人类的通用语言

我们有理由相信，在语言和文字出现之前，人类祖先就已经开始用绘画、符号记录日常生活经验，绘制部落图腾。影像是人类认知世界的方式，也是人类的通用语言。

文字只有与它指代的影像、画面产生关联，才具备沟通价值。如果脱离影像说文字，文字本身就失去了信息表达的基础功能。比如，当提起"妈妈的味道"，但又不让你去调取大脑中先前存储的一道道妈妈做的家常菜，那"妈妈的味道"这几个字，就成了内涵模糊、指向不明的表述。

可以说，人们把影像信息存储在大脑中，而语言和文字就是调取这些信息的高效索引工具。当一些经过精心加工的文字出现后，就会自然触发人们之前存储在脑中的记忆画面。这个时候，你创作的文字，就与目标用户产生了共情和联系。

文案和影像的关系应该是这样，文字是静止的影像，影像是流动的文字。以文字为载体，描述一个个具体可感场景和画面的创作手法，我称它为影像写作法。

2. 是文案人，更是沟通场的影像构造师

现在你知道了，人类对世界的认知和感知结果，是以影像和画面的形式存储在大脑中。

当用户在你的作品里看到一个具体场景或画面时，他的大脑里就会不自觉地发生一场"启动效应"。这些新出现的画面，就会让他联想到自己过去经历的真实事件和情感。

我们在做文案创作时，本质上是用文字调取用户认知中的一个个具体的场景画面或生活影像，并且这些画面是与他的生活相关的场景。

当你的作品里有了画面感，一条文案、一张平面广告、一条视频广告，它就是一个个引人入"局"的沟通场。它通过文字、创意画面以及影像场景，把人们带到一个情境当中，然后再用一句精心设计的点睛文案，直接点在对方的心尖上。

绝大多数情况下，文案起作用的方式，不是在用户大脑里植入一个全新的创造物，而是想办法成功调取用户本来就已经存在的深刻感知和生活画面，

让用户在你的作品中看到了他自己经历的、期待的、向往的生活状态。

你在做的事情，不过是创造一个情境、一个画面、一个场景、一段影像，让他在这个场景中，翻出了过往的影像记忆片段，内心中自然泛起生活的苦与甜。你作品中的文案和画面成为一扇时间门，当用户走进这扇门，就进入一个特定的沟通环境中。当人们进了这个环境，他的感知、情感就会涌上心头。换句话说，如果你能用影像写作法给用户创造出一定的沟通环境，你就能调动和引导他内在的情绪流动。

所以，一个合格的文案人，一定是一位场景设计牛人，是一位故事讲述者。因此，我一直坚持一个创作观点——我是文案人，更是沟通场的影像构造师！

只要你懂得了影像对人们认知世界的重要性，也试着在文案中营造出一个个特定的沟通场景，你就解锁了一项高级的文案创作思考技能——影像写作法。

3. 激活你源源不断的创作灵感

如果你经常在拿到工作项目时，对着一个空白 word 文档无从下笔；如果你长年陷入对交稿时间的恐惧；如果你在文案创作上的挫败感正在一点点吞噬着创作热情；如果你想要稳稳地抓住文案灵感尾巴……你现在就打起 12 分精神，来体验一下影像写作法的具体应用。

影像写作法具体分两个应用阶段：一是文案想法构思创作阶段；二是成品文案提笔创作和修改阶段。

对的，就是你的大脑对文案的想法还在构思创作阶段，你对将要提笔创作的内容一无所知时，你就可以调用影像写作法，来为自己开辟一条清晰的构思轨道。

很多人拿到项目时，直接在大脑里搜索确定文字，去贴靠项目需要。或者直接去翻看同行案例，去找到同类型的案例参考。这些项目思考方式，都把自身最宝贵的文案脑放在一边，舍近求远地去寻找答案。

现在，就是做出改变的时候。请按照我的引导第一次上手影像写作法。这没有什么难的，小学生都可以上手使用这套写作工具。因为影像本来就是人类的通用语言。

影像写作法在文案构思阶段，可以分为两步走：第一步，描述用户当下的生活情境、状态和影像画面；第二步，设计和构思你要给用户带去的理想化的生活场景、状态和影像画面。简单理解就是，我们提供的文案解决方案，是把用户从当下痛苦的环境带往一个理想化的环境，是一个离苦得乐的迁移过程。

我们要看到用户在此岸的状态，更要看到用户彼岸的愿景。把你看到的内容、场景、画面、影像用精准的文字记录下来，就成了一条条具体的文案。所以说，文案总监的创作过程，是在大脑里构造出场景画面、影像，再去找对应的关键词来描述它们。

比如，一位好友打算做一个心理疗愈会员社群，找我聊起了她的这个想法。当时，我的文案脑立马转动起来，去收集一些用户影像。

从传统用户观念来说，一提到心理咨询、心理疗愈，人们多少会不理解，觉得对方过于敏感、脆弱，甚至是矫情……公众对心理介入长期存在刻板印象，所以大多当事人会选择一个人不声不响地扛下所有精神上的煎熬。真正发展到需要就医时，可能就严重到要使用精神药物做辅助治疗了。

接着，我跟她分析，这个小社群一定做不了精神类重症疾病的梳导，她的用户群大概率是那些长期处在高压工作下，长期得不到社会、家庭、公司以及自我肯定的职场人，或者缺少自我认知感的家庭女性。他们可能周一到周五，都像一只高速转动的陀螺忙于工作或照顾孩子。等到周末，她们就宅在家里哪也不想去，整个人瘫靠在沙发上，花几个小时漫无目的地刷着短视频。整天为了生活奔波，整个人一直处在软性疲劳中，每周很难抽出哪怕一个小时的时间来关爱自己……

你不难发现，我的文案脑在分析群体特征时，立马就调用了影像写作法，去构建出一个真实的典型人物，我去描述他周一到周五的工作状态和生活化的影像。我还想到大家平时都很忙，可能有些用户在加班，有些在处理家务，只有周末才能抽出一点时间参与这个线上社区的社群互动。当我在大脑里描述这些影像时，其实我是真实地记录自己某个阶段的职场状态。

我感觉这个状态下的自己像一条脱水的鱼，体内的生机在一天天流失，这样的生活状态让人有种缺氧的感觉。我知道这样的状态很不好，但我找不到出口。我需要一个可以真正关爱自己，关注当下精神上的休养和补给。

想到这些，我大概清楚了自己想要的场景，大概是一个可以放下一切压力、回归自我、给精神以润养的心灵小角落。哪怕一周只在这里出现 1~2 个小时，那也是一段难得的经历。接着，我去寻找哪些地方是可以在周末安安静静休息一会的地方，咖啡厅、图书馆、附近的小公园？一个个场景出现在我的大脑里，我拿出记录灵感的笔，写下了几个字——周末精神补氧小花园。

当我在电话里把这个想法提给她时，她当场就决定收下这个名字，并把它作为心理疗愈社区的品牌名。

当它第一次与成员见面时，大家很开心地接纳了这个名字。大家亲切地以"小花园"来指代这个小小的精神家园。它让这里的人们一下子觉得，做心理咨询就像在周末来到一个小花园看看绿植、花朵，晒晒太阳一样自然。一个小小的品牌名，让大家找到了统一的归属感。

你看，用影像写作法写文案真的非常简单，你只要去描述大脑里的画面和场景。当你有了具体的场景画面和影像，你就一定能写得出来文案。接下来，我将带你去做一些刻意练习，帮助你升级自己文字的画面表达力！

影象写作法

第 22 章

**点字成金，让文案质感
倍增的 3 大影像写作
刻意练习法**

或许在某个成长阶段，你也曾像我一样，深深羡慕过别人脑中那种点字成金的创作才能。本来一句看似平常的句子，经他修改后，顿时就觉得整句话多了几分亮色。看似平常的修剪、加工、调整，整个文案表达一下子有了高级的质感，原本冰冷的文字好像一下子复苏起来，有了灵魂和生机。

其实，你用不着羡慕他人的文案魔法，文案总监这项点字成金的创作技能，也是后天刻意练习得到的。只要你定下心来，按照我的引导投入时间、精力做刻意练习，你也能一天天看到自己文案表达能力的提升。

我在社交媒体上把我的训练方式分享给读者，这些方法改变了他们对系统文案练习的认知，也大大提升了他们的内容审美能力。在这里，我会把这些让文案质感倍增的刻意练习方式全都展示给你。

不过，有言在先，我要写的不是市面上那些司空见惯的文案套路和速成技巧。我也确定，这世界上根本不存在可以化腐朽为神奇的写作秘术。

我们这些以文字为生的人，之所以比身边人能更快地锁定一个项目的创作出口，能更高效率地挖掘出那句直达人心的核心概念，不过是经历无数次创作实战后，最终把一套文案创作系统以及对好文案的立体认知标准刻印在大脑深处，成了文案人的绝对语感和肌肉记忆。

以目前的科技水平，除了你自己，谁都没有办法把这份点字成金的创作系统和肌肉记忆植入你的大脑里。好消息是，这份刻意练习不需要你投入太多时间和努力，大概 30 ~ 40 天时间就会享受到成长果实，3 个月左右就能看到质的变化！前提是，你真的动手、动笔去实施这场刻意练习。

1. 练习 1：手抄 100 篇顶尖长文案，抬升文案认知天花板

在我的成长路上，有一个核心观点让我长年受益——"一个人的创作能力，不会高于他的认知顶点"。

如果你想练习好文案，你得明确知道好文案的天花板是什么样子。现在让你扒拉一下自己的文案脑内在数据库，如果你对好文案毫无概念，对高质量的文案表达一无所知，你提笔创作时，需要向内调取细腻的感知数据时，你心里是虚的，大脑是空的。一颗空洞的大脑里怎么可能滋养出生动的文字？

所以，在我的文案脑语感升级训练中，第一件事就是完全浸泡在顶尖长文案的具体案例中。无论你工作几年了，只要你有意做提高文案质量的刻意练习，这都是一件值得你从头开始去做的事。

具体做法很简单，你找来一支好写的钢笔、一个至少 100 页的本子。每天抽出 10 多分钟，在这个本子上抄写一篇顶尖的长文案，坚持 3 个月抄完100 篇。别小看这个简单的动作，它能带你向顶尖文案的世界迈出坚实的一大步。很多读者跟我反馈过，就是这个简单的动作，带他们一脚走入文案圈。

先前，我很少详细透露过手抄顶尖长文案给成百上千位读者带去立竿见影改变的底层逻辑。那些 100% 相信我的学员听完引导就照做了。可能你是第一次接触这份引导，我会把说明写得详细一点。

手抄顶尖长文案能立马带来的第一项改变，是文案认知和内容审美的提升。手抄长文案的过程，其实是还原一段段佳句从作者笔尖落到纸上的创作过程。手抄这一动作，让你慢下来细品文案在你心底留下的一字一句的细微感动。你会亲自去看、去整理、去感受那些真正自动走入人心的句子，你也能一边抄写一边分析和体会它的行文结构、创作者身份、节奏变化、文字律动……

你不会平白无故地找一篇自己都看不上眼的水货文案抄下来。你手抄的

内容，一定是对你有触动、有启发的精品。100 天手抄的过程，就是大浪淘沙的过程。

只要你去手抄、去感受了，你的文案脑自然就会跟这些顶尖文案创作建立亲密关系。你还会对眼前的这些文案作品做出一些筛选、对比、评价、排序、过滤和认知存储！这正是你的文案脑沉淀出文案认知和内容审美的过程。

对文案内容的审美，是一个非常主观的评价过程。你不需要任何个人、专业媒体、评奖机构来告诉你，这件是一个好作品，那件是一件平庸之作。文案内容的美与更美、好与更好不是固定的结果，而是通过在动态比较过程中得到的相对主观的认知评价。你一定要清楚，能打动你的真诚作品，多半也能打动他人。只有你才能帮助自己抬升对文案审美的天花板，不用向外界求助，不用靠谁来告诉你这个作品好在哪里。

经过这 100 天的手抄行动积累，你的文案脑变得敏感而细腻，你对内容变得挑剔起来。不必调用逻辑思考力，只凭下意识的直觉感受，你都能感知到字里行间细小的变化，以及发现其中的不妥或发光的点。这份敏锐的内在感知力，会成为让你受用一生的沟通工具。

手抄顶尖长文案能立马带来的第二项改变，是获得一颗高级的文字洁癖心，它是成为文案总监的必要条件。当你看过足够多 100 分的文案作品，当那些行业标杆的案例像刀刻一样印在你的大脑里，你对待自己笔下的文字也会变得苛刻和挑剔起来。

看多了好的东西，有了高水准的内容审美，有了后天养成的文字洁癖心，你会对空洞的文案表达产生过敏反应，具体症状是看到它你会觉得恶心、反胃、头胀痛、眼花，恨不得砸了键盘和电脑，不想多看它一眼。你会自然地喜欢上那些真诚的表达，厌恶那些卖弄技巧、故弄玄虚的勾心文字。你会希望自己的文字能给这个社会留下一些美好的印记。

手抄顶尖长文案，让你不自觉地逼着自己向更好的目标再写一稿、再修改一遍。正是这份"看不惯""不放过""再好一点"的内驱力，推着我们一步步远离那些平庸的文案表达。

手抄顶尖长文案能立马带来的第三项改变，是带人从人心出发，升级成事能力！

一般来说，如果一位练习者眼里只有文案，那么很容易陷进各种花哨的表达技术中难以自拔。因为他关注的都是文字形式，很少去看底层逻辑，所以很难在电商文案、新媒体文案、品牌文案、产品文案、活动策划文案中建立横向的认知桥梁。结果自然是人为地给自己建起了认知壁垒，只会写作品，缺少真正立于市场上的成事能力。

比如，我打算出版一本叫《撬开总监文案脑》的书，我要把这本书推向市场。我需要构建这本书在市场上长期存活的可行性，这会用到产品文案的认知；通过个人自媒体平台推销这本书，会用到新媒体文案和个人品牌文案的理解；如果给这本书写电商详情页广告文案，又要用到电商文案和文案销售信的常识……

随着传播环境的变化，我们需要熟练组合使用的沟通媒介越来越丰富。但是人的学习能力、精力和时间都有限，如何在各类媒介形式下找到打通各个平台间传播壁垒的敲门锤？手抄长文案会给你一个明确的答案！

你抄写的顶尖长文案，可能来自于电商平台、可能发布在品牌官方微博上、也可能出现在电梯广告的视频里……当你把它们摘录在手抄本上，这段文字脱离了精心为之构建的拍摄场景，你剥离了这段文案背后的各种要素，把它还原成手抄本上的一段纯文字。

那些顶尖文案作品，以文字的方式与你对话交流，让你获得愉悦、感动、共鸣、深思。这些情绪体验都是真实存在的。这份真实的阅读体验和内在感受，无时无刻不在提醒你，创作要直面人心，言之有物。手抄长文案，让文案回到文字的形态，也让你逐渐养成一份最重要的职业文案素养——文字要跟用户产生互动、发生关系，你会自然认识到文案最重要的目的地，是去触达人心。

从人心出发，去到人心，影响用户的认知和行动，这是手抄文案给你带来的深度影响。而这些只是从我口中说出的信息，只有你真正动笔手抄了，那些经你大脑过滤、沉淀下来的认知，才能成为你真正的内容审美力。

在公众号"敲醒文案脑"（ID：useidea），回复"100 篇"，可以获得塘主手工筛选的 100 篇手抄长文案领取方式。

这些顶尖长文案是我花 3 年时间从几千个行业知名案例里精心筛选出来的百篇佳作。它也算是我给你准备的一份特别礼物吧。

2. 练习 2：以文字作画，记录一个个生活画面

本节我们重点来练习文案中的画面感。好在完成上面的练习 1，你已经看到了顶尖文案里的画面感，脑海里有了一份天花板级的认知。有了这些认知准备，再来做文字创作上的练习，就有了明确的方向感。

在不少人总结的文案写作经验帖中，他们会告诉你学会了几个方法、活用了几个写作招术，就能提升你的文案画面感。其实，这是一种毫无用处的引导。

以文字作画的影像化写作，是一个展示综合专业能力的过程。它需要你完全调用你文案脑中的感知资源，包括你内在的感知力、观察力、在事件动态发展中抓取关键帧的能力、精准的文字表达力、对好文案的认知力……你有了这些能力，自然能写出有画面感的文字，而不是跟着别人的操作引导，现学一些技巧，就能写出动人的有画面感的文字！就像不是学几个舞蹈动作就能上台表演一样。但是很多人宁愿相信那种速成神话，也不愿意静下来做刻意练习。

这些综合能力只能通过大量刻意练习才能形成肌肉记忆，化为你的创作本能。

就像一个职业拳击手，他每天都离不开体能训练、击拳及闪身步伐训练。作为一名职业运动员，他能不知道出拳和闪身的动作要领吗？他当然知道，不仅知道，这些动作要领已经化为他下意识的本能反应。在他已经知道了动作要领、实战技巧的情况下，为什么每天还要坚持大量的实战训练？

因为他不想躺在对手脚下，被人从大赛擂台上抬下来；因为他想不断升级自己的肌肉记忆、抗击打能力和实战反应速度，哪怕只是提升 0.01 秒。

我们职业文案人也面临着相似的竞争局面。从入职第一天起，你就把实战对手选定为一个个艰难的商业和市场难题。与你见招拆招的是公司搭档、总监老板、客户高管、市场大众人员。解决了所有人关心的问题，你的文字要得到大家的肯定，它们才有机会出现在市场舞台上。

只有升级自己的文案脑，你才有机会去从容应对更重要的公司项目，以及站在更新锐的创作平台上展示自己的创作力。所以，你的心里随时都要有一套纸笔，来记录生活的场景和画面，以及记录你点字成金的文案画面感训练。

比如，有段时间项目赶工，我连续多天深夜打车回家，下楼叫上出租车，三四十分钟的车程，挨上座位就只想当个哑巴。我全身瘫软地坐在出租车后排，好心的司机兴许是为了缓和密闭空间的尴尬气氛，不时地抛来几个话题。萍水相逢，两个人、一部车，穿行在深夜的上海高架上。出于礼貌，我也接过他的话头，聊了几句后车内归于平静。

嘴巴不想动，大脑却停不下来。我坐在后排神游，想到了今天有不同的客人坐在这个相同的座位上，他可能是一位刚改完 bug 的程序员，一位出门约会的年轻小伙、一位赶火车的夜旅人，也可能是去医院陪护父母的儿女……他们有的健谈，有的沉默，有的装满心事，有的疲惫不堪。

上夜班的出租车司机就这样送走一个又一个夜归人，把他们从起点送往各自的终点。这些人从我的身体穿过，也从出租车的后排穿过。司机成了这个小小移动空间的记录者，记录着自己与各种客人萍水相逢的一段旅程。想到这些，一句话从我脑海中浮现出来，刻画了当时的生活场景：

"穿行在夜色里的出租车司机
旁观了这座城最多的秘密"

是的，先有画面，后有文字。文字只是一个认知、思考结果的表达工具。想让文字有画面感，你需要找到那个具体的画面，然后再用文字把它们记录下来！

我还特意把这套文案"绘画"训练方法，传授给身边的文案总监。有位叫彭彭的资深文案刚练习写几条，就分别记录下这样两个场景：

生活场景 1：
"小时候的一颗糖
长大以后能扛无数伤"

生活场景 2：
"地铁口老爷爷的玫瑰摊
卖着白头到老的浪漫"

第一条文案使用了隐喻手法，在写孩子在小时候受到的鼓励，得到过的肯定和夸奖，像一颗糖一样存放在心底，能成为他成长过程中的底气，帮助他闯过难关，克服种种困难。

第二条文案就是简单的白描生活场景，去记录地铁口卖花的老爷爷。白发苍苍的老爷爷伸手递出一束玫瑰时，就像对眼前这对恋人送上了一层"白头到老"的祝福。

在成为职业文案人的路上，你需要长期坚持第二项刻意练习——以文字作画笔，去定格和记录一个个有画面感的生活场景。你的每一次记录，都像拳击手挥拳一样，看似每一次出击都只是对着空气出手，没有击中任何实际的目标，但是你全力练习的这个动作，已然调用了你的整个文案脑和全身心的感知力。

可能一两次看不出来有什么变化，但是 100 次、200 次、500 次的调用练习后，你对自己文案脑的掌控开始变得得心应手，收放自如。这才是这项训练的终极目的！

3. 练习3：去芜存菁、坚持极简，敢给文字动刀子

"敢给文字动刀子"，这也能称得上一项专业训练吗？当然！你别小看它。可以说，文案这个行业的最大秘密武器，就是一个字——改。

然而，工作中太多文案人对这一秘密武器都敬而远之，我很少遇到主动去给文字"动刀子"的人。可能大多数人没有做过上面提到的练习1，他们看不出自己的文字与优秀作品之间的差距。还有，多数人会觉得写出这些文案已消耗自己无数脑细胞了，再去动笔修改它，不是强人所难吗？

事实上，在绝大多数情况下，除了行业天才型文案选手的作品外，其他人的好文案，都是改出来的。我的文案也不例外！

当一个文案概念在想法阶段时，它已经在我脑中被摔打、推翻过十几、二十遍了。当它落于笔上成为一句文案时，可能还会经过一二十次的打磨、精进，甚至推翻重来。

我并不觉得这需要牵扯到文案人的职业素养。我只是单纯地把手里的每一个项目当成自己的产品、自己的文字招牌对外介绍。换句话说，我是拿着公司的事情来练手。

我想着，总有一天我会站在市场上为自己做传播、为自己的品牌写文

案。那为什么我不从这一秒、这一个项目着手，从当下出发去练习写好每一句话的创作本能？所以，只要还有时间，我就觉得笔下的文案还有进一步优化和提升的空间。我也愿意拿出纸笔，在自己的文字上删删减减，砍上几刀。

为什么我们要做去芜存菁、坚持极简的文字训练？

因为在创作中，你有你的规划，用户有用户的想法。用户不会顺着你的本意去理解创作，他们只会依照观看这条文案的当下反应，自发地给出行为或认知反馈。

每一位职业文案人都要深刻认知到，用户从来不会主动花时间来观看广告文案作品。哪怕拍这条广告短片的是有名的大导演，人家也没有义务主动来看。

你的文案占用了客户的时间，哪怕只是几秒的时间，这几秒钟也是他人生中不可回溯的一段生命时长。所有复杂的文字、复杂的形式、复杂的句法，都是在浪费用户的生命。出于对生命的尊重，你也需要尽量减少商业文案当中的信息杂质，尽可能主动降低内容阅读中的理解成本！

比如，在电商详情页面主标题处，看到 6 个字"星无界，行致极"。如果这条文案由我来审稿，我一定会问一下创作者，这句话想表达什么，用户能感受到你要说什么吗？你表达的内容和用户感知到的内容，是同样的内容吗？如果不是，那为什么要浪费设计师的时间，给这些空洞的内容安排一个重要的宣传版面？

那么，什么样的文案内容更容易理解？用影像写作法创作的内容，有画面感的内容，多使用动词的内容，多使用中小学生常用字写成的内容，多使用简短句的内容，多使用主谓宾结构的内容，少用长句、复句的内容……

比如，上面提到过一句文案训练的例句。这条文案也存在改造空间。我试着动笔，给这句话做了修改和调整。

【修改前】

"小时候的一颗糖
长大以后能扛无数伤"

【修改后】

"小时候的一颗糖
能扛长大后的无数伤"

把文中的信息浓缩，提炼出核心句式，"一颗糖，能扛，无数伤"。

"能扛"是金句的字眼。所以，要把"能扛"二字提前，放在次句句首。修改前是两重呼应。"小时候"和"长大后"放在句首，会让人觉得这才是一对重点，其实它们有点喧宾夺主了。句式调整后，让句末"一颗糖"跟"无数伤"成为唯一的呼应，形成苦和甜的对比，更凸显这句话的真义。

去芜存菁、坚持极简，敢给文字动刀子是三个点字成金的专项训练中，学习成本最低的日常练习。文案作品的空洞表达、复杂结构、书面式的用语，这些都是修饰的道具。这些字句像"信息垃圾"，把这些垃圾清理完，你的文案主体才得以跟用户正式见面。

最简单直接的表达反而最有效。我们的每一次创作，都要把话精准无误地送到用户心里。所有花哨的表达方式，都会加大用户对内容的理解难度！所有增加用户理解成本的内容，都需要被精简。

以上三个让文案质感倍增的训练方式像三驾马车，它们共同作用能为你的文案脑注入从输入到输出的满满创作底气。

经过这套系统的练习，最终你能细微感知到生活中可以引发读者共鸣的点，你能感受客户这个产品想带给社会的美好改变，你也能感受到客户在具体场景下的问题和烦恼，你还能以精准的文字表达出你捕捉到的画面感，所有这些积极的改变，不是你用对了什么写作技法，只是因为你的文案脑变得更强了！

第 23 章

**伸出情绪触角，
用影像写作法重新
搭建我与世界的联系**

这一章，我们继续沿着影像写作法的探索轨迹再向前走一步，试着升级形象文案脑的感知力，去与写作对象建立情感联系。

我们常用"灵性"这个词来形容一些特别的文字。那些文字像长在人的心尖儿上，一眼就能在读者心里激起情绪波澜。

但是，轮到自己写作，往往提起笔，怎么写都不对味，怎么改都觉得内容干瘪。打开空白文档，似乎心中已有千言万语，却久久都挤不出一句完整的话。或者即便写出来了，又觉得不合心意，不停按下退格键，最后默默合上电脑屏幕，或者收起了纸笔。

时间久了，你对写作慢慢感到陌生，心生恐惧、不安。渐渐发现笔下的文字变得没了生机，没了观众。为了给客户交稿，我们开始模仿，去套用别人的写作模型，去填入一些内核空洞、外表华丽的词句……渐渐的，我们开始对文字变得迟钝、麻木，不再能从文字中找到欢喜和成就感，我们渐渐活成了一个个"文字渐冻人"。

如果你想找回文字表达欲，重新建立文字与外在世界的联系，一定要留心以下的刻意练习。我带你做的练习，重点不在于给你写作技巧，而是引导你回归到内在富足的创作者状态。

请相信我，你的文字并没有问题，问题出现在创作者本身。文字只是一种记录工具，和纸笔一样的工具。一个人的文字，如实呈现了他的感受和思考。你是什么创作状态，你的文字就是什么样子！现在，我们正式出发，去建立与这个世界的联系，拯救"文字渐冻人"的表达欲吧。

1. 第 1 步：关闭逻辑脑，找回感知世界的本能

在此，我要提一个可能会颠覆你过往写作认知的感受。很多人长期写不好文案的一个重要原因，是从一入行就在寻找合乎逻辑的写作技法、创作框架。

事实上，正是对写作技法、创作框架存在严重的依赖，往往令我们跟真实写作对象产生距离、失去了真实的连接；正是你一直紧紧抓住不放的写作方法论，让你渐渐走入了"文案渐冻人"的身份状态。可能在此之前你从来没有细想过这个问题，但是，从今天起你要正视这个来自于逻辑依赖的创作阻碍。

就像不会游泳的人，他一进游泳池就本能地想抓住游泳圈。在现实中，越是依赖游泳圈浮在水里的人，越是无法在水里得到有效的训练，进而妨碍了他掌握水中仰头换气、重心控制、压肩摆腿等常见游泳基本功。同样的事情，也常年发生在文案力的升级训练上。

很多人从一开始，就把注意力集中投射在文字表达上，希望自己的作品也能带给别人温暖和感动。他们如何实现这一目标呢？他们通常是把目光投向周边，开始向外"求讨"，买书、买课、去看同行分享的经验文章，想尽各种办法寻找文案力提升的方法和技巧。

可能你也渴望得到顶尖总监的经验传授，希望得到老板和客户的点头肯定，希望从别人那里得到确定的反馈，于是你翻开了这本书……

我理解你内心的慌乱，也知道你很想成为一个对团队、对客户负责任的职业文案人。很可惜，当你习惯性地靠分析、对比来得到一个确定的结果，用一套外在创作方法论来引导自己的文字写作，当你一直向外求援、对内声讨时，你就一定写不出好文案。原因很简单，在成长过程中，你这么问的时候，就给自己设定了一个创作失败者的身份，这个身份不断地在潜意识里暗

示自己，"我不会写文案""我写不好文案""我要靠外界的引导和助力才能写出文案"。因为内心是缺乏自信和安全感的，是空虚的，所以你像跌入水中的人一样，不断挣扎着试图抓住外在的浮木。可事实是，越是挣扎越容易下沉。

我们的人脑具备逻辑思考和形象感知两种思考模式。但是，这两种思考模式不可能同时启动和并存，它们是此强彼弱的关系。

当你把目光投向合乎逻辑的写作框架、创作方法上，而要运用好这些写作技法，就需要大脑启动严谨的逻辑思考模式，进而你的大脑短暂地丢掉了那部分形象感知的功能。当逻辑思考模式占据了上风，形象感知的模式就暂时关闭。在你追求合乎逻辑的创作方案时，在你照着外在的创作方法、顺着别人的创作思路下笔时，你大脑内在的形象感知功能就暂时失去了作用。于是，你切断了与写作对象的真实体验和连接。

当你与写作对象失去了有效真实的体验和连接，当笔下的内容与创作者的内在感知无关，与你的心意无关，这些不由你本心流露的表达，不带有创作者的情感和温度，它们只是一堆冰冷的文字组件，没有人情味的说服话语，自然无法走入人心。

落到纸面的沟通，真正连接你和读者的是你赋予这件对象和事物的内在情感，是你给予了平凡日常新的生动解读。真正动人的不是文字，而是你笔下文字传递出的动人小情绪和美好体验，拥有了打动人心的力量。你写的对象和文字，都只是载体。读者通过你的内容感知到你的生活态度、观察视角和独立的灵魂魅力，这些文字背后的人格魅力，让读者心生向往。

我想到几句藏在心底的黄金文案——"失败是完美的半成品""可不可以不成功""时间不是整点，也可以开始做事"……我不知道原作者是谁，但是一到工作不顺、创作受阻时，它们就会从心底冒出来，成了为我加油、减压的人生金句……

这些文案来自于作者对具体事物和对象的"将心注入"和深度感受，它们完全不符合人们的认知逻辑。"失败"怎么会跟"完美"扯上关系呢？在追求功成名就的内卷浪潮下，有人喊出"可不可以不成功"，这种态度很出格、很治愈……我爱死了这些平凡表达里的善意和用心，它透出了具体向上的生命力。

你眼前有一朵花正在开放，有一朵云正在流走……如果这朵花不是经你亲眼看过的，不是经你注入感情观赏过的，不是你自己真正"将心注入"的，它就跟千千万万朵别的花没有什么区别。

然而，一旦你在这朵花上投入了感情，带入了情绪，你就与这朵花建立了联系。它就曾经为了你一个人盛开过。你的生命体验里，就多了这样一朵独一无二的花。你因这朵花而感动，你把这份感动记录在文字里。这些文字很可能把你的感动传染给另一位读者。这些文字是在提醒他，不要太急于赶路而错过了整个春天的脚步。

没人要听你讲道理、列举卖点。用户需要跟你介绍的这个人、这件事、这个物，产生关系、建立联系。

要真正掌握直抵人心的文案力并不简单，它需要具备三个必要前提：一是感知到自己大脑同时具备逻辑思考和形象感知两种思考模式，我称它们为逻辑文案脑和形象文案脑，并且你要能够自主切换两种大脑思考模式；二是认识到两种思考模式的相互抑制、此强彼弱的存在关系；三是要深度熟知两种思考模式在文案创作过程中的不同作用范围。

前面两个前提，我已经做了详细讲解，第三个前提用一句话就能讲清楚。在整个文案创作过程里，我对两种思考模式的使用顺序是，先用逻辑文案脑——后用形象文案脑——再用逻辑文案脑。提笔前和落笔后，就成了两个重要的分割点。提笔前对整个文案项目要做严谨的思考、分析、判断，一旦进入提笔写作期，就先关闭逻辑文案脑，让形象感知模式成为大脑的主导思考方式，调用整个身心去体验和感受我与所写对象的关系。而当我落笔后，又会重新切换回逻辑思考模式来旁观、审视和修改自己笔下的内容。

所以，我常说文案人要让自己成为一个理性的感性人。既要超理性地做思考、做决策，让自己的思路合乎规则、条理、逻辑，又要让自己具备超越理性、关闭逻辑脑、"将心注入"的能力。怎样关闭上自己的逻辑脑呢？我这里有一个很好的行动秘方，让你一秒就能习得这份技巧。不过，真正做到随心所欲地调用，后期仍然需要长期训练。要体验逻辑脑关闭后的思考状态，你只需要记得这几个字——"模仿并成为孩子"。

试着还原一位学前班小朋友的语言和行为，你可以立马体验到摆脱逻辑脑束缚的存在方式。

2～3岁的小小童，路过雨后一洼小水坑，就激发了他玩水的乐趣。他会扭动整个身子、挣脱大人的双手束缚，小跑到水坑前，整个身体开心地蹦起来、双脚跺水，溅起的水花打湿了半条裤管。他们才不考虑衣服湿了要换洗带来的麻烦。他们觉得当下有小水坑玩，蹦蹦跳跳的时光多美好啊。小朋友们能完全沉浸式地享受当下的快乐。

小朋友是形象感知脑占主体的生物，他们只讲即时的情绪释放，很少讲"理"。这个"理"就是大人脑中的逻辑。孩子的大脑则完全由形象感知模式占主体。

跟孩子在一起时，我总能在他们的无忌童言里轻松体会到那种完全由形象脑主导而投射出的异想世界。小侄子会把浴室的"花洒"，说成是洗澡间的"莲蓬"；会指着淋浴头的"水流"，大喊"瀑布来了"；会嫌弃地把大人碗里的"螺蛳粉"说成"鼻涕虫"……"通红、绚丽、璀璨"不会出现在孩子的表达里，孩子也不会说"因为你长得漂亮，所以我好喜欢跟你玩"。

孩子的表达里，很少出现因果、条件、转折、递进、并列、对比等逻辑关系，也不会有太多的抽象概念和复句。

孩子来到这个世界后，是从一件件具体可知、可感的事物里建立与外界的联系。你我打小都是使用形象脑和身体五感器官触摸这个世界。相信我们都具备这项感知本能。

上学后，我们在学习知识的过程中，被灌输了一套全新的逻辑认知系统。人人需要按照规范、标准、合乎逻辑的方式，在合理范围内生产出一个统一标准的高分答案。每个个体自带的个性化的思考和感知力不再被强调。然而，统一标准却是文案传播的大忌。

在长达一二十年的教学训练中，你把自己的感知力、形象脑放在了一边，你以为自己遗失了这份本能。不过，请相信，感知外界变化和情绪的这份超能力一直藏在你的身体里，从未远离！

你可以试着暂时关闭逻辑文案脑，把语言系统中的内容框架、创作方法、逻辑关系统统放在一边，任你的形象文案脑掌握身体的主动权，像孩子一样真正的启用和打开全身心的感知力，去感受、去成为你的写作对象。

2. 第 2 步：对物参与，成为事物的一部分

很多人会说，我看到东西没有感觉，写不出来。没关系，我教你一个快速找到感觉的方式——你要去参与这件事物的生长变化和运动过程。

你要参与其中！成为这件事、这个对象的一个组成部分。

这份"成为"什么的能力，是我们自小就有的不受逻辑束缚的想象表达力。在过家家的游戏里，我们可以成为"妈妈""爸爸"，可以成为四肢僵硬的"木头人"，可以成为"老鹰"和"小鸡"……你从小就拥有了这份"成为"任何可能的能力。

可能有人会说："塘主，我好像理解了你的观点。但是，我害怕我感受不准、不深刻、感受不到点上，怎么办？"这样的疑惑很有必要，说明你已经在调用感知力，在感受自己的感受过程了。具体如何提升精准感知力，不妨往下细看！

如果抱臂旁观，那么雨是雨、花是花、茶是茶、牡蛎是牡蛎、老奶奶是老奶奶、你是你。这样，你跟观察的对象就有了距离，无法产生交融和连接。

写雨，你就是天地间的那一滴雨；写花，你就是花瓣上那细密的绒毛；写老人运动鞋，你就要去做一位年迈老人家的白天发汗、晚上冰凉的双脚。

一位学员在做感知力训练期间，在家中梳洗时，她看到地上掉落的一根根头发，自然地写出了一段记录，其中有一句话这样写道："不按长发本来的轨迹生长，是每根头发都想过的远方"。

当我化身成为一套情侣装，看惯了平日腻歪在一起的两个小年轻正在发生冷战，我自然地写出了劝他们和好的文字："宝，要永远记得啊，一个拥抱，就足以叫停一场战争。"

很多有心的文字，是对当下此情、此景、此物的自然描摹和真情流露。你参与了它，你就可以"替它说话"。你投入了几分感知和情绪参与它，决定了你写出来的文案带有几分情感。

你先"是"什么，你才能写出什么。假如你要写小婴儿，那你最好趴在地上写。因为小婴儿的视线就那么高，他抬头看到的大人是巨人，他看到的桌椅是巨物……

当你写一台智能补光化妆镜时，你要成为那面立在化妆桌上的补光镜子。你以它的视角解读出女孩的心语。你每天都陪伴女主人从睡眼惺忪到精致地扬起嘴角，自信地走向生活大舞台。你看过女主人的素颜，也看过她失恋后哭花的脸，自然能看穿她化妆时的微表情和小心思。那是一份可以不出彩，但绝不能轻易认输的要强和较劲；是一份想把最好状态留给世界的认真。每个爱美女孩的背后，都有这样一面照见她一路变美、一路成长的镜子……

而你笔下的这一面，是唯一像闺蜜一样了解她、陪伴她的镜子。那么这面镜子，就跟其他千千万万的镜子有了区别。这面化妆镜点亮的光，就成了爱美女孩给自己的一份专属仪式感。点亮你的美，就是这面化妆镜对女主人的内心情话。

不难发现，在创作落笔阶段，你能自如地调取内在的感知力，参与到每一件推广商品、服务、对象的过程和细节中，这件推广商品就变成了有灵性的活物，它跟用户的生活就更容易产生连接和交集。

3. 第 3 步：对人代入，成为他的影分身

上面说的是感知物，再来说说如何感知人。

可能你在别处听过，想要写出好文案，"共情力"和"洞察力"是基础。我不太喜欢这类说教和引导。因为它本身就很难让人产生"共情"，甚至它是一次无效的沟通。

关于如何与他人产生共情，如何感知他人的身份和处境，我脑中倒是有一个印象深刻的视频。这条几分钟的短片一直在我的网盘里保留了好多年。它是我见过的训练"共情力"的最好视频。

短片是屋前监控器拍下的视频。屋前空旷的平地上，躺着一位女孩，小雨淅沥沥地落在了她的身上，女孩不时抬手擦拭着眼角。这时，一辆车缓缓开了过来。车门打开，下来一位中年女子。视频中出现一串英文字幕，提示这是一位母亲和她失恋的女儿。女孩的母亲看到自己的宝贝女儿躺在雨中潮湿的地上，我猜她的心肯定像被猫抓了一样疼。母亲上前查看女儿身体无恙后，她没有去扶起女儿，而是做了一个意料之外、却足以让我记忆终生的动作——她一言未发，走到女儿身边，顺势躺倒在女儿的身旁，陪着女儿在细雨里望向天空。

母亲没有以亲人的身份传递本能的关心，没有责怪女儿不爱惜自己的身体；她没有以一位过来人的身份分享恋爱经验；她也没有去打断女儿的情绪表达……她只是躺在雨中潮湿的空地上，躺在了心碎女儿的旁边。她的这一举动，让她一下子放下了"心疼"女儿的母亲身份，她直接化成了女儿的分身。躺下那一秒，她和自己的宝贝女儿一起分担了爱情中的遍体鳞伤。

这位母亲的一串动作给我深深上了一课。我做过一个设想，换作是我，

面对孩子在人生重要关卡上的受挫，我能下意识地做出类似于她的直觉反应吗？答案是我肯定做不到。因为做不到，所以我把这条短片当作一份提醒存了下来。

它揭示了传播沟通里的终极大招——如果你想共情谁，就要成为他的"同位人"，成为他的影分身。

当你"代入"对方，你就能感受到那个群体身份的人所关心的、害怕的、恐惧的、回避的问题，能感受到他期望实现的理想生活状态；当你"成为"对方的影分身，你写出的话就自带他的身份、视角和立场；当你"成为"他，你就能感受他，能真的读懂他。

给婴儿奶粉或纸尿裤写文案，你需要成为一位几个月没有睡过一个完整觉的新手妈妈。你把全部心力都放在宝宝身上。有了孩子后，妈妈变得胆小和神经敏感起来。孩子发出的一声啼哭，都是妈妈心底的一场地震。创作文案时，当你"成为"一位妈妈，你自然能读到她心底的担心和害怕。你会看到妈妈为宝宝做出的每一次下单决定，都是在尽己所能精挑细选地替宝宝过滤掉所有潜在危险！所以，在给宝宝日用产品做商业文案时，不仅要从产品特征本身去介绍，更要关注它给宝宝带来的安全和安心照顾。只有这样，你写出来的文案才能走进妈妈们的内心。

写银发跛脚的留守老人，你就要成为他们的老伴，甚至去做老奶奶的拐杖。你可能不知道如何扮演一位老人家。没关系，你先设定你现在的身份就是一位留守老人，先让自己进入人物身份，然后关于老人家的种种细节，就会自动涌入你的形象感知脑。

你像老人家一样，佝偻着身子，拖着鞋底任它在地上擦过地面，一步步向前挪步。因腿脚不方便，你一上午的活动轨迹，就是院子里那一圈，提着竹凳子从一处阳光挪向了另一处阳光下。冬天的太阳打在手上褶皱的纹路里，你来回用左手捏着右手，又用右手捏着左手……时间走得比太阳的脚步还慢。

唯一能让老人"腾"的一声站起来的生活大事儿，大概只有屋里的手机响声。当电话铃一响，老人知道那大概是远方孩子打来的电话，她怕走慢了一点，电话就断了……可以给这个生活画面，配一个标题，就叫它"追电话的人"吧。人们听说过《追风筝的人》，但一直忽略了身边每天在等电话和追电话的空巢老人。

这是我在描述影像写作法，成为老人影分身时当下就想到的一个创作构想。如果有品牌方愿意把它拍出来，可以联系我，我可以免版权费出让这个创意构想。比如，它可以直接用于监控器的品牌主张形象短片里。

文案创作者无法在空白 Word 文档里提炼出动人的情话。你的文案只能来自于你对当下项目的认知理解，来自于你对生活的观察和体验。当你试着跟沟通对象真心地交流、认真对谈，倾听他们的内在诉求，与他们重新建立联系，你的大脑里就有了想对他们说的真心话。把它们敲击到 Word 文档里，就成了一篇商业文案的初稿。

在落地创作时，我习惯使用一条非常规的创作经验——伸出情绪触角，关闭逻辑脑，在大脑中构建出一个用户群体的日常生活画面，建立起与写作对象和用户之间的情感联系。

我在内容创作上，离不开情绪触角滋养出来的这份鲜活的"情感联系"，和因它而起的一份非理性的"表达冲动"。我的每一次提笔写作，都在调用影像写作法，用它为自己营造一种情绪氛围，让自己步入一个特定的现场环境中，在具体的沟通现场，让自己对当下这一写作对象的内在触动溢满而出。我会紧紧抓住这份感动，再以文字快速去描摹和记录这份真实的情感。这份真实的情感化为文字后，就成了落在纸面上的文案。

接下来，我会引导你把这一章学到的全部影像写作法知识点联结起来，亲自上手来做一场影像写作的实战训练。用到做到才代表你真正学到了。准备好了吗，下一章见！我发现这已经不是在写书稿了，而是对外开源塘主向品牌客户收费上万元时所用到的那套文案创作系统。

影像写作法

第 24 章

穿心文案，串连明暗主线
给用户播放一部电影

我总会跟身边的"总监文案脑"课程学员说，不要把文案写作看成一件多么神秘的事。甚至在提笔时，你要把"创作"二字从大脑里抹去。"创作"一词会给你一份从 0 到 1 地制作创造性内容输出的心理暗示。这样就无形中增加了很大的创作压力。

记住你不是在"创作"，你只是在忠实地表达自己内在的思考、感受，你只是在如实地记录你文案脑里的画面和场景。只不过，这个场景是由你事前用影像写作法亲自在大脑里搭建出来的。这些影像画面，也不是由你凭空想象出来的。它们来于生活和经历在你大脑里投射的认知印象，以数据形式留存在你的大脑里。等你需要使用的时候，再从你的文案脑数据库里调取出来。

创作文案，这样描述内容产出的过程不够准确。比较精准的说法，是在文案脑里调取画面、搭建场景，然后以文字直观地记录场景中的人物和事件。

文案脑生成的过程就是这么简单——先有策略想法、后有影像和画面，最后再用文字记录它。通过刻意练习，人人都可以使用这条路径大大提升自己的日常创作效率。

虽然只要一两句话就能说清楚整个文案生成的要点和过程。但是，从知道到掌握和做到，这中间还有很长的路要走。所以，在你正式上手练习前，塘主还会给你一些特别的引导。当你不知道从哪里着手时，不妨先试着走进以下两个沟通现场，以此开始你的影像写作实战训练吧！

1. 走进两个沟通现场

现在，你先按我的引导，想象一下以自己的身体为中轴线，试着把你眼前的世界分为左右两个世界、两个沟通现场。左边是价值创造现场，右边是价值落地现场。

左手边的世界，是你的传播对象正在被加工生产时的创造现场。这个传播对象可以是任何内容、产品、理念。在你右手边的世界，是这个对象与它的用户第一次亲切接触、首次相遇时的用户使用现场。这是两个不相通的世界，两边的人各有自己的立场。而你是穿行在这两个世界中的使者，你在为这两个世界的人找到一条传播的管道，搭建起沟通的桥梁。

为什么要使用影像写作法进入这两个世界才能动笔写文案？原因很简单，你要用文案传达的很多细节，你想描述的产品解决方案带给用户的真实结果都会以动态影像的方式，存放在这两个世界里。在提笔写作前，你在做的事情，无非是回到沟通现场，去捡拾起这些影像素材，然后把它们打包、组装好，从管道里让左右两个世界的人多了一份相互理解的可能性。

我来以一个实际案例做说明。一个客户在经营一个创业项目，他的产品是一款面向年轻群体的茶。他的本意和初衷是做一款高品质的茶。好了，这就是本项目的原始信息。当你手里只拿到这些信息，你可以展示文案策略思考吗？

可能有人会说，项目介绍、产品形式、项目预算都没有，怎么向下推进思考？

是的，无论你是否习惯，这就是很多商业文案的原生常态。除了那种国内外一线的品牌客户，他们常年跟创意合作伙伴打交道，已经形成了相对专业化的对接流程，其他大多数的传播项目，都是基于一些口头上的洽谈和交接。绝大多数商业文案都不是命题作文，没有人给你传来书面的项目工作单。对方可能是语音、文字或者面对面地与你在沟通。但是，此时，你的文案脑应该自动运转起来，凭你的思绪在左手边的价值创造现场和右手边的价值落地现场这两个世界里闪电般地来回横跳、穿行。

只有让你的思考走进这两个沟通现场，你才知道自己缺少的是哪些信息。记录一下我的总监文案脑瞬时的思考进程。面向年轻群体的高品质的茶？年轻群体中谁在喝茶？在什么环境下喝茶？其实在心底问这个问题时，我已做好准备要走进用户使用这款茶的场景，去找到用户跟这款产品相遇时的生活影像画面。

我自己是年轻人，所以我很容易走近遇到的典型人物，去观察一个年轻人泡茶的整个状态。因为泡茶需要地方放置茶杯、茶包，这个地方是年轻人长时间逗留的地点，且随时能有热水供应……出于直觉认知，我判定本案要沟通的年轻人喝茶场景，发生在办公室的格子间里。换句话说，面向年轻人的茶，其实就是给格子间的办公白领提供的一款好茶。想到这里，我已经向目标用户走近了一步。

接下来，我在大脑里以第一人称观察视角，构建一个格子间的打工人忙里偷闲的泡茶画面，我就是场景里的主角。当我走进一个具象的用户场景里，我看到正在陷入项目困局中的"自己"。

时间来到下午，明天就要提交给客户的重要提案像一块大石头一样堵在心头。方案中有一个关键节点一直推进不顺，导致"我"一下午都心烦意乱、口干舌燥。"我"索性关掉电脑屏幕，下意识地拿起水杯、拿出一袋小茶包，向公司茶水间走去。工位到茶水间的这段距离很短，但泡茶这段时间允许"我"的大脑跟工作临时切断连线，算得上是一段难得的抽身暂停时间。（我的大脑又在使用影像写作法了。）

盯着杯中的茶叶在热水的浸泡下，一片接着一片地从漂浮到沉底，莫名觉得内心也安定了下来。10多分钟过去了，茶温降了不少，提起杯子准备浅啜一口今年的新茶，一股早春的清香比茶汤先一步沁入心脾，顿时觉得昏沉的大脑也清醒了不少。小饮一口，全身上下消沉的细胞像是被这份清香唤活。茶杯捧在手里，好像给身体充了一次电，蓄满能量后又能投入项目的烧脑战斗中……

上面就是我从"一款面向年轻人的茶"这条信息中，以影像写作法初步筛选出了这款产品的核心用户。我走入年轻人喝茶的现场，成为那个泡茶的人，观察他的一举一动，感受一袋新茶给他带来的片刻轻松。当我们能成为用户本人，走进他与产品首次握手的场景，想象他拆开包装时的惊喜……一个个清晰的画面拼凑在一起，会引导你得出对本项目的进一步认知。

接着，再以同样的方式试着走进这款茶的创造现场。我当时一直在想，这款茶的"品质感"到底最终会体现在什么地方？凭什么说它是一款"高品质"的茶？从哪能得到这一结论？是怎样的茶园环境、生产工序、传统手艺成就了这款茶的"高品质"？用户能区分出它的"高品质"和其他同行主张的品质差异吗？

开始的时候，我们对这些生产细节都一无所知，大脑中一连串的问题把我的思绪带到了这款茶的生产现场。我跟随客户的描述，爬上了山坡，走进了茶园。我在大脑里回溯一片茶叶的生长、采摘、加工、烘制全过程。说实话，从外在资源来说，这些场景跟其他茶厂并没有什么区别。这片山林的雨露并没有给谁家茶园特殊的照顾。他家的炒茶师傅也不比其他师傅有更传奇的做茶故事。

那么，何以成就一款年轻茶的"高品质"？我在上面两个现场里找到了答案！这背后的思考细节，还请接着往下看。

2. 感知行为的内在动机

走进产品创造和用户使用这两个现场，这件事没有多大难度。本质上，它就是一个角色扮演的过程。具体方法和提醒，已经写在上一章内容中。而接下来的第二步，就值得你认真对待了。它是成熟文案人跟文案新人在思考深度上体现出来的重大分水岭。

简单来说，成熟的文案总监会透过沟通现场的人物动作、状态，去挖掘和感知这个人的内在动机。

我们接着拿办公室泡茶的这个年轻人来做个案分析。下午困顿、项目受阻、心烦意乱，他在这个时候拿出茶包，走向茶水间……这一连串的动作，是一系列的自我保护动作。当事人离开工位，切断了身体与工作电脑的联结，给不断滋生的内在烦恼喊了一个暂停。泡茶这个行为可以切换为泡杯咖啡、去休息间静静。他们喝的不是茶，而是一段放松的时间。在整个行动中，离开工位，不想持续承受工作受阻带来的高压，是他的内在动机。而茶只是一个工具，一个让他可以掩饰内心慌乱的工具。

所以，我们不妨大胆去推测出一个结论，这个年轻群体并不是产品品质敏感型用户。他们不像资深茶友，能品出茶的不同层次。甚至说，在心事重重的当下，他们根本就喝不出茶的味道。

有了这些认知后，怎么去包装这款茶？很简单，还是使用影像思考方式。当你真的成为场景中的那位身在格子间里的饮茶人，打开茶包时，你希望看到是什么样的茶包？这个是可以确定的。

代入自己真实的感受，我会希望看到"可对话、可互动"的随机茶包。每袋茶包上都有一句入心的话，给我加油打气、增添能量，让我释放情绪。它是我的能量包，更是我的秘密锦囊。所以，在这款产品里，我理解的"高品质茶"在于精神上的同频共振，在于真正地照顾了目标用户的内心需要。

接下来，你要学会使用明暗两条线，把脑中的影像素材串连起来，先在自己的大脑里播放一场经过你筛选出的影像短片。你看到了影像画面，用文字记录下来，就成了一句或一段商业文案。

3. 用明暗两线串连素材

当思考梳理到这个阶段，你已经在大脑里构建了一个总监沟通模型，并且使用影像写作法抽离出关键的场景画面之后，你就可以试着提笔去写文案了。

　　写文案的过程，是对已有思路和现有素材的组织梳理。它是从 90 到 100 的过程，而不是从 0 到 1 的创作。什么意思？简单来说，动笔之前你已经把一则文案对谁说、说什么、怎么说这几大问题都梳理到 90 分了，剩下的 10 分就是用文字把它们记录下来。这是先胜后战的加工过程。所以，在这一步你要刻意练习的是素材的组织能力。

　　把现有的素材以明暗两条线呈现出来。明线是你呈现给用户看到的关键画面、核心场景；暗线是你想传递给用户的情绪价值和立场引导。这两条线共同构成了用户对这次传播的整体感知。

　　比如，我们继续以上述那款年轻人的茶为探索对象，去组织一场人和茶的内在对话。人和茶之间，能找到相通点吗？书稿写到这里，好像应该补充一点文案说明。我临时花了 8 分钟时间组织了一段文案。

拔尖

或许外人会好奇

你为什么拼了命地向上生长？

明明已经出了 100 分力，还是要再多挤出 10 分来！

但是我懂，这是你拔尖的代价

很多时候，你都不知道那份心力来自哪

可能是因为习惯吧

习惯从一出生就站在挑尖的位置上

我不觉得你是在争风头

每个人都自带一颗拔尖的心

别人停下来，你还在向上

前排的位置，只会留给坚持生长的人

拔尖不是一个身份，是一个习惯

正是因为这个习惯，让你一直走到今天

与其给别人送上掌声

你更习惯被捧在手掌心！

×××（品牌名），用拔尖的茶

致敬一再拔尖的你

可能有人会问："这组文案很像品牌广告片文案。很多中小客户根本没有能力也没有制作预算把它拍成短片呈现出来吧？这样的选题会不会不落地？"我先给你竖个大拇指，说明你真正在联系商业思考文案。我知道处于起步期的客户根本没能力把它拍出来，但可以换一个使用场景——把它印刷出来，放在包裹里，就成了一封寄给用户的告白情书。

当用户打开网购的这款茶，拆开包裹，先看到的是一个信封。拆开后，里面是一段来自茶社小老板的签名落款和深情告白。这样，这款茶就比其他的茶多了一份人情味，多了一份惊喜。

再回来说这段文案，这段文案以品牌的身份和口吻入题。这个"你"字，是指那一片片向上拔尖生长的新叶，也指一个个拔尖生长的年轻用户。为什么我一下子想到了"拔尖"这一主题？

因为我在思考时，进入了一款高品质茶的生产过程。我的感知力从一株株茶树，来到采茶的过程。有一个关键的画面出现在我眼前——辛苦的茶农们顶着遮阳帽站在茶树前，双眼如炬地扫着每一条细长的枝头。为了符合品控要求，茶农们精心采摘了每一根枝条上新长出来的新茶嫩叶……这不就是挑尖和拔尖的过程么！拔尖就成了一款高品质好茶的第一道工序。

我又联想到只有嫩叶才有机会被采摘下来，经过制茶师傅们的炒制后，被装进一个精心设计的盒子里，最终被人捧在掌心。茶的一生是这样，人的一生又何尝不是这样？只有那些把拔尖当作习惯的人，只有那些坚持向上冲、坚定向上生长的人，才有更大的机会出现在大舞台上，成为团队的骨干担当。

在这段文案里，明线就是文字里描述的那一个个肉眼可见的茶叶和人的生长场景；坚持向上生长、坚持拔尖，并以此为习惯的品质，就成了这段文案的情感暗线。明线画面让用户觉得这些场景与自己有关，暗线主张让用户觉得这个品牌是懂自己的，是跟自己相同立场、相同阵营的人。

明线给用户放了一场电影短片，暗线把用户的心留下来。明线用来选人，暗线用来收心。只要用户拆开包裹，看完明暗线写成的一份问候情书，他心里就多了一份坚持拔尖的茶。

以上展示在你面前的是一份从 0 到 1 的思考演示过程。它完全可以移植和复制到其他案例上。整个过程，我的文案脑自觉地调用了前面提到的用户筛选、身心脑参与、成心之见、启动效应、购买逻辑、影像写作法……绝不能说是哪一个单独的方法起到了重要的推动作用，而是当大脑思考到这一阶段时，与之相关的全套认知方法论就自觉地跳出来了，引导自己的思考继续向前。如何把在前面学到的所有内容组装起来？这就是下一篇要重点揭秘的核心内容了！

第7篇

系统组装

正式搭建文案总监的
创作模型

系统组装

第 25 章

"冰镐登顶思考术"，
拥有总监直击问题本质的
精准思考力

很多跟我合作的客户，他们不是从我最终提交的文案里认识到我的专业品牌文案力，而是从项目前期的咨询里就直接表达出了对我的营销专业度的认可和感叹。因为我有一套直击商业问题的精准思考术。

往往对方刚描述完工作内容，我就给出了金针点穴一般精准、细致的回应。这些得益于我搭建了一套文案总监创作模型。

文案人笔下的文字，完全出于他对这个项目的理解力和思考力。并且一个人只能在他的思考能力、认知水平所圈定的范围内创作。文案写作过程，是在呈现你自身的反应和认知能力，需要你竭尽所有，利用一切通用感官来体会和探索当下的这一商业问题。

对于一位创作者来说，文案结论本身并不可控，你能控制的只是这个文案结论的思考过程。你只能按你想写的写，按你认可的方式去创作，而做不到采用任何一个人强加于你大脑的思考方式。

所以我会说，你的文案水平能不能取得快速有效的提升，不在于你从别人那里学会了什么神秘的招数，关键点在于你提升了整个文案脑对项目的反应力和思考力，这也是我写作这本书的意义所在。我不会说我能教会你什么，我给出的是一线文案总监对文案的实战认知，以及在具体项目中提炼出来的整套思考术。

现在，我将跟你分享一款我每天都在使用的"思考术"。它将是你的总监创作系统的重要组成部分。

1. 冰镐登顶思考术

在这个行业里，写文案比我厉害的人多如繁星，策略思考比我强的也大有人在！但是，我也有自身的绝对势能——高效精准的思考力。

面对同一个问题，别人一筹莫展时，我的文案脑已经如出膛子弹，直击目标了。别人还在分析项目时，我已经跑到前面，去验证自己文案脑里提出的解决方案了。天下武功，唯快不破！我身上比文案脑、策略脑更厉害的是，用文案脑解决商业问题的精准思考力。这是我对自己的认知。

我的大脑快速运转、快速提取方案、快速验证、快速执行……这背后，都有一个底层的快捷思考习惯，我叫它"冰镐登顶思考术"。

不要觉得这个概念很陌生而打起退堂鼓，其实它非常容易理解。思考商业问题时，我把自己当成登雪山的运动员。只不过，我攀登的是商业实战项目的险峰。

可能你我这辈子都不会去攀爬雪山，但是我们在电影或纪录片里多少看过了一些攀登雪山的画面。注意画面中的运动员在垂直攀登的过程中，他全身向上的力量来自哪个工具？

对，是他手里的冰镐！他把手里的冰镐砸进冰壁，钉死在一个地方，卡好向上的位置后，再抬脚蹬，用脚蹬手拉的方式，把自己的身体一步步向上送到高处。在这个过程中，手里的"冰镐"给了他向上攀登的支点，"脚蹬"保证他的身体不掉下去。

攀登雪山运动员的这一系列动作，正好对应了文案总监在商业问题上的攀登过程。我也是拿着手里的"冰镐"，卡住一个确定的位置后，然后再调取文案脑的"文案创作系统"和"文案脑数据库"去解决这个问题，把自己向上拉一步。

一位地产圈文案总监有一天发来一个视频案例，让我给他提一点意见，在内容呈现上把把关。

客户开了新楼盘，让他们出一套有格调的项目短视频，因为预算有限，就用素材剪辑，不用现场实拍。他描述的需求很简单，不想改变文案，只想在视频和节奏上做小修小改的调整。对他来说，动文案内容，就要动整个视频结构，相当于重新再写一稿了。

但是，我直接打乱了他的小算盘。看完短片后，我就把他提交来的作品思路推翻了，并且给出了具体的修改反馈。3 天后，他开心地跟我说，短片在客户那里一稿通过了。初稿片子是 25 秒，成稿是 48 秒。相当于整个片子完全重制，且长度拉伸一倍，节奏放缓一倍。

往下细写，又要说到总监文案脑的细化思考过程了。他的视频核心主题是"时间的礼物"。他想表达这个楼盘是花了时间雕刻的作品。整个短片就是那种非常流畅、节奏很快的商业片子，找来很多素材，泡咖啡、插花的素材短片，快速地做卡点和节奏的切换，很多细节都用心在做表达。

我看过一遍，只用几秒时间思考，就直接否定了作品的整体基调。为什么我会那么坚定？我是这样思考的：

这次项目的传播导向是"时间的礼物"，我认可这句文案，可以把它看作是本次攀登的雪山顶点。我在正式出发前，就死死钉住了这次思考的终点。怎么才能接近这个终点？我握起文案脑里的"冰镐"，在向上的路线上砸了一个洞——我问了自己，我收到过或者给他人创作过"时间的礼物吗"？什么样的东西，会被人们称为"时间的礼物"？

几年前，我设计过一款文案手抄本，而它恰好就成了我手里"冰镐"的第一个支点。巧合的是，当时我正好写下了"时间的礼物"这几个字作为手抄本的宣传主题。在设计和打磨细节时，我花了很长时间，所以就写下了一句话——"时间的礼物，一定会慢慢来"。

那些慢慢发生在你我面前，又特别美好的场景和画面，不就是"时间的礼物"吗？

然后，我的大脑里立马跳出了一串又一串的慢慢展开的画面。有一次在外旅行，住一个民宿酒店，早晨 5 点 40 多，我意外地睁开了眼睛，远处群山沉浸在一片绛黄中，太阳羞答答地从山峦背后探出一条金色弧线……看到眼前的景色，我立马从床上跳下来，下意识翻出手机，记录了这个难忘的瞬间。

抬眼看去，远山后面浮出一丝微光，我屏住呼吸、调整好相机焦距，等待见证眼前自然奇迹。才几秒，等我把视线从手机取景框里移到远山，那轮太阳已微微露头。在那个瞬间，我觉得自己是整个山城最幸福的人。我睁大了眼睛，害怕错过哪怕一秒的细节。我活了这么大，第一次完整地不经意间捕捉了一次《山峦日出图》。

我还联想起，小宝宝人生的第一步，从地上支撑起身体，向爸爸妈妈迈着步子走去。从妈妈的视角来看，这是一个宝宝人生里的第一步。那个画面、那个时刻一定像是慢镜头在爸爸妈妈的脑海中回放过无数次。那也是生活里又一个"因慢而美"的经典画面。

这些生活体验让我认定，要让人们感同身受地理解"时间的礼物"这个概念，短片的节奏需要慢下来。所以，我直接否定了他的快节奏短片表达，指引他慢下来去呈现"时间的礼物"。后面的思考和反馈过程暂略不表。

总监的创作无非是每一程都挥起思考的"冰镐"，在前行路上敲下一个个向上的支点，得到具体的结论后，又再向上敲出下一个思考支点。每次只向前推进一小步，每向前推进的这一步，都尽量做到有理可依、有据可查！

从中你可以看到，文案推导就是一步步接近项目终点的思考过程。在这个过程中，最重要的是你的文案脑对具体项目的认知、思考的反应。多加练习"冰镐登顶思考术"，让它化为你自然而然的思考习惯，这点非常重要。除此之外，你还需要一个庞大的文案数据库和一个稳定的文案创作系统。

2. 构建你的文案总监思考模型

别以为别人的文案脑有什么神奇的地方，文案总监做项目真的没有用到什么特殊的招数，他们只是在重复调用同一套文案工具。

拿我自己来说，不过每天都在重复使用同一套文案总监思考模型。这套模型由以下三部分组成。

- 总监文案脑创作系统
- 冰镐登顶思考术
- 总监文案脑数据库

模型中的前两个部分，都可以由别人由内而外灌输给你。比如，我在前面已经花了大量笔墨重点写总监文案脑创作系统的重要组成模块，你也在上面学到了"冰镐登顶思考术"的实操引导。

而第三部分，你的总监文案脑数据库，只能靠你自己亲力亲为去搭建。我也是在带过上千名不同认知深度的文案学员后，才深刻理解了总监文案脑数据库的重要性。

我把自己的文案脑训练路径设计成了一套认知闯关课程，以案例和私教反馈的方式交付给学员。起初，我想当然地以为才入行一两年的新人，他们的上升空间有无限大，这个群体会在课程里得到最大的成长和进步。然而我错了。新人往往学得很多，但用的很少。反而是那些在文案路上跌跌撞撞、摸爬滚打了 5~6 年，但心有不甘的文案老手们，一来就尝到了在实战应用中的甜头，既而下定决心跟着我一起升级自己的文案脑！为何看似上升空间更大的新人群体反而进步更慢呢？

经过长期观察，我得出了一个有效结论——文案脑里存储的有效数据库越大，越容易出结果。

道理很简单。文案写作的本质是我们的大脑对信息的存取过程。哪怕文案新人从课程、书本以及他人口中得到了大把的实战经验，但是因自身文案脑数据库储量不足，拿着这些实战指导也很难在自己空空如也的大脑里提取有效的信息和数据！所以，新人取得的成长远不如那些资深文案。

我们看过的内容、做过的案子、翻过的书、看过的电影、经历的生活片段，都可以沉淀下来，成为一条条有效数据。下次再做同类或相关案子时，大脑就会从数据库里自动把它们读取出来。

有人会说，我也看过了不少书，拆解过不少项目案例，读过不少文案经验文章，为什么我到了要用它们的时候，大脑还是空空如也？有可能是你数据库里的有效存储太少了吧！我跟你建造和存储这个数据库的方式略有不同。

我不是去记录这个案例，也不是记录作者的文案创作过程，甚至不是记录作品的内在逻辑……当我决心把一本书、一个案例、一个电影存在自己的文案脑里，我存储的是它带给我的感受和震撼。单单存储我被它点亮的那部分独特思考。我是去存了一条经我消化、理解、标记之后的案例和生活数据。我看过了，就拿我的整个创作系统与它产生关联，建立对应关系。我会用自己的方法论去标注它，给它打标记。我完全用自己的已有认知体系来内化这些外来的信息。它是我理解后的东西，它就归属于我自己的认知部分，自动永久地存放在文案脑里……

在具体工作中，一旦再遇到相关思考、相同情绪，这件创作任务就变成一个启动球，立马激活了之前标记过的有效感受数据！

我在每个商业项目上都在调用总监文案脑创作系统，每次思考时都在使用"冰镐登顶思考术"。它们已经内化成了我自然而然的本能习惯，当我想认真对待它时，我的文案脑已经在启动了。

而每次思考时，我的"总监文案脑数据库"里都自动浮出相关的生活影像、生活感受和认知碎片。正是这套总监文案思考模型的三大要素叠加在一起，让我的文案脑能对一个个项目产生高于常人的即时反应。当别人还在解读项目时，我已经找准了向上攀登的推进路径！当然，你的文案总监思考模型还缺一大认知板块。下一章，我将带你认真拼上这块"总监文案脑创作系统"！

第 26 章

4A 文案总监创作流程指南，
一条经久不衰的创作路线

　　如果把整本书比作一个关于升级文案脑的大楼，每一章都是一面承重墙，那么这一章就是屋顶大梁。你一定要打起十二分的精神来阅读和内化这一章，你即将完成自己文案脑大楼的上梁封顶。

　　在文案成长路上，你是否也像我一样，曾经无数遍问过自己或别人一个相同的问题："文案怎么写"？现在，我可以告诉你这个关于提笔写作的核心秘密了，只有一个接近本质的答案——文案写作的秘密是，要看到你想写的，要写你想看到的！你想怎么写就怎么写。

　　以前看到这个答案，我可能会气得跳脚，估计会觉得对方是在敷衍我，甚至会心生不悦，然后在心底把对方拉入黑名单。现在，我会觉得他用最平实的语言道出了文案创作的本质——写文案就是把你思考和感知的结果写出来，事情就是这么简单。简单来说，可不就是你想怎么写就怎么写嘛，并且你也只能写出你自己看到的、联想到的、思考的和感受的结果。

　　换句话说，想成为一个优秀的文案，最需要投入的努力是不断去升级自己的文案脑，建构你自己的文案总监创作模型，强化自己的认知水准和精准的思考术。上一章，我已经提到一个牢固的文案总监创作模型，可以包括以下三大板块内容。

- 总监文案脑创作系统
- 冰镐登顶思考术
- 总监文案脑数据库

　　我们已经拆解完了其中的第二、第三部分。接下来，我将带你条分缕析地去拆解总监文案脑创作系统。

1. 总监文案脑创作系统

人人都有机会成为文案总监，你也一样。这并不是一句恭维的话。只要在一家公司稳定地待下来，等那些能力比你强、心气比你高的人跳到更高、更大的平台，公司又有源源不断的新人入职，需要人带着做项目时，你渐渐就成了公司依靠的中坚力量。

如果你像上面说的一样，莫名其妙地熬成了部门组长，那迎接你的大概率是焦头烂额的创作日常。你知道自己心里是虚的。在给自己梳理项目方向时，已经耗去了你大部分心力，哪还有余力去给团队新人做出创作方向的规划和提出精细的修改意见？甚至你明知道他的思路不符合项目要求，但你常常一时语塞，很难组织起清晰的语言让他也明白你想要传达的思考点。根本原因就在于你还没有建成属于自己的那套总监文案脑创作系统。

总监文案脑创作系统，就是一间装载在你大脑深处，以你的身心脑为地基，具备完整的创作工序，可以随时被启动的超级内容创作工厂。

启动这个超级内容创作工厂，我加工出来的内容，可以是一条商业文案、一本书、一套课程、一次企业培训、一次商业咨询、一期品牌顾问服务……甚至我在给孩子做家庭教育引导时，跟我在给品牌客户做内容服务用到的，都是同一套文案脑创作系统。

说到这里，可能有人比较关心一个问题是，如何从0到1建立、建成这个超级内容创作工厂？那么，我就来说三点实际的建议。

第一点，请给你的总监文案脑创作系统留足一个生长的过程和空间，这点非常重要。 你无法让一粒刚埋进土里的种子立马开出花来，也无法让一个刚出生的孩子立马给你背完一篇《滕王阁序》。很多真实的工厂在立业之初，不过是夫妻二人制的小作坊，后来才渐渐成长为家族式企业。甚至你不妨放下从0到1这种突变式的念想。哪怕你今天只看了一页书，只记下一条概念知识，你今天也为你的总监创作系统积累了一条全新的认知。如果你想建立一个受用终身的创作系统，不妨试试这种从 0 到 0.1、0.2 的渐变式成长。

第二点，不要等到准备好了才正式启用你的创作系统，永远不要害怕自己的这间内容创作工厂还很简陋，而不敢对外开张经营。 哪怕你现在还是待业状态，你也可以从今天起就打磨自己的文案脑创作系统。你要做的就是为自己这款产品量身定制一份产品说明书，也就是你的简历，把自己推向市场。你不需要等到所有认知、经验、思考装备都准备充分，所有条件都落地到位后才去考虑生产和加工的事。只有你的内容生产线率先跑起来，你才有实战机会，否则你所有的构思都是在空想。

第三点，不要放弃自己的认知岛礁，这是更重要的一条原则。 我真的见过很多在文案路上迷路的人，他们常常说自己不是中文专业、新闻传播行业的，没有接受过系统的市场营销训练，所以觉得自己没有底气做出好内容、好文案。这种想法完全把自己的专业背景和认知岛礁丢在了一边，而想在他人领地寻找一个救生圈。

总监文案脑创作系统最依赖的不是外在的内容生产工序，而是你身心脑对内容的感知和反应。你用身心脑体验过、标记过的行为、感受和思考的结果，都会成为你创作时便于调用的素材。你过往的职业经历、求学背景、生活环境、身心脑的积累都是自己出发的地基和起点。哪怕是向外学习扩充自己的认知面，构建你的总监文案脑创作系统，也需要在现有的认知岛礁上填海造陆！

说完总监文案脑创作系统，就可以走进大脑里的这座超级内容工厂，看看总监们如何一步步生产加工出一件件优秀的"内容件"。

2.4A 文案总监创作流程指南

总监文案脑创作系统就是大脑里的一座超级内容工厂。作为这座工厂唯一的掌控人，你一定希望整条内容创作生产线可以平稳、有序地完成当天的创作生产任务，而这需要一条规范的自动化创作流程工序。

我很强调这种创作中的自动化和本能的直觉反应，是指不用你参与下达思考指令，你的大脑已经按照一定的规范化的工序自觉启动了创作思考流程。就像你驾驶汽车来到一个弯道，你会下意识鸣笛并降低车速、缓慢过弯。这是一套不用刻意思考就会自发生成的下意识动作。

文案创作过程中，也存在这样一套标准化的操作流程，我称它为"4A 文案总监创作流程"。这套创作流程已存在上百年，行业历代前辈们都在使用它。

简单来说，把总监创作系统看作一个超级工厂，那整个厂区就必须包括下图所示的这五大生产创作车间。无论大中型团队的集体项目，还是个人推进的小型项目，都可以用它来做流程管控。只要你尽量把你已有的认知和经验分别填装到这五大创作车间里，对你来说文案写作就变成了一条路径清晰的作业流水线。

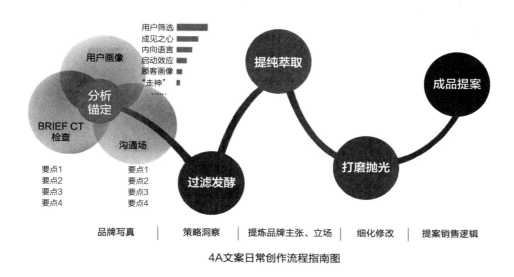

4A 文案日常创作流程指南图

（1）第1车间：分析锚定车间

在实战当中，你会遇到不同行业、不同风格的客户，他们传来的信息形式和创作要求千差万别。我们当然不能陷入客户的口头信息和文本里，不能听命于客户的指令来准备一场创作。

拿到一个创作任务，什么都不用想，直接把项目信息送到第一个车间，重点做好品牌和项目信息写真。客户沟通文本被送到第1生产车间，我们要做好客户项目整体分析和信息粗选。比如去梳理客户动机、用户筛选、顾客画像、沟通场选择……而且很多认知工具我已经在前面的章节里种植到你的文案脑中。如果你对那些知识点已经记忆模糊，不妨再翻开前面的内容，试着把它们归类到不同的创作生产车间里。

（2）第2车间：过滤发酵车间

理论上来说，任何创作都有无限种实现的可能。但是，落在实际的商业创作中，我们往往只会去寻找商业回报最优解。

来到第2生产车间，就是要为这次创作思考、提炼出一个可靠的策略大方向，让这次投入尽量获得最大化的回报。在说服客户和用户之前，需要给足理由先说动自己，为什么需要从这个角度去思考，你背后的思考支撑和内在逻辑是什么？

在思考策略洞察的时候，前面章节提到的成见之心、购买逻辑、立场共识、影像写作法、走进沟通现场，这些思考工具和提醒都能很好地帮助你去拉近与用户距离，去感受他们的真实的心理需要。

（3）第3车间：提纯萃取车间

在上一个思考车间，你提出了可靠的创作策略大方向。但是，它还是处于思考和认知阶段。接下来，需要把你脑中的想法清清楚楚地提炼成一句大白话。

这句大白话不需要任何修饰和装扮，它就是一个方向性的描述和表达，记录你接下来要往哪个方向上发力就好。

近期，有一个读者发来一段求助："塘主你好，我有个文案问题想要咨询一下，希望塘主能给我一些想法或建议。我们是做高中教育的，妇女节就要到了，要结合我们品牌出个文案。现在一点想法也没有。总感觉不知道怎么跟教育去结合！"

看到她的问题，我瞬间想到了当下的教育环境，孩子的学习是一家人在投入。而每一位妈妈都是孩子们最亲密无间的战友。今年 3 月 8 日妇女节，把宣传的镜头对准妈妈们，是教育从业者与妈妈们的一次亲密接触。于是，我直接回复了一句大白话："去致敬每个孩子背后站着的妈妈。"

文案脑思考到这一阶段，已经走过了 80% 的文案创作任务。剩下的阶段，不需要太多理性的思考，我称它为体力活阶段。

（4）第 4 间：打磨抛光车间

来到文案生产的第 4 个车间，你已经完成了创作中大部分的理性思考部分。接下来，需要考验你的文案语感，以及情绪文案脑的开发程度了。而不同文案人笔下的作品质量，在这个阶段表现出了极大的差距。

究其原因，不是能力达不到，而是认知达不到。人们只能生产出自己认知范围以内的作品。如果一个人的文案大脑里，没有装载对于好文案的认知，他也很难给手边作品完成打磨抛光的润色创作。

想要成一个合格的文案人，一定缺不了"炼字"的过程。什么叫"炼字"？就是为了精准表达一种内在的情绪或思考，你可能会挑选出十几种、甚至几十种表达方式的文字练习过程。对作品打磨抛光的能力来于课外工夫。只有你在工作之外做过大量的刻意练习和好文案的阅读积累，在提笔创作时才会稍显轻松。而这些训练引导，我在前面的影像写作法篇章部分都有提及。

文字人的"炼字"场合无处不在，且必须融入你每天的沟通习惯中。你不可能一下子成为一个文案高手，但每天坚持不断、乐在其中的"炼字"过程，就是你通向高手的必经阶梯。

（5）第5间：成品提案车间

很多人在作品提案过程中，都犯了一个相同的错误——大多数人的提案是在包装和售卖作品本身。

在提案时，很多人把大量的时间和笔墨花费在文案作品产出的推导过程，以及对作品的细化讲解中。人们一门心思地想向客户证明自己的创作逻辑的严谨，以及整个传播逻辑的自洽程度。而这正是错误所在！

当你把大量的时间用来包装方案作品的思考和由来，无非是在向客户极力证明，它值得掏钱买单。但是，这样的提案忽略了一个重要的事实——客户根本不关心眼前的这件作品，他们想看到的是这件作品可能给他的业务和生意带来的落地价值。

价值的重点在于，它可以直观地被客户和用户看到、感知。在这个阶段，不要卖作品，而是卖作品带来的价值。所以，在成品提案车间对作品的包装，重点应该放在创作思考阶段锁定的具体市场问题、找到了什么机会点，以及这个方案产出的可预期的收益。

把焦点放在客户即将得到的收益上，这样的提案调整，让客户看到作品可以给他带来的价值回报。而且你要永远相信客户对于市场的敏感程度。他看到能够产生落地价值的作品方案，恨不得立马就把它投向市场。

以上就是我想在你大脑里种下的总监文案脑创作系统。它更像是一个由你亲手引进的一条条先进内容生产线组合而成的超级创作工厂。

我的大脑里就装着这样一座工厂，并且每天做项目思考时，我都有很多机会启动整条生产线。时间长了，次数多了，整本书里提到的认知，早已内化成了我自动调用的创作工序。

我们不是用两三套文案写作模型来服务商业客户或者跟别人竞争，我们是用整个文案脑、整个总监文案创作系统来推动整个项目。我们的总监创作系统还会随着实战和项目而升级，而你就是自己的方法论。

系统组装

第 27 章

坚持文案人的职业信仰，
履行文案人的终极使命

在本书结尾，我想跟你谈一件比文案写作本身重要百倍千倍的事——是什么支撑着你一直在做文案上的探索？坚持文案这件事值得吗？

我并不会因为自己靠着文字成功上岸，就回过头对后入行的你大肆渲染地说，文案写作可以给你带去种种可能。不！恰恰相反，我会直白地告诉你，文案写作这条路并不好走，而且直接回报也算不上丰厚。写文字是孤身一人的战斗。一路走来，我曾长期徘徊于弯路，陷入险滩。我算是少数比较幸运的人。我能靠文案上岸，多少有些个人的执拗被眷顾的成分。

当我们面对"坚持文案是否值得"，当你我放下对文字的热爱、放下对职业选择的偏心，认真来思考和对待这个问题时，其实是在追问自己一个非常核心又简单的问题，我能从文字里得到什么？

我不会做一些宏大的讲述。我只是带着感恩的心，把文字给予我的能量传递出来。那些曾经拯救过我的认知和力量，或者也能让你从内生出确定感。

1. 文案人的前途在哪里

不可否认，身为文案人，我们走到了一个人心飘摇的年代。你我这类以文字为生的人，更需要找到那颗内在的定风珠。

当下，人人可以开设自己的新媒体账号，一位不识字的老太太也可以拥有自己的发声平台，获得百万粉丝关注。人们打开摄像头，就可以通过手机把自己的声音和形象推送给千里之外的订阅者。短视频和直播形式的出现，极大挤压了人们阅读图文内容的时间。不仅如此，人工智能对人类语义学习能力的推进速度，大大超越了我们原本的想象力。一个经过训练的人工智能语言模型，他的文案输出能力已能够胜任大多数普通文案人在做的日常工作。

那么，对我们这群坚持打磨文字的"创作守艺人"来说，这些年过去了，为什么还在坚持写文案？在天天经常加班，在没有加班工资，在被客户要求反复修改，在被视频创作者挤压空间的当下，是什么支撑着你留在文案圈，继续沉下心来写文案？

我拿不到你心里真实的想法，我就把我自己脑中的答案原原本本地写给你看。在写我找到的答案前，我给你介绍两位给我留言和咨询的读者吧。他们二人分别代表了刚入门的文案新人，以及早已步入资深人士行列的老手。他们内心对这个问题各有答案。

第一位留言者，一个工作了几年，但刚刚入门的文案人给我留言，大概写了1000多字，详细吐露了她的挣扎和迷茫。她是一位电商文案人，没有经过严格系统的文案训练。主要的提升方式，就是去模仿圈内做得更好的店铺，去学习别人的写作方式。按她的原话说，她只是公司运营总监手里一支听话的笔，只能配合总监写一些他要的东西。在岗位上，她找不到一丝丝文案人的存在感。她问我："塘主，做文案真的有出路吗？如果有，那条出路是什么？"

第二位留言者，是大家眼里那种"别人家"的文案人。他有漂亮的履历，进过国际4A公司，待过国内顶尖的创意热店，服务过国内一线品牌和互联网公司的大客户，手上有一把拿得出手的案例。但是，他跟我说："塘主，在商业文案这条路上，我产生了心理和生理上的厌恶感，认为自己的产出毫无价值。和其他总监平行比较，我似乎从根上动摇了职业道路的可行性。"

用他的原话说，他对周而复始的分析、提炼、包装、售卖的工作感到厌恶。厌恶的原因是，对纷繁复杂的消费产品主张、情感、产品感到厌恶。他认为大多数的消费主张过分填充了人们的生活，他不认可这件事的内在意义，因此质疑自己做不了营销工作了。

上面两位文案人，一个在能力上刚刚入行，但找不到文案人的存在感；

另一位同行，在商业文案这条路上走得够稳健了，但是无法自圆其说，找不到自己在文案路上坚持下去的理由和动力。

很多人都很关心商业文案这条路值得吗，它的出路和前途在哪里？说直白点，你要带上你笔下的文字去到哪里？或者反过来说，你笔下的文字会把你带去哪里？这关乎你心底的那份文案信仰！

2. 我的文案信仰

在这流量至上、变现为王的时代，大谈文案信仰，似乎显得不合时宜。管它呢，在有些人眼里，在短视频时代坚持用文字表达，这本身也是一件不合时宜的事。好在从始至终让我来劲的都是文字，而不是人们眼里的"时宜"。

有的人长期处于寻找使命和方向的状态，一旦认定了一个方向后，撞穿南墙也要向前走。我就是这样的人。我当然看得清媒介变化对于文字从业者的巨大、深刻的影响。但是，南墙还没撞穿呢，我怎么会舍得就此调转方向？不过，当我穿透了南墙，找到了文字能带我去到的远方，我更舍不得抛下我心中的文案信仰了。

"你要带上你的文字去到哪里？"我拿着这个问题问过很多总监和资深文案。他们大多数支支吾吾，答不上来。因为这是他们从没考虑过的问题！

对于大多数从业者来说，写好每天的稿子，成功交差，不用额外加班已经是万幸了。眼下的工作已经耗去了他们大部分的心血，他们从来没有抬头想过远方的路。读到这里，你不妨跟我做一个小互动，暂停一下往下扫描答案的视线，在大脑中回顾一下，你要把文字带去哪里？

5、4、3、2、1，好了。

可能你大脑里已经有了一个模糊的答案，可能它是赚取更多的钱、去更大的平台、操盘更大的项目，抑或是成为一个不依附于平台的自由文案人，成立自己的文案工作室、内容创业公司……

这些可能的答案，我都设想过，但随即又全都被我推翻了。它们只是我在文案路上前进的过程和脚印，它们无法构成我要带上文字去攀登的终点。

那么，对于我这样一位已经工作了 10 年的"文案新人"来说，是什么让我一直保持着对文案的这份如初的敬意和新鲜感？说来很简单，工作后的几年内，我渐渐找到了自己的文案要到的地方，看到了心中的文案信仰。是这份坚定的信仰带着我一路向前，然后我才有机会把自己在文案路上的系统思考整理好以后呈现在你眼前。

其实，只需两个字就能概括我心底的这份文案信仰——人心。

是的，我的文案要去的地方是人心。这是我坚持了多年的文案之道，也是我对文案最感恩的地方。因为人心就是我们这些没有资源、没有背景、才华和资历平平的普通人可以拿到的最大的财富。在商业世界中，最远的距离是人心与人心的距离。但是，文字可以帮助你我在人心与人心之间建构起一条直达的高速通道。

文字是定格的思想，是凝固的语言，是灵魂的印迹，是内心的回响……当我的文字对人真诚，我就能引来真诚的人心；当我的文字为价值负责到底，我就能召集到为价值付费的贵客；当我的文字传递善意，我就能接收到成片向我涌来的善意。文字是人心与人心之间最底层的连通器。通过它，一颗心能真实地触碰到一颗心，一个人能真实地感染到另一个人！

以文案在人心与人心之间构建起一条高效沟通的管道，让人心打开折叠的人心，这就是文字带我到的远方。看清了这些后，我瞬间变得坦然。我不再因媒介的变化而焦虑不安，因为人心是比流量更宝贵百倍、千倍的资源。而我的文案完全具备传递信息、沟通信念的能力，我的文案在任何时代都能推动我更好地走入人心。

人心是我的文案要到达的终点。真正懂得用好文案布局自己人生的人，从不会为钱发愁。因为，你创作出的有价值的精准内容，就是"注意力"和

"人心"收割机。同时拥有用户"注意力"和"人心"的个人或品牌，就等于占据了一处珍贵的"现金泉眼"。

当我认识到文字可以帮助我收集"人心"后，我的文案世界一下变得开阔起来。对文案这份工作的感情，也由最初的喜爱，慢慢转变为现在的真诚和感恩。对人、对事真诚，是走入"人心"的最短路径。同时，我更感恩这世界上有文案这样一份工作，允许我可以与文字为伍，它让我认真、深刻地记录生活里的每一个细节，同时能从客户那里拿到体面的写字回报。

带着这份由内而生的感恩，我定要把文案人的终极使命找回来，这是我跟文字签下的终身盟约。

3.总监文案脑的终极使命

从底层认知来说，我算得上是文案圈里的一个特例。当我觉醒后，我早就从当下的文案圈、广告圈的叙述体系里、从它的陈旧氛围里"叛逃"而出。我时刻想逃离的是整个广告圈给创意人营造出来的以"作品"为中心的工作氛围。

很多人入行后，就会迷失在各种刷屏的爆款作品中，我也不例外。有段时间，我也曾羡慕别的创意团队能够有足够的创作自由度、足够的发挥空间，可以执行天马行空的创意点子。但是，后来我变了。我开始不再喜欢"作品"一词，甚至从内心深处远离这种价值导向。

在我看来，一个合格、负责的创意人或创意团队，应该藏在广告作品背后，不显形、不露影。当人们看到一个广告案例时，关注的应该是具体品牌方又有了哪些与用户相关的市场动作，而不是引导注意力停留在广告代理商、创意总监团队产出的"作品"上。我们的创作要让品牌商发声，而不是让创意公司发光。

就像大卫·奥格威说的，"好的广告能够在卖出商品的同时，避免彰显自我的存在，它应该要让消费者的注意力牢牢钉在商品上。巧妙地隐藏操作手法，是广告公司应尽的专业责任。"

然而，市面上90%以上脱离产品或品牌的喧宾夺主式的传播作品，实际上就是一种变相欺诈。一些创意人嘴上说着"创意"，但满脑子都是"生意"。他们最擅长做的是，全力套取客户更多的广告预算，投入全部的热情在他们眼里的大创意（Big Idea）上，来为自己的团队产出一些不靠谱、不着调的"作品"，以此来招揽更多生意。这类创意团队拿着客户的钱，却专做为己营私的事，把自己活成了趴在客户大腿上的"吸血蚂蟥"！

显然，我的这类古典型的文案观点，跟业内主流倾向格格不入。不过，相比跟随大众脚步，我更喜欢听从内心声音。不论怎样，我不会忘记，自己加入广告传播行业的初衷，不是为了出"作品"。客户花钱请我来做品牌营销顾问，是要真实解决他的问题。我坚持把解决客户问题作为从业资本，而不把累计"好作品"当作从业目标。

你还记得我在前言中提到的那位品牌创始人吗？他请来自己能招到的最高配置的设计师团队，使用最好的食材原料加工生产……但是，尽管团队所有人都很努力，设计方向和画面一改再改，半年多过去了还是没有拿出一个让人满意的产品包装方案。

他的品牌名是"来意"。我看过他们的包装设计，画面非常精美、用心，一看就是出自高级设计师之手。我直接跟他说——你们并没有想清楚"来意"品牌是什么？你们没有在品牌这个层面，对"来意"赋予属于它的理解和认知。"来意"的使命和愿景是什么？"来意"来到用户面前它的自身"来意"是什么？

他们团队上上下下都把精力用来表达产品包装具体长什么样，而几乎没有去关注和回应这一新品牌要给用户留下什么样的认知印象。团队只是把产品包装做好看，把产品摄影图拍好看，拿出来了一副花架子，但是用户捧在手里，对这款产品是缺乏认知的。所以，回应"来意"是什么、"来意"的诞生为了什么，就是这个案子的核心大事。

经过思考我提出了一个构想——"来意，请你吃份好东西"。就像我们吃到好东西，总想分享给家人和好友。"来意"的初心理念，就像是对待亲友一样，把健康、美味的好素食产品介绍给用户。我还给他设计了一套裂变拓客机制，使用自发裂变模型，让用户参与新品的推广和免费试吃……

每每有人对文案创作的价值感到怀疑和产生动摇时，我都会想起这个客户的故事。我会说，文案人的每一笔都关乎着一个产品、一个品牌的成败和生死。文案人在做的事，是创造并塑造人们对一个产品、一个品牌的理解和认知，把一个有形和无形的新生对象植入用户大脑、送到用户心中，要在用户大脑里留下一份具体的认知、一种观念、一记共鸣。这样一想，你能掂量出笔下文字的分量了吗？

可能有人会说："塘主，你说的文案信仰太理想了，它需要很大的定力和能力做支撑。我怕是很难达到你的创作状态。"

我想说，这些不过是一种大道至简的选择。相较于挖空心思去钻营各种创作技巧、流量密码、追逐各种媒介变化，我更喜欢带上文案去往人心，落笔文案为客户的生意负责！

的确，我会为客户殚精竭虑地贡献出脑力和时间，为客户投入全部心力和经验、不遗余力地去回应他真正遇到的市场问题。你可能会说这种是过度付出，太无私了。其实你没看懂，无私才能成就最大的自私。

我在为客户做事的同时，又何尝不是拿着客户的钱，来低风险、低成本地提升自己在市场营销领域的实战本事？有人付费让我在实战当中参与实战运营，如果我敷衍了事、糊弄过去，我怎么验证自己的文案脑在市场上能不能获得真实的效果？

当我与客户一同到市场中成为并肩作战的盟友，当我在市场营销上的能力和经验能够真实地推动他的生意，当我在自己的专业领域里能够解决越来越复杂的问题，当我的认真、真诚和价值被更多人看见，当我的肩上担得起更多企业客户的生意责任，当我的文案帮助我收集了千百个客户和用户对我的偏心和信任，我自己一个人就是一个平台，我自己就活成了一个生生不息的商业体。

在结语处，我想对你说，你才是自己这辈子最重要的作品。文字从不会说谎，它一五一十地呈现了你内在的世界。你真诚，你的文字就真诚；你空虚，你的文字就浅薄；你迷惑，你的文字就会失去方向感。作品就是"人"的显化，你本人就是最重要的文案作品！

在你升级总监文案脑这条路上，一定是文字这条船载你上岸。而塘主的角色，只是总监文案脑和商业系统这一程的引渡人。无论身处什么阶段，请务必坚信文字，坚信文字值得。

先相信文字，再来验证塘主的观点。我们是用深入人心的好内容帮助客户推动生意落地！长谈未完，我还开发了一套总监文案脑的实战闯关引导，带你沿着总监做项目的全套流程，直接去应用你升级后的文案脑。

我是塘主，写文案的，已经写了10多年。我想邀你一起坚持文案的信仰。敲醒总监文案脑，下一程再相见！

撬开总监文案脑

实战卷
真落地

塘主 著

机械工业出版社
CHINA MACHINE PRESS

图书在版编目（CIP）数据

撬开总监文案脑. 实战卷／塘主著. -- 北京：机
械工业出版社，2024. 12. -- ISBN 978 - 7 - 111 - 76688 - 9

Ⅰ. F713. 812

中国国家版本馆 CIP 数据核字第 2024H06P42 号

机械工业出版社（北京市百万庄大街 22 号　邮政编码 100037）

策划编辑：曹雅君　　　　　责任编辑：曹雅君　蔡欣欣
责任校对：王荣庆　李　杉　　责任印制：单爱军
保定市中画美凯印刷有限公司印刷
2025 年 1 月第 1 版第 1 次印刷
170mm×242mm · 11. 25 印张 · 1 插页 · 155 千字
标准书号：ISBN 978 - 7 - 111 - 76688 - 9
定价：128. 00 元

电话服务　　　　　　　　　网络服务
客服电话：010 - 88361066　机　工　官　网：www.cmpbook.com
　　　　　010 - 88379833　机　工　官　博：weibo.com/cmp1952
　　　　　010 - 68326294　金　书　网：www.golden-book.com
封底无防伪标均为盗版　机工教育服务网：www.cmpedu.com

前　言

像玩游戏一样闯过 6 阶关卡，成功升级总监文案脑

你好，很高兴再次相遇。我是塘主，写文案的，已经写了 10 多年。

有一天，我收到一封很特别的来信。说它特别，是因为它让我产生了一份实在的灵感，引导我下定决心把总监文案脑的升级进程，开发设计成了游戏化的闯关模式。

我不喜欢看那些文案专业书里公式化的写作模型，所以，我坚决不把文案书写成我自己不会翻看的样子。是这封信让我更加意识到，文案人要回归到人与人之间真实的沟通和对话！我喜欢这种真人之间的对话和表达。

塘主，你好：

我是谷白，是一个入行快 5 年的文案迷路人。有些文案成长上的问题，除了跟你说，我找不到第 2 个倾诉对象了。

看完你的《撬开总监文案脑》书稿，真的相见恨晚。你是真正懂得也关心文案人处境的创作者。你写下的那些话，我来回翻看了好多遍，边看边总结。没有人知道像我一样身处黑暗、独自摸索，一次次寻求文案写作之道，一次次努力尝试，又一次次不得其法败下阵来的文案人，我所经历的煎熬和痛苦期到底有多漫长。漫长到我毕业后，把最宝贵的青春期都耗费在了死磕文字上，但收效甚微。

直到看到你的那本书稿，我发现了职业文案人训练的快速通道，眼前长久闪现了一束光——我可以循着塘主的引导，升级和训练我自己的总监文案脑。

可是，由于我根基不稳、从业资历不深，有些塘主费心写下的提醒，我应用起来还不得其法。能读到书中意，收获很大，可一到自己着手落地实战时，又不知道从何下手。可能是我现在水平不够，消化吸收了，一时又没办法独立把它们组装成一个立体的文案创作系统。塘主你已经给了一整本专属提醒，多到再向你求助、追问，我都觉得自己太过贪心。

感谢塘主给我开了一扇门，带我走进了一个全新的文案世界。升级自己的总监文案脑，我不知道这条路还要走多久，但我坚信这是我必做的专项投入。祝工作顺心，一切安好。

谷白

4 月 17 日

这封来信像一颗丢在我文案脑里的小石子，激起了层层涟漪。我大脑里有关总监文案脑的种种思绪，像渐渐荡开的波纹，越发清晰。我知道，这个时候最好的选择，就是提笔去记录大脑里的直接反应。于是，我给他写了第一封回信。

亲爱的谷白：

你在留言中提到的处境，我并不陌生。我接触的很多文案人，都有相似的经历。凭着对文字的一腔热情入行，没有接受过系统的文案训练，入行 4 ~ 5 年，长期处于独自摸索状态，内核不稳、成长缓慢，遇到为数不多的晋升机会总是被其他人抢走……

如你所言，在《撬开总监文案脑》里，我用文字把文案脑一一解剖出来呈现给大家。不过，我也猜到了不少人很难独立走完吸收、消化那套庞大的认知体系，更不用说独立自主训练总监文案脑。

你明明已经拿到了很多文案脑的认知零部件了，但是，因为少了必要的构造图纸，你没法把它们拼装到一起，成为一个整体的文案创作系统。现在我就来正式回应你来信中的这一棘手问题。

升级总监文案脑最重要的提醒

看完了《撬开总监文案脑》，你觉得自己获得了很大启发，但是不知道如何独立落地。知道问题出在哪里了吗？

根本原因是，你只是在围观塘主开放出来的全套文案脑书面知识，根本没有真正试着去装备和使用文案脑。

戚继光说，"既得艺，必试敌"。你学到一项专业的技艺，自然是不断上场实战，达到日益精进、收放自如的状态。

如果你只是把整本书的知识点摘录下来，这个过程中，你启动文案脑参与实战和思考了吗？没有。你不过是把这些知识点从书页上转移到了你的文档里。只有其中极小一部分内容被你理解、记忆、消化和吸收，而你连文案脑的启动键都没有按下。

谷白，为了回应你的来信，我现在就把塘主升级文案脑的核心训练要诀，正式开放给你。在你正式升级总监文案脑前，我很想你牢记这个提醒——升级过程中，重要的是提升你的文案脑对真实问题的参与度，让你的文案脑真正被启动、被调用、被训练。

升级实战文案脑，需要在你的大脑里完成建立认知、强化训练思考模型，启动大脑跟实际问题产生真实对撞，用上一阶段得到的真实反馈来验证和调整下一阶段的执行细节。看书绝不是重点，用书才是关键。你把《撬开总监文案脑》看 100 遍，都不如你自己上手用一遍。

升级总监文案脑的6大阶梯

你现在知道了升级训练文案脑，核心重点是在实战中引导大脑建立认知和训练模型。不要把这件事想得太复杂。其实，整个总监文案脑的训练过程，

V

很像一场大型的闯关游戏。

你参与升级训练文案脑这场闯关游戏，跟你小时候玩掌上游戏《超级玛丽》《坦克大战》没有本质上的区别——都是在训练你的大脑对每一个关卡障碍的即时反应。

把完成一个重要决策、创作一件重要的文案作品看作一场通关游戏，那么，这场文案脑实战升级游戏总共可以分为 6 大阶梯关卡。

第 1 关：文案准备期

第 2 关：文案观察期

第 3 关：文案取材期

第 4 关：文案酝酿期

第 5 关：文案开悟期

第 6 关：付诸笔端期

你之前不是很想知道如何训练和升级文案脑嘛，这 6 大关卡就是答案。我建议你把这 6 大阶梯关卡牢牢印刻在大脑里。你不要只是阅读这些文字，而要立马调用"文案脑"去跟这些文字建立联系和反馈。

现在就启动你的"文案脑"来思考一个问题，把文案脑升级的过程划分为 6 个关卡，它的依据是什么，这样划分的好处在哪里？你暂停往下阅读，先思考 2 分钟。

其实，聪明的你不难看出，我只是概括总结了文案脑在一个真实文案项目里的运算全流程，提炼出上述总监文案脑 6 大实战训练模块。这 6 大模块前后关联，共同组成了一个完整的思考链。

经过系统训练后，一旦遇到任何文案问题，你的文案脑都会自动进入这 6 大思考阶梯，一关一关地自动往下执行对应的思考任务。现在，我的文案脑已经练成了条件反射模式，每接到一份工作、一个问题需要我回应，我的文案脑都会自动启动，自觉调出第 1 关"文案准备期"对应的思考方案。整个文案脑的启动，完全是一种自发行动，不需要思考、不需要引导和说教，它就自动进入第 1 关，去执行对应的文案任务了。结束这一关后，文案脑接着进入下一关的运算。

谷白，我说的升级训练总监文案脑，就是沿着这 6 大阶梯关卡，沿着文案项目落地的全流程，去做文案脑运算的升级和优化。这 6 大阶梯关卡，就是升级文案脑的 6 大进程！

你可以把已经被反复验证过的文案实战经验封装进这 6 大阶梯关卡里。比如，你可以总结整理出在第 1 关文案准备期，需要做好哪几件重要大事，具体的执行要点有哪些？在接手一个全新项目时，你的文案脑自动来到第 1 关，是不是就可以直接调用"文案准备期"里已经装备的这些实战内容？

由此，你可以看出升级总监文案脑，本质上就是在做一存一取——向自己的文案脑里存入结构化的处理问题的关键模型，接着取出关键模型来分析具体问题。顺着 6 阶闯关指引，大量存、大量取，最短只需要 3 个月，你也能完成一次总监文案脑的升级换代。

有一个好消息可以跟你分享，如果你信得过塘主，我可以单独给你发一份邀请，邀你加入塘主秘密主持的这个"总监文案脑蝶变计划"！我打算采用游戏化的方式，把升级总监文案脑开发成一套 6 大阶梯的认知闯关游戏。

我想邀请一些深度从业者跟我一起见证总监文案脑 6 阶闯关游戏的开发全过程。我会把文案总监的核心工作流程和实战经验开源，公开分享我从行业前辈、引我入门的总监以及近 10 年的实战创作中提炼而出的文案脑成长路径。

我会用文字解密和透露每一关卡的闯关心得，把每一关的重点训练项目逐一介绍给参与者。你将按我的具体引导，去实战应用升级总监文案脑。你要做的就是，带上自己的文案脑进入每一段关卡，去认真玩起来、用起来。

不过，有一个参与条件，我需要你成为这场文案脑闯关游戏的真实玩家，跟我如实反馈在项目实战、落地过程的疑惑。最终，我会把你我之间引导、对话、闯关记录等材料，整理成一本专门写给品牌文案人的落地实战书，名字叫作《撬开总监文案脑（实战卷）》。

《撬开总监文案脑（认知卷）》《撬开总监文案脑（实战卷）》一定会成为改写文案人认知的案头营销读本。对此，我充满信心和期待。

塘主

4 月 18 日

如你所见，塘主主持的这个"总监文案脑蝶变计划"，最终真的开花结果了。你手里拿的这本书，就是整个计划的原样呈现。

书中收录了谷白在升级总监文案脑的路上，我对他做出的全程引导。如果你也需要装备文案总监创作系统，实战训练总监文案脑，希望你也能带着游戏闯关的心态翻开本书，来通关这场升级文案脑的 6 大阶梯关卡。

别人在碎片化学习文案写作技法时，你在训练自己文案脑的存取能力，升级整个文案脑对项目的反应能力。从今天起，带上文案脑真实上场、真实训练，真实地闯过 6 阶关卡，也许 100 天后，你会拥有一个与现在完全不同的全新总监文案脑！

如果你是资深文案人，书中内容会是你成为品牌总监的直达列车；如果你是品牌创始人、品牌总监、项目负责人、内容创业人，这本书里的内容，会是你通往用户人心的高速轨道。我会在公众号"敲醒文案脑"继续更新实战案例和最新升级思考。如有实战心得，欢迎来信反馈，每封认真的信，我都会认真对待。

关注"敲醒文案脑"
查收最新实战案例、来信反馈

目　录
————

第 1 关

文案准备期

3 大关键节点
管理和引导客户的
共识和预期

文案佳名期

第1封信

合作前，人人都要成为
隐性创意简报的解读高手

塘主：

展信佳。真的，我没想到会收到这份厚重的大礼。我已经不能用"及时雨"这种词来评价你给我的回信。

我内心 100 个愿意加入塘主正在开发的"总监文案脑蝶变计划"。我会真诚地、毫不掩饰地向塘主暴露一个真实的、混沌的文案脑思考状态。我会全力去践行塘主给予的引导建议，会细致地给出行动反馈，跟着塘主早日通关总监文案脑 6 大阶梯关卡。

对了，我先跟塘主反馈一个特别的惊喜。按照你的建议，我开始引导文案脑参与到你的来信中，去理解、消化和感受你写下的每一段提醒。在这个过程中，我没有刻意去划重点、记笔记。只是阅读到哪一句、哪一段，我猛地被这话抓住了，我就会停下来，多回味几遍。我不再是只用眼睛阅读，而是调用大脑参与、抚过、感受这些文字和观点。我好像看懂了一些文字之外的信息。

或许，我对一些内容还理解得不深刻，但是我真实地感受到了大脑被撞击后的回响。这份震荡真实发生在我的大脑里！

我正在消化和理解塘主说的"建立认知"和"训练模型"。这些对我来说是一整套全新的认知理念。不过，我对接下来的闯关充满了期待。

谷白

4 月 18 日

亲爱的谷白：

这是我正式写给你的第 1 封信。从今天开始，我会把过去 10 年我在市场营销实战中得到的总监文案脑升级路径，通过书信的方式与你展开真诚的分享。

先感谢你的真实回应。你在文字中提到了一份真实发生在大脑里的"撞击回响"，其实，这已经是一个很好的开始。说明你已经走上了另一条全新的文案力升级路线。

过去，我们看的文案书，大多是把作者过去多年在国际 4A 创意公司或一线品牌甲方的营销经验拿出来给你看。这样的书，对你有帮助吗？当然有，起码能让你开开眼。这些书里的提醒，能不能转化为你所拥有的东西呢？那就因人而异了。

其实，只要静下来细想几秒，你就不难发现，那些书里的案例很难跟你产生交集。作者们经手项目的量级，起步就是几十、上百万元的制作费用，数千万元的传播预算。而可能你所服务的客户，拿十几万元预算出来做传播都要再三掂量和计算产出比。你看那种文案经验书，无异于围观别人的故事，旁观别人的精彩。

你和这些书的作者本就是两个营销世界的从业人。别人的成功经验不可套用，大咖的文案写作思路无法照搬，你能依赖的只有自己的文案脑。说到底，文案创作输出的过程，就是把创作者大脑里对商业世界的理解、感受和思考，整理出来展示给观众。你个人写出来的文案最有价值的部分，是那些经过你的大脑思考后加工出来的原创结果。所以，我才再三强调开发和升级个人文案脑的重要性。

接下来，我就直接带你去升级闯关文案脑 6 大阶梯关卡的第一关文案准备期，通过 3 大关键节点引导并管理客户的共识和预期。这 3 大关键节点分别是合作前、沟通时和创作中。你来到每一节点，都要在文案脑里建立对应的认知模型。

正式进入第一关文案准备期，来到一场真实的品牌传播工作的起点处，最重要的一件事，就是要成为隐性创意简报解读高手。

我们日常所说的创意简报，就是指由客户部的同事根据甲方工作需求拟定的一份工作简报材料，上面注明项目背景、产品详情、需求内容、工作目标、预算、时间周期等对接事项。我通常称这种简报材料为显性创意简报。

在这，我想告诉你一个行业内幕，显性创意简报里有价值的内容占比极低，客户的要求不等于客户的需求，往往客户真实的需要没有被写进创意简报里。显性创意简报的最大作用，是给合作双方留下商务和法务上的沟通记录，便于项目流程管控，以及陷入合作纠纷后，可以拿它当作解决矛盾、分摊责任的证据链使用。

书面创意简报对业务开展和公司经营很重要，但对于文案创作活动来说，就另当别论。因为经验丰富的总监们不是基于书面创意简报来创作，而是基于对创意简报的加工理解和挖掘、判断，来推进品牌项目。那些没有被写进正式书面沟通文本里的重要内容，我称它为合作前的隐性创意简报。正式合作前，人人都要成为隐性创意简报的解读高手，去找出那些没有直接写进创意简报里的暗语。正是这些内容，直接影响了文案内容创作和沟通表达的结果。

破解隐性创意简报暗语，深挖隐性创意简报 3 大构成要素

只要静下来观察，你会发现人们每一个表象的行为背后，都有与之对应的内在意图。人们玩手机刷短视频是一组行为，行为背后的意图是短期逃离工作压力和生活烦恼；人们买书看书是一组行为，行为背后的意图是为心中的困惑找到一些参考答案。

能够直观看到的是行为本身，而行为背后的对应意图，才是大脑里真实的需要。就像谷白你给我写了一封信，这封信背后的意图是想让塘主给你一些升级文案脑的实战建议，而这一真实的需要像暗语一样，藏在了你大段的寒暄和问候的文字背后。人们真实的需要往往不会直接落在显性的创意简报里。同样事情也时刻发生在文案创作中！

在工作中，你会就职于不同的公司，服务于不同的客户，接到不同书面格式的显性创意简报。那些你能够直观看到的显性创意简报，记录了客户沟通的行为，而客户做这个简报的背后意图，才是我们要关注的隐性创意简报的暗语。

人们常说"万变不离其宗"，这句话在解读创意简报的过程中非常适用。当你对接100个客户，就可能会接到100种不同风格的工作要求，有100种创意简报的沟通方式，而不变的有3大要素，在任何一个创意简报里都能看到它们的影子。它们就是隐性创意简报的3大构成要素：①非理想状态；②预期商业目标；③成本和资源。

接下来，我带你详细认识一下隐性创意简报里的3大构成要素。正是这3大要素让我们日常的文案创作有了具体的目标感。

第1构成要素是巨大的非理想状态。只要一接到工作项目沟通，你的文案脑要做的第一件事，就是去找到客户当下难以忍受的非理想状态。逃离这个非理想状态，才是客户主动下单的真实意图。

举个例子，客户找上门让你帮他为新研发的产品写一组传播文案。在显性创意简报里，你看到工作描述是"创作某某新品上市的营销宣传文案"。透过这些表象的要求，你要去看到客户难以忍受的非理想状态是什么？是他的产品研发工作已经接近尾声，但是对应的产品包装、产品宣传内容迟迟无法敲定。可能他已经试过不同的推广团队，都没能给他具体的建议和方案。他急需一套可行的沟通方案，把新产品推向目标市场。客户花钱买的不是你的文案作品，而是帮助他逃离非理想状态的解决方案。

所以，在正式合作前，我的文案脑就会自动死死锁定客户当下存在的非理想状态，去深挖客户难以忍受、必须逃离的非理想状态是什么。

通常来说，你最好能用尽量简短的话，来高度提炼总结出客户的非理想状态。如果能用一句话描述，那就用一句话来表达。这也是解读隐性创意简报跟显性创意简报不同的地方。比如，我接到你的第一封来信，我会下意识地从你几百字的描述里，滤掉无关信息，只去深挖你写这封信的背后意图。我发现，你非常认可升级总监文案脑的重要性，但是你没有升级路径、没有方法、没有出路……而这就是你在文案脑升级路上的非理想状态。

你会发现，我把你的来信当成了一个创意简报去对待，破解你没有直接展示出来的隐性创意简报的暗语。接着，对你文案脑的非理想状态，我针对性地给出了一组升级"总监文案脑"的 6 大阶梯。

第 2 构成要素是预期商业目标。一定要记住，客户花钱买的不是你的文案，不是买你的传播方案。无论是文案，还是方案，都只是助他逃离非理想状态，通向预期商业目标的通道和工具。

你的文案脑接到客户的显性创意简报后，要立马聚焦的第二件事，是去挖掘他的预期商业目标是什么。他为什么要决定在这个时间投放精力、时间、金钱和人员来做这件事？他要拿到的预期商业结果是什么？

在正式合作前解读隐性创意简报，你要去锁定对方预期中要实现的结果。你的文案脑牢牢锁定客户的商业目标后，就相当于你找到了文案脑瞄准发力的中心靶子。接下来，所有的思考和发力，都朝着帮助用户实现这个商业目标。这样就能保证你每一次提笔上场时，都不离开靶心。

第 3 构成要素是成本和资源。我不知道你有没有意识到这个颇为神奇的现象，人们总是下意识认为自己长期缺少某种重要资源，所以才迟迟拿不到结果。但是，当那项资源已经拿到手之后，他又能找到另一项自己匮乏的资源，认为一定要补齐这个短板，自己的计划才能往前再迈一步。

人们想要通往一个预定目标时，想要完成一个重要任务时，往往长期盯着自己长期缺乏的东西而完全忽略自己手里已有的资源。找你写文案的客户也一样，通常来说，他们并不清楚需要调用哪些成本和资源，才能让这个宣传项目稳稳地落地。

毕竟，隔行如隔山，文案创作和市场沟通并不在他们的专业范畴内。所以，帮助客户通向预期商业目标，你还要去深度挖掘客户手里能够拿出来的有效资源和成本预算有哪些，这是你的文案脑必须去聚焦的第三个要素。

建议从今天起，你正式启动文案脑高速反应的刻意练习模式。一接到客户的项目咨询，你就在文案脑里自动自发地调出塘主开发的"总监文案脑6大阶梯关卡"，接着自动滑入第一关准备期。在准备期你要做的最重要的事，就是去深度挖掘隐性创意简报的3大构成要素。

非理想状态是客户出发的起点；预期商业目标是客户想要通往的终点；成本和资源直接决定了客户有可能的行进路线。无论你服务哪一个客户，这三大构成要素都是在正式合作前，必须你亲自上场去挖掘的隐性创意简报暗语。

也许刚接到这样的引导，你的大脑里会生出另一层疑问："塘主，我拿不准客户的非理想状态，怎么办？我一时吃不透客户的预期商业目标是什么，怎么办？"

这么说吧，站在篮球筐下定点投篮，你会问自己投不进去怎么办吗？

你大概率不会想过自己只经过一次指导后，就走上速成通道，立马成为投篮高手。当你真心喜欢篮球，你会练习1000次、10000次投篮。只要站在场上，越练习，你的投篮动作就越规范、越标准。你越去解读隐性创意简报，将找寻三大构成要素当作投篮一样练习。越实战你就越能灵活自如地引导自己的总监文案脑去拿到理想中的结果。

话说回来，就算让你上场去解读隐性创意简报，到了第8次、第10次、第20次，你都没能做到像资深品牌总监一样一眼抓到关键核心信息，这又有什么关系呢？你的文案脑在这20次的练习中，得到了20遍的实战训练。在不知不觉中，一套全新的文案脑升级方式，已经潜移默化地加载进你的大脑里。而渐渐变强的文案脑，将会成为你受用一生的创作武器。接下来，我将继续跟你分享总监文案脑在准备期的思考进程，下一场再见！

第 2 封信

沟通时，掌握一个核心策略，
赢得高度信任的客户关系

亲爱的谷白：

开篇跟你说一些心里话，上一封信发出去后，我内心隐隐会泛起一些不安。在回看自己发出去的文字时，我在反思那封信里是否包含了沉重的说教？我不想让我的经验、认知去捆绑你探索和感知的进程，那并非我的本意。

在总监文案脑的升级过程中，你和你的文案脑才是这场探索旅行的主体。我下场做好你的向导，我的出现是为了引导你启动自己的文案脑，用脑、用心去观察和感受这6阶关卡，是帮助你激活自己的文案脑，而不是把我的认知一股脑地灌输进你的大脑里，让你的大脑成为塘主大脑的复制品。这世界不需要第二个塘主文案脑，但它很需要一个谷白文案脑。

我给出的经验认知，是加速你向内探索的必要引导。但是，你一定不要成为这些知识的奴隶。你要让塘主的文案脑为你所用，而不是跟在我的引导后面蹒跚学步。我给你的是一个认知火把，你需要做的是用它来点燃你内在智慧的火堆。

沿着6阶关卡第一关文案准备期向下闯关，上一封信我是在引导你破解隐性创意简报的暗语，寻找创意简报的三大构成要件。如果说这是让你的文案脑跟客户的商业问题建立紧密的联系，那么，在这一封信中我想跟你交流的另一个课题是，在和客户沟通阶段，我们的文案脑，要尽可能完成第二件意义重大的事，即在项目文案准备期里就要赢得高度信任的客户关系。而这些是很多文案人在工作多年后，才渐渐留意到的工作重点。

为什么我们一定要在准备期跟客户建立起信任关系？因为一个项目从立项到落地交付，中间过程中有无数的细节需要双方相互支持，互相磨合才能完成。只有客户真正信任你，你才能得到尽可能多的支持和配合。

但是，你不难发现，在很多消费场合，买方和卖方是互相戒备、互相提防、彼此不信任的状态。就像是换一个人来阅读这封信，如果他和塘主之间缺少必要的信任和理解，他是带着审视、质疑、批判、挑剔的心态来阅读我写下的每一个提醒，那我和他之间就一定无法做到高效的交流和沟通。

这种审视和防备，在品牌方与创意设计、咨询服务公司的合作初期，表现得更加明显。毕竟一方真金白银地支付了几万元、十几万元的预付款，而另一方只是派出几个人，开了几场工作对接会，什么风险都没有。想要让付了大钱的客户真心实意地放下戒心、交出信任，想想都知道这并不简单。不过，客户已经给过预付款了，他已经率先走出第一步了，第二步该由我们来迈出了。

记得毕业后的第二年，我遇到了从业以来的第一场职业危机。我和团队在给一个生产出口机械的厂家开发和设计参加展会的物料。展会临近、时间紧迫，但产品材料很不齐全。我成了这项任务的工作负责人，直接对接客户提出我方需要的工作配合请求。我当时一心想着千万不能耽误客户的参展，所以整个人的神经都绷得很紧，每一个推进事项都反复确认。可是，在我觉得最不应该出问题的地方，差点把我心脏都吓出来了。

当时，在制作参展海报和画面时，我发现一批新生产的机械，几乎没有实物图资料，需要现场实拍。当时，设计部总监特意安排了一个喜欢摄影的年轻设计师配合我工作。公司年会时，他也帮助大家拍过大合影，大家一致认可他的摄影技术。我借来公司最好的专业相机，跟他说明了工作情况，提醒每一台机器至少实拍 3 个展示镜头。等他外勤回来，把相机连上电脑那一刻，我整个人呆在原地，大脑一下子炸了。同事拍的照片，竟然没有一张能用的。他没有大型器械实拍经验，白天光线太亮，在日光下没法从相机屏幕判断照片曝光度。他拍回来的照片不是太暗，就是太亮，已然到了修图调色都无法挽救的程度。

拍摄前厂方就说过了，只有半天的拍摄时间，下午这组机器要托运走。

我甚至没有时间跟本公司老板解释。我立在原地，问自己现在怎么办？我知道当下最要紧的事不是捋清责任和过错，而是要想办法去弥补损失。情急之下，我立马拨通了对方老总的电话，我强压着内心的不安，硬着头皮跟他说，我们也很看重这次展会，知道它对你们很重要，所以才特意安排了一个懂摄影的同事现场实拍。但是，刚刚回来的同事把照片拷贝到电脑上，我发现阳光太足了，导致这套照片损失了一些机械细节，会影响效果，请求对方再安排一次补拍，同事现在就可以赶过去。得到对方的肯定答复后，我像是得到了一场重罚赦免，无力地坐回椅子上。

工作多年，回看职场中的第一个工作危机，梳理和复盘自己的工作经验，我发现从很早时候，我就在无意识中去使用了一个核心策略，赢得了高度信任的客户关系。

这一核心策略，就是跟客户方的项目拍板领导建立信任关系，组建利益同盟。

除非你让客户得到了确定性和安全感，否则已经交了钱的客户绝对不会再向前迈出一步，绝对不会再主动交心。所以，推动跟客户建立利益同盟，这件事只能我们主动向前，有意识地向这个结果靠近。

好在跟客户建立利益同盟这件事，做起来要远比听起来简单多了。你知道为什么吗？因为已经交出去钱的客户内心急需安全感，他们潜意识里急需一些正面反馈，让他可以自证这笔投入所托非人。至少你可以从以下四步入手去编程客户的大脑，让他认识到你跟他同处一个利益同盟，你跟他是同一个阵营里的战友。

第一步，用心把客户的事当成自己的事。你一定要相信，在这个世界上没有谁会从心底真正拒绝另外一个人真心实意地对他好。当你真心地把客户的事情当成自己的事，他一定能感知到你的用心。就算他知道你是在赚他的钱，他也会安心把这笔钱交给你赚。就像我在电话中表明很重视这次展会，因为我们知道这件事对客户的价值。这样的表述，就是让客户直观地感受到我的出现不是给他添麻烦，而是想把事情往更好的状态推进，想要尽可能地拿到更好的结果。当客户接收到你的好意后，他会自然地给你大开方便之门。只要他能感受到你的提议和方案是在推进他工作和项目，他没有理由不接纳你的专业建议。

第二步，提出共同目标。这是建立利益同盟的关键一步。你的每一次出场沟通，都要在充分熟悉客户业务的情况下，在客户大脑里植入一个强烈的信号，提出的是一个利他的共同目标，你要让他知道你的专业能力能帮助他带来这个结果。

当客户明确知道你跟他有了共同的目标，知道你的出场是帮助他去达成他的商业目标，他会从心底对你升起一种强烈的身份认同，衷心感叹"你懂我"。提出共同目标，不是空口许诺，而是你真的关注和关心客户的商业发展，帮助客户规划和优化出一个确定可行的理想状态。

有一年，我打算开发一个内容网站，把我的一些营销观点和创作实战复盘思考放上去，我不认识技术开发人员，只能找技术服务公司帮我实现。而这个冒险的想法，让我赔进去了快一年时间和几十万元的投入。在前后换过几家技术公司，付过大额学费后，我才认识到，市场上有很多服务方只关心自己的业务，只关注自己的工作流程，从不关注付费方的商业目标，他们只是把熟悉的一套工作流程走完。

第三步，阻击共同的"敌人"。当然，这里的"敌人"不是商业上的竞争对手，而是客户向商业目标行进时，遇到的困难和阻碍。

升级总监文案脑遇到的阻碍是，大脑里没有可行的路径；阅读路上的"敌人"是无用的道理和枯燥说教，所以我以书信的方式与你进行一场文案长谈；提升文案销售力的"敌人"，是你没有拿着一款产品真正用文字去销售它……

在通往理想商业目标的前进路上，一定埋伏着大量不易被侦查到的"敌人"。很多赶路人因自身观察视角受限，他们很难看到问题出现的根本诱因。

甚至人们日常依赖的习惯路径，正是限制他无法拿到进一步结果的根本原因。

当你在沟通中帮助客户成功侦查到了阻碍他拿到结果的"敌人"后，当你跟他在商业卡点上达成认知共识后，客户就会把你当成前进路上的真正信任的同行战友。

第四步，在专业上寸土必争。很多客户都会以买方的身份自居，他们觉得自己花了钱，就要多发表自己的想法、感受和意见。这种心理无可厚非，但是作为专业的内容创作者，我们的文案脑要给客户划出一条边界线。一定要让客户知道，当他的意见越线来到我的专业领土后，我定会寸土必争。

我们可以用文案脑过滤客户发来的要求，去分析他诸多要求背后的动机。遇到他提出要求中不合理的部分，可以想方设法让他认识到这样做的危害性。千万不要害怕坚持专业而惹恼了客户，不要做一味退让的老好人。一个真正聪明的客户绝对会容忍你在专业上的不客气。这份不客气的底气来自于你的专业判断、你的过往成事经验、你对市场营销底层认知的理解……

你为什么要在自己的专业领域里做到足够强势？因为只有你足够自信，只有你足够坚定自己的专业判断，这样客户才会觉得你是一个可以托付的人。就算是你来当客户，经过换位思考，你也希望自己遇到的是那种在专业上能够一语见地、足够强势的人。

谷白，我写给你的这些提醒，就是我在项目准备期里必做事项的真实描述。我就是一直这样做的，现在我不仅对品牌客户会通过组建联盟的方式，先赢得他的高度信任再开展后续创作，我跟咨询客户、总监文案脑学员也会使用这套联盟策略，让我跟他成为彼此信任的自己人后，我才会去做内容交付。

我真心希望你阅读完这封信后，在下一次遇到客户沟通时，你的文案脑可以正式执行这套联盟策略。这件事非常重要，你只要做到了，自然能拿到确定的结果。当然，在闯关文案准备期，还有最后一件事需要你认真执行，我将在下一封信里跟你深度分享。

第 3 封信

创作中，学到这套客户
引导方案，高价客户也
会心甘情愿成为联合
创作者

亲爱的谷白：

昨天我休息得很早，今天状态不错，感觉头脑装满了想说的话。我想我可以一口气把第一关文案准备期的最后一个重要提醒直接写完。

如你所见，我的文案脑在准备期都是在围绕着同一件事投入思考。用一句话概括它，就是如何获取客户信任、赢得客户的心。

我使用的方式很简单，就是真心实意地去对客户好，并且让他感知到我正在认真地把他的事情当成我自己的事一样对待。我会跟客户先建立利益联盟，再一起朝着共同的目标前进。我要强调一句，这绝不是可有可无的事，是我们在项目服务中必须执行的操作。

现在，让我们回归到正题，来进一步管理和引导自己和付费客户的关系吧。如前所说，我们可以百分之百地跟客户建立盟友关系。可是，这层盟友关系并没有想象中的那样牢固，它随时都可能面临终结和解体。哪怕是最亲密的夫妻关系，也需要双方长久地经营。所以说，你和客户之间盟友关系完全要靠你和客户之间用钱和用心维护。客户选择了用钱表明他的诚意，那你只能用心、用实力来证明对盟友的价值了。

接下来，我要说的，就是和客户的相处之道，也是联盟长期存续的经营管理之道。只要学到一招，你就能让高价客户心甘情愿地成为你的创作伙伴，并且长期跟你保持亲密的创作关系。

我先来说说通常情况下大多数人跟客户的合作方式。一般来说，花了钱的客户大多习惯于坐享其成，把工作任务和相关资料交出去后，就等着在截稿日期前收上来写好的文案或方案。在绝大多数客户的潜意识里，都想着做那个完全离场的甩手掌柜。

他们普遍认为钱都花出去了，自己坐等结果就好了。然而，最终结果往往是事与愿违。并不是说在客户方离场的情况下，品牌文案们无法完成文案内容的创作和输出。而是在客户当甩手掌柜的情况下，第三方创作出来的推广方案，很难成为高度定制化的营销内容。这个并不难理解，哪怕你给自家新房做装修，也不可能理想化地认为，签了合同、花了钱，就能坐等成品方案，还需要详细地跟设计公司沟通自己预期的风格，以及一家老小对居住空间的细节要求。

喜欢当甩手掌柜的客户，同时也会把自己当成高高在上的裁判，出现在你的提案现场。当他在听着你提交的工作汇报时，他多半是皱着眉头、冷眼旁观，不时地打量着你的方案成品，预备着对其中的内容挑挑拣拣。这样的合作模式不仅低效，而且太过于折磨人。每一次作品提案的过程，都像在交一次大考卷。然而，考试可以有错题，但是写文案、写方案没有容错空间。每一条无效文案被投放市场，都是挤占了一次品牌与用户建立有效关系的珍贵机会。

所以，我才说在项目准备期里，你一定要管理和引导好客户预期，跟客户之间建立信任和亲密的创作关系。一定程度上来说，客户跟创作者都有着共同的使命，你和客户共同出场抬着企业和品牌在市场上平稳前行，走入人心。

而一个被多数人忽略的事实是，我们创作者是完全可以引导和塑造客户在创作中扮演的具体角色的。客户在创作中具体扮演的角色，不是他决定的，而是由你来引导的。一个良好的客户关系，甲乙双方应该像是同时上场的拉锯双方，在一拉一送的通力合作下，共同去锯断一个巨大的商业难题。你要把你的客户发展成为你的拉锯手、创作伙伴，而不是旁观裁判。

除了拉锯手，我找不到第二个比它更形象、更准确的词来形容我和客户之间的创作合作关系了。当然，客户不会自发找到对应的位置，自觉地站到我们对面成为一位创作"拉锯手"。这需要你给他一个必不可少的引导，让他从 0 到 1 加载这个创作协作者的身份。

如何让付了钱的客户正式进入拉锯手的角色？我想读到这里的你，一定非常想要拿到这一至关重要的答案。好了，那我就把自己日常在用的管理客户、建立创作关系的核心方案提炼出来，全部整理打包告知于你。

好的，你现在暂停，体验一下你的文案脑在读到上段文字前后的内在变化。你的大脑是不是一下子就意识到重点要到了？大脑是不是一下子提高注意力，放下了其他念想，就等着塘主给你公开这个核心的实战方案？你有没有发现，我仅用文字就对你的注意力进行了悄无声息的影响和调度。在这一刻，你就成了我对面的"拉锯人"。你愿意静下心来和我一起去解密和装载客户关系管理这一秘密方案。

看到这里，其实你已经拿到了这套客户管理方案中最重要的第一个步骤。第一步是什么？用 6 个字形容，叫作"制造确定预期"。你看懂其中要义了吗？

只要你在客户心里勾勒出接下来他即将拿到的明确结果，在他大脑里制造确定的预期，他就会对接下来的沟通、对话和合作产生期待。他就会抽出精力和时间参与这个结果的创作过程中来。

为什么人的大脑很容易被潜移默化地编程和引导？因为人的大脑都在追求安全感，大脑喜欢得到，害怕失去。当你跟客户沟通清楚，接下来要交流的议题内容与他一直在追求的商业目标极度相关，他自然会产生更强烈的期待感。他就会在隐隐约约中产生一份安全感，而这份安全感暂时还是一种没有拿到手的预期，需要他亲自参与进来，成为创作"拉锯人"，才能一验真假。

只要在第 1 步让客户对与你合作这件事的回报结果产生了期待感、有了"确定预期"，那么剩下的两步就能够顺理成章地自动向下推进了。第 2 步是"输入进程框架"；第 3 步是"制造参与感"。只需要三步，就能让一个初次合作的客户心甘情愿地成为你的创作伙伴。可能你已经发现了，我在写这几封信的时候，也无意中调用了这套客户关系管理方案，默默地引导你成为我对面的认知"拉锯人"。

第二步"输入进程框架"，在客户对你的专业性和沟通内容有了明确预期后，就可以向他的大脑里输入一组有效框架，让客户明确知道为了协助他去实现这个商业目标，你把这组合作攀登划分成了若干个关键步骤和进程，让他对这次创作开发的进程产生了清楚的框架认知。

其实，你已经完整体验过塘主在你大脑里"输入进程框架"的全过程。当你找我给出升级总监文案脑的有效意见时，我反馈你升级文案脑的 6 阶关卡，这就是向你的大脑里输入了升级总监文案脑的进程框架。

同样，客户给你下发了一个创意简报，通过拆解和消化后，你也要给他一份明确的回馈，让他清楚地知道，你将通过这几个步骤，帮助他实现他的商业预期。你要相信这一事实，客户他可能不懂营销、不懂传播、不懂文案，但是对"成事落地"的感知力，每一个客户老板绝对称得上是人中龙凤。只要一听到你把他的商业目标清晰地划分成几个进程、分几个步骤推进，他的大脑里会立马给你竖起一个靠谱的大拇指，暗暗庆幸自己找到了对的人。

对待推进目标完成，特斯拉创始人埃隆·马斯克有过一段让我印象深刻的话："人类的基因有这样一种设定，对模糊不清、不可名状的东西感到害怕。当你提高了对客观世界评估的精准性，一切你觉得遥不可及的事情都会很简单。"

千万不要小看"输入进程框架"，你其实是亲手推动客户的认知，朝着商业目标稳稳迈出了一大步。当你在第二步向客户大脑"输入进程框架"，为他拆解出了做成这件事的整个进程和关键步骤后，你扫清了他大脑里对目标模糊不清和不可名状的东西，对于拿到结果的进程有了确定感和精准性，他整个人会放下合作之初的种种猜忌、迟疑、不安，满心期待地配合你一程一程地走完接下来的创作进程。

此时，你还需要跟客户提前说清楚在某几个阶段，需要他提供哪些配合与协助，可以对具体人员和资料需求进行清晰的描述。不同的文案项目、不同的商业客户、不同预算的项目，可以拆解出不同的进程框架。在此我就不详细举例了，因为每一个案子都是特例存在。不过，往后的闯关中，我会一步一步向你的文案脑里加载这种分析商业问题的策略能力。来到这一步，客户已经正式坐在你的对面，成了你的创作伙伴。但是还不够，还要继续向上升级合作关系。

第三步是"制造参与感"。在文案作品的创作过程中，你必须预留空间、预留位置，让客户可以参与进来发挥作用。作为一个经验丰富的创作者，你起码要引导客户贡献出创作"拉锯人"应有的两大身份。

第一种身份的作用是一个提供方便的协作者。如果你在执行方案的推进过程中有什么不明白的地方，立刻去问客户。他会给你提供很多便利和反馈。你不去问他、不去主动打扰他，他就没有参与感，也不知道如何协助你推进创作。一定不要害怕麻烦客户。很多情况下，投了大笔预算的老板最担心的反而是创作人在创作过程中不找他。平心而论，在工作中，我最害怕遇到的同事就是那种躲到一边、默不作声低头写内容的下属。有人会一直躲到截稿前，憋出来一个闭门造车的东西，白白消耗了一两天时间不说，还把最后一个破烂摊子留给了合作伙伴。

我的提醒都说到这了，你千万不要成为那个埋头写稿的人啊。每前进一步，都要跟客户有反馈、有沟通，要让客户觉得这个传播文案是在他的手底下和眼皮底下一步一步生长得圆满起来。这就涉及引发客户的第二种身份作用，让客户成为关键节点的拍板人。

看我写起来好像有点复杂，其实真实落地实操很简单。在第二步，我写了要向客户大脑"输入进程框架"，我会把每一个进程的重要创作思考和成果整理好后发给客户，让他给出反馈意见并帮忙把关一下当前的工作进度。客户给出的反馈无非就两种：一是优化调整，那我可以直接做修改；二是客户直接确定，通过审核继续向前推进。换句话说，我让客户参与和旁观了我创作中的每一个核心进程，同时，他也成了我的创作过程关键节点的拍板人。

整个作品的产生进程中，在起点处有客户给予信任，在关键节点有客户参与把关和确认。他参与推动了作品一步步由从最初沟通的构想到最终的落地，客户也是这个作品的联合创作者。

写在这封信最后，我跟你透露一点我对待文案作品的心里话。在我的认知里，写文案的人跟服装设计师很相近，我笔下的文案成品就像是一件外衣、一身皮囊，披在了客户用毕生心血打造的产品或品牌身上。文案只是皮相，而客户长年的用心经营和研发赋予了这个产品和品牌的骨相。

想要做到皮相与骨相合为一体，我必须对客户和他的事业足够敬重。因为只有这样，我们才能把自己创作者的角色藏在客户和品牌的身后，专心做他商业上的推手。很多时候我会联合客户一起站到品牌的身后，扮演产品和品牌在市场上大步前进的助推手。品牌创始人最大化地发挥他的商业洞察力，创作者最大化地发挥自己的市场营销力，目标都是为了拉近产品和品牌与用户人心的距离。

当我和客户有了共同发心、共同目标，共同闯过一段市场营销创作进程后，在他眼里我是一个懂他的、替他周全考虑、对他产品和市场尽责尽力的品牌创作者，他自然也甘愿成了我创作路上的"拉锯人"。

写到这里，总监文案脑在第1关文案准备期三大节点的全部提醒都已经和盘托出了。下一封信，我正式带你敲开第2关的大门。只要一关一关往下闯，最短3个月时间，你就能完成总监文案脑的第一轮升级。我相信，你完全可以做到。

撬开总监文案脑

实战卷

第 2 关

文案观察期

锻造
文案总监的
4 把项目破门锤

文案观察期

第 4 封信

**框定问题：破解问题
背后的问题，信息
背后的信息**

亲爱的塘主：

有人跟你说过，你的文字里有一种让人"觉醒"的能量吗？我在写这封回信时，手心里全是汗，想给你反馈的感触太多了，嘴巴和大脑一样凌乱，一时不知道……竟不知如何跟你道出我上下翻涌又五味杂陈的心境。

我不掩饰内心的翻涌，它是我把前几封信反复看了五六遍后的真实反应。我在黑暗中寻找文案的出口，独自摸黑走了快 5 年，在我都快要放弃自己，我自己都不想读自己的文字时，你出现了，你让我看到了光，看到了自己真实地被点亮了。

你给我梳理了一条清晰无比的训练路径，让我带上文案脑去闯关。我知道，你不是我的出口，我成不了另一个塘主。我已经得到了自己的出口——开发和训练自己的总监文案脑。我对更好地成为自己充满了信心和期待。

看别人的书、别人的课程，我会觉得那些作者好厉害、说得很有道理，他们的文字让我觉得自己好渺小。但是，塘主，在你的文字里，我感受到了自己被你托举，我看到了自己在长大，内在一点点苏醒过来，脑中一粒小小的种子正在发芽。

谢谢你给的这些提醒和善意，文字无法还原这份被暖流包裹的感动。我现在很确定，我有能量和底气把开发文案脑这件事走到底。我的文案脑就是塘主的作品之一，请你多多敲，多多指教。

谷白

4 月 26 日

亲爱的谷白：

你提到了阅读塘主的文字跟看别人的书是两种不同的阅读体验。那我就跟你细说一下这背后深层的底层差异。

其实，没你想的那么玄乎。这份所谓的"震感"，不过是你真正调用了自己的文案脑，去感受、理解、消化这些文字，与这些文字和认知建立关系后，留下的大脑使用痕迹。就像登山后的第 2 天，你的手脚都会产生酸痛感一样，当你引导大脑来理解、观察我写下的这些文字提醒，其实你已真实地调用了大脑感知系统，做了一场认知训练。你不断消化和吸收在你的大脑里感受、留下的痕迹，就是你说的文字之外的信息。你已经在用脑感知文字了，而不只是读文字，我为你的这点小小变化感到高兴。

有的人写书一心想凸显自己很厉害，而塘主无心在文字里证明自己很强。我证明我的观点和文案有用的方式，是把我的读者托到高处，把品牌、产品托举到用户面前。

《道德经》里说："故至誉无誉。是故不欲琭琭如玉，珞珞如石。"最高的荣誉无须用赞美来体现。如果你愿意接入塘主总监文案创作系统，愿意把我写的书信推荐给身边同事，就是对我的真实好评了。

所以我希望在你的大脑里，永远保留着这 6 关清楚的总监文案脑内容创作生产线。前面，我和你一直在沟通和讨论总监文案脑在文案准备期的思考流程。这一阶段就来到了文案观察期，我将陪你拆解总监文案脑在新一阶段的思考。

我建议你一定要着重升级和练习自己的第 2 关的 4 把破门锤。这些是我上场做事和做项目的时候，让我胸有成竹、心中不慌的坚实火力防线。当你的文案脑里有了这些能力和意识，而别人没有时，你对项目的反应速度和思考深度就比别人强。你就能成为给别人方向、给别人引导的项目负责人。

认真闯过第 2 关，拿到总监文案脑的 4 把项目破门锤，你将会跟客户商定出初步的内容创作方向，相当于你的文案脑已经给这个文案作品勾勒了构思草图，画出了整体方案的初步构想。

我会在每一封回信里讲解总监文案脑的生产流程中的一个重要节点。当你把它们拼装起来，就成了一条连贯的内容生产流水线。这条流水线就是总监们在做商业传播项目时会反复调用的 6 阶大脑思考流程。

我私下会把这条总监内容生产线当作一条脑力流经的长河。每拿到一个新项目，我的大脑思考力会自动自发地从"准备期"流到"观察期"。穿过"观察期"，就有了对客户商业问题的初步理解和判断。

破解"文案观察期"4 把破门锤

现在，请你诚实地回应我这一问题：当一个新项目、新问题、新局面摆在你我面前，你习惯做什么？

你是不是也像其他文案人一样，直接打开电脑网页，输入项目创作关键词，看看国内外同行是怎么解决同类问题的？或者大脑陷入一片迷茫和死机状态，无法从客户传来的各种创作需要和项目信息中找到核心信息，根本不知道从哪下手。

没关系！不管你之前用什么破题方式，现在请时刻提醒自己，你是在玩一款名叫"升级总监文案脑"的闯关游戏，本游戏的第 1 关叫作"文案准备期"，主要任务是搭建创作环境，拿到必要齐全的原始项目资料包，与客户建立联盟，赢得客户的高度信任关系。

第 2 关叫"文案准备期"。就像进入任一游戏场景，你一定会下意识地环顾四周，观察地形、对手和场上局势。哪怕小朋友们在一起玩"过家家"的游戏，新入的小伙伴，也会观察和询问大家各自的角色。怎么一回到工作中，拿到一个文案创作项目，你就忘记了这套从小就掌握的闯关技能了呢？

在文案观察期，你的文案脑就要正式启动强算力思考模式了。不夸张地说，那些实战经验丰富的总监，在文案观察期就基本完成了项目破题和拆解，并且高效制定了往后的项目推进思考方案。看似只是轻飘飘地看了一眼，但是他们的文案脑早就自动运转起来，把整个项目的核心节点里里外外打量了一遍！

你现在对总监文案脑的思考节奏有了进一步的理解。把文案创作当作一场闯关游戏，接近一个新问题时，总监会立马观察这个项目当前的处境和局面。不同文案脑的响应速度和思考水平直接决定了每个人在项目思考中的不同深度。

从我梳理的实战经验来说，在文案观察期你需要分阶段完成 4 个思考任务，按顺序终结这 4 大问题：

- 框定问题
- 盘点资源
- 匹配模型
- 预设路线

以上就是"文案观察期"的 4 把项目破门锤。一步步提升和训练这 4 大能力，你就在第 2 关文案创作的起始阶段开了一个好头。

"框定问题"，破解问题背后的问题

谷白，可能你没意识到这个现象，在生活和工作中，很多人是根本不会提问题的。人们会把一个不理想的现象和状态当作问题直接抛出来。我也是经历长期深度观察后才发现，很多人根本分不清现象和问题的差别。

我以一个常见的生活场景为例来帮助你理解现象和问题的区别，千万不要把现象当作问题。

有位妈妈说："我家孩子注意力太差了，上课跟不上老师的节奏，成绩一直上不来，作为家长应该怎样辅导孩子啊？"

很多家长像这位妈妈一样，习惯把孩子表现出来的学习状态描述为孩子存在的问题。可是，"孩子注意力差""上课跟不上节奏""成绩上不去"，这些是事实，是当下客观存在的现象，是孩子在学习上开出的花、结出的果。现象和现状都不是问题，是结果。而绝大多数人会把这类结果当成问题去看待。

我们启动文案脑，去探知这一结果的成因。"孩子注意力差"是现象，"注意力差"的成因才是解开问题的钥匙所在。那么孩子为什么注意力差呢？家长去破解问题背后的问题、信息背后的信息，分析问题的成因，这样的提问和思考才有价值和意义。

发现没？落到具体实战中，"框定问题"的具体实操方式，就是不停地、连续地追问自己"为什么""为什么出现这样的结果"。用追问"为什么"去揭开问题和现象的区别，去细看成因的真容。这个连串追问的过程就是"框定问题"，去探寻问题背后的问题。

回到你练习和升级总监文案脑的训练过程，还记得你写信给我提出的问题吗？你说自己"根基不稳""从业资质不深""应用起来不得要领"……你发现没，你也是在描述当前的现状、当下的结果。

你的思考和提问方式跟上例中的妈妈如出一辙，都是试图从当前非理想的状态中，直接跨越到理想状态，想立马拿到一个确定的、理想的结果。当然，这注定是空想，也是空谈！

接到你的来信，我立马启动了塘主文案脑，去观察和感知你当下的状态，我也从自己接触的其他众多同类学员身上抽取共性、观察成因……我不自觉地进入了总监文案脑的高效思考流程。"为什么你会应用起来不得要领呢？""为什么看了之后，似有所获但又无从下手呢？"

你花了四五年独自摸索文案创作方法，实际上是把同一套低效、无序的创作流程重复使用了四五年。看似是"读了很多书，但是依然写不好文案"，实则是你看的书，都还是事实性知识和概念性认知的文案书。你还不知道怎么把这些认知串连起来。为什么串不起来？原因很简单，因为你根本没有见过它，你没有真正见过一位文案总监的思考流程。对未知、未见的事，无法很好地掌控它，这不是理所当然的事吗？这些是你在文案路上找不到出口的原因！

以上思考流程，我叫它"框定问题"，探寻成因。我会把这比作勘探油田，向下探寻石油的过程。想要开采石油，需要事先寻找油田、划定作业范围，然后向下探索石油的存量和分布结构。想要帮助客户成功写出精准有效的宣传文案，我们要立马条件反射地去帮他"框定问题"，下探成因。

找到了问题出现的原因后，解决方案就随之浮出水面。重要的是启动和调用你自己的文案脑参与到项目实战思考中。只要你掌握了品牌文案总监们解析问题的核心工作流程和结构化的思考路线，你也能够像总监一样开展高效思考！

相当于我直接开源品牌文案总监大脑里的创作流程源码，你在这个"总监文案脑蝶变计划"里，可以直接在自己的大脑里装载这套创作系统。

这将是一场你我的文案脑间的直接对话。我很期待和你一起努力，把原先你那混沌无序的文案脑整理得清晰又高效。加油，加油！下一封信里，我将跟你讲解第 2 把重要的项目破门锤。

文案见案用

第 5 封信

盘点资源：向内求，细数自己和客户手里的每一张文案创作王牌

亲爱的谷白：

在文案成长路上，我相信你看过很多书、很多教程，得到过不少总监的善意引导。但是，他们给的提醒，都是基于他们各自的立场、经历、感受、专业背景整理出的成功经验。

别人的经验和认知，是他在商业世界中搏斗多年后，方才形成的专有认知。他们能相对轻松地理解和掌握这套方法论的重要原因是，他的大脑里有他潇洒生活了二三十年，一天天积累下来的认知数据库做支撑。

他每提到一个认知，大脑会自然地涌现大量生活和创作经验数据来做支撑。而有些人妄想通过模仿别人的创作套路找到成为文案高手的捷径，想想就知道这份妄念有多不靠谱！

我引导你去敲醒自己的总监文案脑，就是一个让你向内求的过程。我们每一个人都是拿着"内在系统"来解决商业问题。只有那些存储和内化到你文案脑根目录的认知、经验和创作技巧，才能成为你的文案体系的一部分。只有那些真正属于你自己的创作认知，你才能掏得出来。

说到这里，重点想提醒你下面这个重要的认知习惯。

向内求，细数自己手里的每一张牌

很多人都没有这种认知习惯。多数人只会一味揭短、否定自己，一味放大自己"技不如人"的懊恼和自卑。他们向来看不到也从不相信向内求能带来的确定感。

为了对抗内心的兵荒马乱，人们不断向外发出求救信号，活成了一个

"认知乞丐"，企图从外面讨来一些秘密招式化解自己的创作危机。遗憾的是，别人给出的成功经验，只根植于他自己的内在系统。他能应用自如的创作工具，另一个人不一定能用得顺手。

所以，引导你敲醒自己的总监文案脑，从根本上带着你向内求。当你向内观照时，我希望你做的第一件事，是数好自己手上的每一张牌，盘点自己手上能够拿得出来的所有有形和无形的资源。

我说的是所有资源，包括家庭、出身、教育背景、身体条件、情感经历、消费习惯、个人喜好、专属特长……

当你把这些满满当当的资源列出来后，你一定会发现自己不是从 0 出发，并不是一无所有，你手里已经拿到了当下自己能拿到的最好的牌。只有数好手里这副资源牌，用好自己的每一张牌，你才有资格长期坐在游戏桌上。

比如，拿我自己来说，我的大学专业是汉语言文学，它就是我手里握有的一张牌。虽然也是跟文字打交道，但是这个专业传授的知识内容，跟商业文案的写作技法不沾半点边。甚至在很多时候，我都在极力摆脱专业训练给我植入的那份书卷气。我希望自己的文字表达能更口语化，像一个人跟另一个人自然的沟通和对话。但是，从另一个层面来说，我感恩 4 年的大学教育，给我带来了大量的文字画面感练习和感知人物情绪的提升训练。

当我在读李白写的"燕草如碧丝，秦桑低绿枝。当君怀归日，是妾断肠时"，我不是在看文字，而是一秒代入人物身份，瞬间化身为诗中身居燕地的女子，低头蹙眉发呆地看着地上青绿的小草，想到时间又过了一年，而远在秦地出征的夫君远无归期。

在这种感同身受的阅读练习中，我渐渐发现自己获得了非常细腻的感知能力，我能真实体验到他人的困苦和欢喜。最终，我把这份通过大学课堂后天训练得到的移情和强大感知力，用于去理解消费者、去洞察用户画像。

不管是什么专业背景出身，哪怕你在大学课堂的 4 年里一直是半梦半醒的状态，你都得到过你所在的这个专业加之于你的熏陶和感染。

我们走过的每一段路都会变成手里的一张牌，没有谁是空手来到人生的牌桌上。你也一样，不管你是什么专业背景出身，我们在 4 年大学课堂里大量吸收了同一专业方向的名师大家的研究成果。那些课堂知识虽早已淡忘，但在长年的耳濡目染下，我们早已被熏陶出、晕染上一份深厚的专业底色。

我们的大脑经受过大学 4 年密集专业信息的冲刷，早已拿到一个基于本专业的视角与这个世界建立联系的内在优势。而这份专业优势，就是你手里拿到的一张做好文案的王牌。

我特别想提醒你，从今天起真正做一位向内求的文案总监，把注意力放在已经拿到的经验、认知和资源上，想尽全力把它们的作用和影响力发挥出来，而不要总死盯着自己所缺失的部分。你只有把已具备的能力发挥到极限，才能稍微摸到自己的认知瓶颈和创作天花板。相反，如果你一味向外求，去讨要别人的创作秘籍，那你连自己两三成的创作潜力都发挥不出来。

敲醒总监文案脑，不是拿着一个空水桶一样的空白大脑，到我这里进货。我想真正对你负责。所以我才要一再提醒你，务必向内求，数好自己手上的牌，把手里能拿到的全部资源聚拢在一起，重新排列组合后，就能成为一个火力强大的作战单元。

你认真谈过的一段恋爱，那些动心的甜蜜回忆，是你为客户写好情人节文案的王牌；让你没法睡安稳觉的新生宝宝，是你能写好奶粉文案、纸尿裤文案、早教玩具文案的王牌……

你的文案王牌散落一地，记得一定要细数自己手里的每一张文案创作王牌。当你能为自己数好牌，自然也能为客户数好每一张资源王牌。

出发前，清点客户手里的每一张王牌

无论问题以什么形式出现在什么场合，我们只需要调用自己的总监文案脑直接应对它就好。

你会发现，我在解决不同个人成长和企业商业问题时，使用的是同一套文案总监创作系统。把总监文案脑用在思考个人身上，就有了一条清晰的成长路径；用在企业身上，它就成了一个有力推动项目落地的思考主线。

明白了个人成长要细数手里每一份有效资源后，你自然也能很容易地理解，为什么我们在做文案项目时，要去细数客户手里的每一张牌。与个人一样，品牌方做营销推广时，也需要向内求，挖地三尺把品牌现在拥有的所有资源牌掏出来摆在明面上。把品牌已有的资源组合到一起发挥到极致，才有可能在用户心智中留下更深刻的认知印象。

人们往往很容易看到有形的资产，而忽略品牌的无形资产。比如，团队、员工、金钱预算、供应商关系，这些是账面上容易感知到的有形资产。而那些不在企业资产清单上的无形资产，需要专业的文案营销人员把它们列出来。

这样说有些难理解，我给你说一个手边特别小的案例吧。有一个资深文案人，给好友的箱包做品牌包装。她的好友家里一直在开门店做箱包生意。现在想从 0 到 1 打造一个新品牌，尝试做线上生意。品牌名都想好了，叫"那片云"。但是，这个项目到她手上，前前后后过了五六个月，都没有做出有效推进。这些是该项目的核心背景信息。拿到这些信息后，你怎么思考？

有关这个品牌的无形资产，你能想到哪些？这个品牌创始人的行业经验能确保她在产品开发过程中少走弯路；她在线下经营的老顾客名单，可能成为她线上品牌的种子用户；"那片云"这 3 个字，让人读起来想到一片云从心头飘过，这个品牌名也是无形资产之一；甚至这位品牌主有一个很会写文案的朋友，而她的朋友又是塘主总监文案脑的学员，塘主可以给她品牌文案的创作方向把关。这样一来，塘主的智力和经验就成了本案品牌落地时的无形资产之一。这些无形资产都是可以数得出来的一张张资源牌。

以上，我已经说完了文案观察期的第 2 把项目敲门锤——盘点手里的全部有效资源，细数手里的每一张牌。只要你做完这件事，你心里就充满了底气。因为你的大脑自然会发现，你不再是两手空空、孤立无援地面对着各类创作难题的刁难。

　　同时，你手上拿到的有效创作资产，你和客户已经拿到的文案创作王牌，也将直接影响接下来文案创作方向的选择。

　　在文案观察期，我把"框定问题"放在第一步思考，随后再去"盘点资源"。其实这个思考作业顺序，就是锁定问题成因，并针锋相对地寻找破局资源。下一封信里，我就要跟你分享如何针对问题进行有效组牌。

　　你先在实战项目里直接验证我写下的这条闯关路线，然后再来跟我说实战感受。在敲醒总监文案脑的路上，希望塘主也能成为你手里的一张王牌。

第 6 封信

匹配模型：匹配文案任务类型，
让文案在大脑里自动发声

亲爱的谷白：

接着之前的话题往下说。我提过，升级总监文案脑就是在建立认知、训练模型、调用模型。这些都是通用的大白话，不要把它想得很复杂。你的大脑想复杂了，这些浅显的提醒反而变味了，只要理解字面意思就可以。

比如，在《撬开总监文案脑（认知卷）》里，你和其他读者都是在建立对文案和文案脑的认知。但是，你很难一下子把这些认知转化为行动，为什么呢？因为你自己没法建立文案脑的训练模型。所以，我才决心继续往下发起"总监文案脑蝶变计划"。

在《撬开总监文案脑（认知卷）》中，我就提过总监文案脑的结构化思考模型。经过结构化的拆解，你会发现工作生活中的大小事，都可以拆解成相对固态的范式、流程，然后分阶段、分步骤推进执行。当然，升级总监文案脑，也可以这样去拆解过程。

我把整个文案创作过程拆解成6大游戏化训练关卡，分别是文案准备期、文案观察期、文案取材期、文案酝酿期、文案开悟期、付诸笔端期。而我俩正在讨论是第二道关卡——文案观察期。

在第二道关卡中，我们又要完成4大思考任务——框定问题、盘点资源、匹配模型、预设路线。所有这些认知，是系统性、整体性的统一存在，它们一起构成了一个专属于你的总监文案脑思维模型。

你绝对不可能一下子吃下整个系统。甚至是，你看完了前两封信，塘主让你去框定问题，去拆解问题背后的问题，去深挖信息背后的信息。你读到了，你看到了，但是你可能做不到。王阳明先生说："知是行之始，行是知之成。"你做不到，说明你还不知道。当你知道了，你一定能做到。因为你还不知道，还做不到，所以就要真实的训练，在行中知，在知中行。接下来，我要跟你细说文案观察期的第3大任务——"匹配模型"。

"匹配模型"，用已知去浸润未知

当我们接到一个文案任务后，第一件事是去"框定问题"，用一连串的"为什么"去拆解问题背后的成因。接下来，总监文案脑会做第2步思考，给客户"盘点资源"。

总监文案脑在框定问题、分析成因、盘点资源时，会把客户面临的市场问题跟同类型的过往案例、经验、认知做统一比对和匹配，然后给当下的任务做清晰的类型界定。当你完成了任务范围界定后，就做完了"匹配模型"工作。

本质上，文案总监思考项目问题，跟医生给病人看病时，采用了同一套解决问题的流程——先通过各类科学检查仪器观察病变局部——"框定问题"，探索成因。然后，隐晦询问病人工作及家庭情况，尽可能在病人承担范围内，为病人选择匹配最佳治疗方案，这一步叫匹配资源。最后，把现有病症跟过往相同病例放在一起做比对，如果是常见症，就走模式化的开方、买药流程——这一步就是我们在说的"匹配模型"。

我先说说"匹配模型"背后的底层原理。大脑会本能地对于范围不明、内容不清的一切事物产生不安全感，引发自觉的逃离和回避。就像外出露营，经过草丛，脚边传来沙沙的声响，你会本能地跳开一米多远。因为你分辨不出那是蛇、是野狗，还是风吹草动。对于一切含糊不清的东西，大脑都会自觉远离，这是大脑进化出来的自我保护机制。

在思考和认知上，这套机制同样主导着大脑的本能反应。大脑会主动逃离那些边界不清、混乱无序的问题。没有文案总监创作系统的人，长期活在痛苦的创作挣扎当中。因为他们的大脑一直在无序的思考，而他本人为了保住那份工作，又要加倍地调用主观意识去把大脑拉回到轨道上。这样的内在拉扯和消耗，每一天都发生在那些无序思考的文案人身上。

而我引导你去"匹配模型"，本质上是引导我们的文案脑把当下这件事跟过往的一些认知、经验和已有系统进行绑定。把大脑从初遇问题时无序、无知的慌乱状态，牵引到已知的范围内，用已知来浸润未知。

当你完成了文案任务类型的模型匹配，把当下的文案任务跟过往文案数据库的创作任务进行对接，你的文案脑会自动读取与之相关的所有存储内容。对的，我用的是自动读取。这是一种完全自发、自觉的认知匹配过程，不用你思考，大脑会自动完成这份信息提取和交换。你要相信自己的大脑，它远比你想象的更加智能和高效。它比你更想早日完成手边的工作，早日结束高压的状态。只要你按照大脑的运行规律来做文案脑训练，大脑的自发反应会高效地协助你文案力的脱胎换骨、迭代升级！

"匹配模型"，让文案思考在大脑里自动发生

不过，千万不要把"匹配模型"理解为找参考或找同类调性的客户案例。"找参考"那是外行人在创作上的思维偷懒行为，是毫无创作方向时，把他人的案例和作品当作模仿和复制对象，这跟我提到的"匹配模型"毫不相关。

"匹配模型"是为了把大脑从未知状态引到已知状态，目的是更精准地主动调取相关认知、经验的数据库；而"找参考"是为了节省脑力，直接去拆解和借用别人现有的表达结构，用别人的结构形式来装自己的内容。从大脑认知的卷入程度上，就能看出两者在用脑程度上有着天壤之别。

如果你对我在《撬开总监文案脑（认知卷）》中提过的"启动效应"还有印象的话，那么你就很容易理解"匹配模型"的底层逻辑。"匹配模型"这一步实战操作，就是在自己大脑里丢出一个"启动球"，让手里的新文案项目与其他看过的、经历过的、参与过的以往同类型项目产生相互关联。这样，

文案脑内所有与之相关的已有认知，都会渐渐浮现出来。

还记得我上一封信提到的"那片云"吗？我带你做过了品牌资源盘点，拿到这些信息后，接下来你会怎么思考？

放在之前，可能你的大脑会立马陷入无序和慌乱状态，不过，当你看完这两封信后，我希望你真的学到、用到——直接引入你的大脑走结构化的思考流程，去玩给你设定好的这个闯关游戏。

第1步想都不要想，直接进入第1关的文案准备期，你要让自己的总监文案脑形成这样的本能反应。因为本案是帮助好友做事，所以准备期的大量客户信任部分的准备工作可以免掉。

第2步来到文案观察期后，你已经知道了要去做三件事——"框定问题""盘点资源""匹配模型"。既然是"框定问题"，问题出现在哪里，为什么推进不下去，核心原因是什么？在本案中，我很自然地把问题框定了在"人"身上。人不对，问题才出现。上面信息中有两个人，她们的问题各不一样。

一个是品牌创始人，她对市场营销和线上传播毫无经验；另一个人是资深文案，她对写文案很在行，但是没有总监文案脑，没有结构化的思考方式。更重要的是，她没有能力独立完成从0到1塑造一个品牌。不然，不会6个月了都没能做出明显推进。业内很多职业文案人、品牌总监都这样，只会在现有品牌上添砖加瓦、锦上添花，多数人没有从0到1的创作系统。

先"框定问题"，找到项目推进不下去的基础原因，同时也做完了"盘点资源"后，下一步让你的文案脑正式进入"文案观察期"的第3个任务——"匹配模型"。请问你会为这个创作项目匹配哪一种任务类型？按你的经验直接做预判。

可能你会自信地直接说："属于品牌形象塑造范围的文案创作任务模型呗。"当你做完了这样的"匹配模型"时，你的文案脑会发生什么变化？你细细体会一下！

是不是很像找到了一个叫"品牌形象"的数据库接口，然后从这些数据库里自动调取与"品牌形象塑造"有关的认知、经验和案例思考？你的大脑会自动自发地帮助自己完成很多事，对于过去存储的很多相关数据，它会自动帮你调取出来供你查阅。

不过，我得提醒一下，如果这样做，你极可能会把品牌引入经营绝境。因为你可能对"那片云"的创作任务，做出了一个错误的"匹配模型"。

作为市场营销人，我们应该先解决新产品在市场上站住脚的问题。这个箱包只有一个名字，在产品形式、产品调性、客户人群画像、产品体系等内容都是一片空白时，光对着"那片云"3个字去做品牌形象塑造，不像是对着空气说话吗？所以，该项目更合理的"匹配模型"，建议设立在"优先处理产品和市场人群开发的任务类型"。说通俗一点，就是思考和解决品牌生存问题，为新品牌找到它的第一批用户。

很多时候，工作项目推进不下去，不是文案能力有问题，而是思考的路径和深度出现了偏差。

如果你问我："塘主，如何有效提升'匹配模型'的精准度？"我会说，在你的能力范围内，多多参与更大的项目，而且要在项目中尽可能地做主导者，而不是追随者。

当你经手主导过足够多的市场项目后，你的总监文案脑里会存储一条条价值千金的经验数据。这些宝贵的成事经验，就是你做同类项目时最好的校准器。你之前这样做了，做出很好的结果了，那下次遇到相似的任务类型，你的文案大脑就对它产生了熟悉感和掌握感。我只不过把我跟自己的文案脑相处、协作的方式原原本本地开源给你。最终，是你的文案脑给你答案！

如果你还要追问："塘主，假如我接到一个项目，但我没有相关创作经验。我对'匹配模型'的方向实在拿不准，怎么办？"这就是在下一封信中我要跟你交流的重要内容了。

✉

第 7 封信

预设路线：客户生意分析
坐标系是总监的创作指南针

亲爱的谷白：

在这一封信中我将给你一个总监文案脑的创作指南针。我会尽我所能把平日里做项目和带下属的工作心得写下来，把自己面对商业项目时的思考流程，直接反映在文字里，这对我来说，是最高效的表达过程。

如果我不说，你可能很难留心这一创作细节。不过，请放心，我将尽力把这个创作秘密给你说透。

这么来说吧，对于资深的文案总监来说，真正的文案主体路线在未落笔之前，已经提取出来了。因为文案内容是一个人对当前项目的商业理解、市场认知、用户沟通、产品特征等综合信息的思考和呈现。

换句话说，很多资深的文案创作者，都会集中精力在项目的构思阶段，预先找到一条最核心的前行路线，找到那个最适合的思考大方向。

这点非常容易理解。你就是自己大脑的指挥官，当你把无数脑力和精力投注在一个项目上，准备来一场硬仗时，你需要给自己的大脑算力资源下达命令，规定他们主攻的方向，告之要集中脑力的精准攻击点。大脑喜欢清楚明确，不喜欢含糊不清的认知状态。没有这条预设路线，大脑的注意力就会立马游走在各个电脑文档窗口，放任着时间一分一秒地从身边滑走。

你知道资深总监是如何找到这个主攻方向的吗？其实，要说清楚它非常简单。你只要记得这一句话就好了：

客户的生意，是天然的创作指南针

如果你在项目创作中迷失了方向、找不到出口，把客户的生意当作你文案创作过程中的构思方向标就好了。它听起来，很简单。但往往人们一听就懂，一做就忘。

真正知行合一做到这点，需要创作者把"我"藏起来，完全躲在品牌、客户和用户的身后，把"我"跟品牌方化为一体，以"无我"的状态去观察和关注品牌方的市场现状和生意发展需要。"我"不重要，"创作者"不重要，重要的是把品牌和用户托举出去！

很多人下意识会理解为，我要卖给客户文案、大创意或整套创作提案。当然要把文案、大创作和方案的价值烘托出来，拔高到很重要的位置上。错！客户不是要买这些，客户买的是结果。把自身看轻，把品牌的生意看重。这非常反人性，也反直觉，所以很多人知道也做不到！

不过，不管别人怎么样，我希望你在正式项目中，时刻拿着这一创作构思指南针。在想创意、想文案之前，先要把客户的生意放在头等大事的位置上。以终为始，一切构思的导向都是为了推动客户的生意向上生长！

拿到这个指南针后，接下来你需要知道的就是，如何快速地了解客户的生意状态，并且从中找到做市场营销时需要提炼的预设沟通主线。

我先说说最核心的心法，把自己想象为这个品牌的创始人，这家公司的合伙人。当你置身事内去看问题，你才能做到切身感受企业市场营销中的阻点和机会。

除此之外，你需要学会使用下面这套生意思考坐标系，帮助自己快速提取出品牌方的生意现状。

这套坐标系从 3 个维度去勾勒客户生意的状态。xyz 轴分别代表了企业分级、产品周期和品牌方动机，我们分别去理解这核心的 3 大生意坐标系。

x 轴维度：企业分级。任何一个传播行为，都是企业主的决策和意志在市场端的体现。不同等级的企业所能调用的资源数量和质量存在着天差地别。我习惯把客户粗略地分为小微创业公司、中小型经营企业、地方区域型企业、全国市场知名企业。每一个等级的企业都有其在经营中需要达到的首要任务，当然，他们手里的传播预算也大不相同。

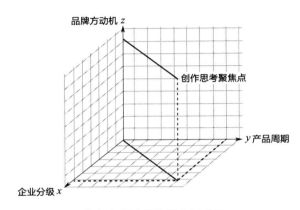

客户生意思考分析坐标系图

比如，中小微企业只求活着，它们的传播预算几乎为 0；中小型企业求增长，在传播上比较务实，每一分钱都需要转化为销量，不太会做务虚的形象传播……

拿上次跟你提到的"那片云"来说，这个客户的企业分级，就属于品牌经验为 0 的小微创业者。公司没有品牌运营团队，创始人也没有品牌方向和思路，更拿不出预算做长线的品牌形象包装和宣发。所有这些，都需要我们在构思文案阶段预先考虑到。否则，就是纸上谈兵，空想写文案。

y 轴维度：产品周期。关注客户的生意的第 2 个重要的思考主线是，了解当前这个产品的生长周期。你正在宣传的这个产品，是处于新生期、上升期、成熟期，还是老品换新期？不同的产品周期，对应的市场目标和营销策略都不尽相同。

通常来说，新生期的产品，需要告知市场"我是谁，我能为用户带来什么"，可采用集中资源、奇兵制胜、一鸣冲天的市场策略，在目标用户大脑中创造出一个记忆点就算成功登场了；对于上升期的产品宣传，需要加大火力，重点做好用户使用场景认知锁定和用户关系经营；成熟期的产品宣传，需要保持它的市场强势领先地位，持续唤起用户好感度；衰退期的产品需做老款升级，利用新元素搭建与年轻人的全新沟通点……

z 轴维度：品牌方动机。通常来说，品牌方在找专业创业团队合作时，他们只会随口提一些空泛的内容需求。比如，他们只会提"我需要一个详情页文案、产品介绍文案、给产品起一个名字、一个视频广告……"这些要求指令，完全不具备创作构思参考性。作为内容创作者，我们大多数情况下，都需要做身份转换思考，假设你是品牌方代表，你为什么要选在当下投钱、投时间来生产和投放这些内容？你做这件事，要达到的结果和目标是什么？

以上 3 条思考维度，跟客户的生意息息相关。如果你拿不准，就去找客户直接沟通，打电话或者当面谈。请放心，以我的从业经验来看，我没有遇到过任何一个抗拒事前主动跟他沟通的品牌创始人。创作者找客户沟通，把心里困惑和疑问的小气泡直接戳破，这代表你对他的项目足够上心，他会感谢和庆幸遇到你这样用心的文案人。

我们提炼的每一个营销决策，都是在代替客户做决策。甲方客户和公司上级都不怕"事前麻烦"，但是，人人都害怕和讨厌事后出面来收拾烂摊子。因为每一次烂摊子的出现，对双方的信心和合作默契都是一次沉重的打击。

写完框定问题、盘点资源、匹配模型、预设路线 4 个方面，我俩就完成了文案创作观察期的交流探讨。我很确定，任何方案和项目，都可以按这个思考流程开展。毕竟，过去的 10 年，我都受用于这套思考方式，且在上百个客户身上做了深度验证！

最后，我想提醒，在文案观察期的前面 3 大任务——框定问题、盘点资源、匹配模型，都是为"预设路线"做的铺垫和准备。

在文案观察期，我们必须胸有成竹、有理有据地拿到观察期的思考成果——一条清楚的预设路线，拿到创作方向的主体构思。你要在这一阶段，就在心里规划了这场创作认知战的主攻方向和路线。

当你大脑里框定了客户面临的问题，盘点了客户手里能动用的资源，提前匹配了客户的任务模型，也在脑海里替客户预想了具备可行性的升级路线，你自会底气十足地出现在客户方的沟通会议上。

记住，永远不要允许自己的大脑像一张白纸一样出现在客户面前。我们创作人出场了，一定是来解决客户市场营销上的问题，帮助客户拿到预期的结果的。我们不是来到客户面前，听他下达创作任务的！

对了，我给你留一道思考题。在"那片云"这个项目中，我在回信中简单梳理了框定问题、盘点资源和匹配模型 3 大模块，最后，预设路线是留白。你可以把你的思考整理好，发到我的公众号后台。搜索"敲醒文案脑"，就能找到我了。

在来信中，我只能把有限的笔墨用来讲述总监文案脑升级闯关的核心观点。很多案例细节我都没法展开说。因为把一个案例的前因后果和推导过程梳理完整，可能要用到七八千字。有机会的话，我会组织《撬开总监文案脑》的实战案例读书群，到时再用 PPT 课件跟大家直观地连线分享。希望到时你在！

第3关

文案取材期

回到 3 个现场，
深挖品牌和产品的
内在沟通点

第 8 封信

进入生产现场：激活
"在场感受力"，发掘
卖家的故事性和记忆点

亲爱的塘主：

感谢你在文案准备期、文案观察期的倾囊相授。当下，我真的感觉你就是我混沌文案脑的最强整理师。我从来没有想过，文案营销上的认知和思绪，可以被整理得这么清晰。

对了，跟你说个好消息，我用你给我的 8 封信，成功拿下了一个重要的客户项目。你的 8 封来信，我反复读了不下 5 遍。不怕你见怪，我越看你的文字，越觉得在翻阅上一本书时，误读了你的提醒。

塘主，我发现你已经尽心把你对文案创作者的思考，以及你对总监文案脑的认知，都写进了《撬开总监文案脑（认知卷)》里。这本书里的每一章、每一节，都带着你给文字同路人善意的提醒。只是我在阅读时，没有读懂其中的本意。我阅读第一遍时，只是把书里的一个个知识点画下来，然后就把书中内容放在一边了。我很少把那些对文案脑的引导转化为自己行动的创作指令。

我当时在阅读第一遍时，只是停留在知识点的获取和认知接入上，从来没有想着把学到的内容实战出来。不过，我现在发现了比读书更快的成长方式，是用书；比学塘主更高效的进步方式，是"用塘主"。

我只要按下总监文案脑的启动按钮，剩下的就按塘主在信里给的引导流程，直接走入第 1 关、第 2 关，框定问题、盘点资源、匹配模型、预设路线就好了。塘主给的认知工具，不用等我完全理解了，才正式去使用。就像我手里拿着一个电钻工具，我不必理解透电钻的工作原理后，才去启动电源开关。

不是懂了再去应用，而是用了就慢慢懂得更深了一点。我把它们带到具体商业文案项目中，以用带学、以用带练，用过后才更加理解塘主的引导。这是我这段时间来，收获的最大确定感！感谢塘主倾囊相授。

谷白

5 月 11 日

亲爱的谷白：

很开心听到你的内在觉醒，听到你分享的好消息。恭喜你已经走上了知行合一的快速通道。就像是我播种的一粒种子，在你的大脑的土壤里生了根，发了芽。

你已经能够理解塘主这套总监文案脑的练习和升级路径，我们之间的文案脑已经建立了高速传输的信号通道。接下来，我就可以用更快速、高效的方式，直接向你觉醒中的大脑里直接录入我在总监文案脑领域的实战认知。

走过第 1 关、第 2 关的文案准备期和文案观察期，你与客户建立了牢固的利益联盟和合作伙伴关系，也对客户的商业问题进行了初步的框定、梳理，对项目任务展开了模型匹配和预设路线思考。下一步，我将带你正式推开第 3 关文案取材期的大门。

正式推门而入前，我简单介绍一下前 3 关的内在关系。在文案准备期里，我们的文案脑完成了创作环境的搭建；在文案观察期里，我们的文案脑完成了对项目梳理、解构和对创作路线、方向的预处理。第 3 关要做的事，是搜集有效素材，对前面两关的思考进行填充、验证和丰富细节。

第 3 关内容相当关键，它直接决定了你能否找到精确沟通点，把脑中的预设构想真正转化为可落地、可入脑入心的商用文案。

而搜集有效素材的难点和重点，不在于出发寻找和搜索，而在于激活"在场感受力"！

激发你的"在场感受力"

我换了 10 多个词，终于找到"在场感受力"这一个相对精准的表达，能够描述文案脑在搜集有效素材时全力启动的运转模式。"在场感受力"就像我的文案脑里装备的一组高精雷达。当我启动它时，我会完全放下所有逻辑思维能力，全力打开我的形象感知脑，扫描和过滤我大脑里滑过的所有项目信息。

"在场感受力"由两大部分组成，第一部分是"在场力"，第二部分是"感受力"。这两组能力，短短 6 个字，但是够我升级和练习一辈子。当我"在场"，我就能跟事物建立联系，能发现事物的内在语言，能捕捉它留在我心底的内在"感受"；当我对一件事产生了内在"感受"，我就能用文字去捕捉和记录这组真实的内在感动，然后用文字记录描述它。

我不是从外界找来一组词与句，去描写要宣传的品牌和产品，而是通过激活"在场感受力"，去聆听这个品牌和产品留在我心底的感动，之后把它对我一个人"说"过的话，翻译和转述给世界听。这就是一组文案产生的真实过程。

"在场"意味着我们要全然地、直接地、无遮蔽地、沉浸式地参与和进入事物本身，跟项目现场的关键人物、关键事物、关键环境保持一对一和不间断的连接、倾听、体悟和对话关系。我们真的能对当下最需要连接的人和事，保持"在场"对话关系吗？答案是否定的。

往往在做一件事的时候，我们内在的"我"并没有保持"在场"。仔细观察不难发现，读书时你并没有时时"在场"看书，很少进入书中的故事和语境；吃饭时你并没有时时"在场"吃饭；睡觉时你并没有时时"在场"睡觉，很少真实去感受睡意一点点袭来，只是不停地刷手机争取不要睡去；写作时，你并没有时时"在场"写作，而是去担心截稿日期；陪孩子时，你并没有时时"在场"陪玩，没有跟着孩子一起体验他眼里的快乐，而是常常挂念着没有完成的工作……

我们并不缺少感受事物的"感受力"，这是我们的本能。我们缺少的是"在场力"。当我意识到自己没有"在场"，我发现生活中的很多小事，都是我修炼"在场力"的绝佳道场。

当我洗澡"在场"时，我把大脑从没有完成的方案上拉回来，引导它跟淋浴间的场景产生真实的连接。我的感官留意到热水从肩头滑落，热气蒸腾、毛孔张开，整个人褪去疲惫，身体慢慢充满电……

当我吃饭"在场"时，我留意过照顾我的爱人已经习惯了把好菜都摆在离我更近的一边。我感受过一口米饭放在嘴里，细嚼到第四下会生出清香的甜味。当我放下手机、放下心事和工作，我一下子感受到最受欢迎的下饭菜是家人口中的家长里短，是孩子和爸妈之间的心里话。写到这里，我的大脑里就浮出了一个文案主题——长大，是学会了饭桌上的唠叨话。拍成短视频广告的话可以描述一个从小逃离饭桌聊天的孩子，长大后不知不觉中，对自己的孩子说出了爸妈当时说的唠叨话。从不爱听到自然地学会说，这就是长大的全过程。一顿饭的时间，是家人的团聚时刻。菜越吃越冷，家人间的感情却在家长里短间渐渐升温。

当我"在场"写作时，我好像进入了一个沟通情绪的境界，能够自动屏蔽外在的一切干扰。此刻的阳光、室温、周围声音、口渴、焦虑等我能亲身感受、看到、听到的信息源都与我无关。我只是跟正在写作的这个主题、这一事物保持全然连接，跟内在的自我产生一场对话。我引导"我"停留在正在编写的这一行字上，留在正在输出的这一段内容上。这是在内容创作上我最重要的秘密工具。

当我在日常小事上训练"在场力"时，让我感触最深的是在孩子成长上，过去我投入的有效陪伴太少了。哪怕蹲在孩子旁边，陪着他搭积木、拼乐高，但我整个人并不"在场"。我的大脑里满是未完成的工作，不停思考着下周规划，以及没有完成的产品设计。

记得有一次，我陪 3 岁的宝贝搭起来一个积木高塔，他拍着小手高声叫着"高塔搭好了"。看到他脸上堆满了天真的笑，我觉得自己在这件高塔作品上花的时间都值得了。正当我心里升起了一阵欢喜时，孩子一脸带笑地伸出双掌，把堆了好久的积木高塔整个推倒了，然后又一脸期待地说："爸爸，搭大桥。"看着桌面上凌乱的积木，想到刚刚被推倒的高塔，我不免心疼几秒钟。不过，看着孩子期待的小眼神，我好像明白了点什么。孩子要的从来都不是积木的最后成品，而是一直享受着一个个形状从无到有的全过程。

在搭积木这件事上，孩子一直"在场"。他的心力和感受力融在了每一块垒高的木块上，他在每一块叠高的积木中得到了沉浸的快乐。我陪孩子玩时，只是出现在孩子身边，我没有"在场"。我只是把陪孩子当成一项任务对待，现在想起来就觉得汗颜。反而是孩子在玩乐中，让我体会到了"在场"重在过程参与和与对象连接。

从现在起就在每一件小事上激活和使用自己的"在场感受力"。当你在捧着水杯喝水的时候，是你在捧着水杯；当你在敲击键盘时，你是真实地感受到键盘对手指的回应；当你在看这封信时，你是全然地回看这封信，大脑里没有其他的杂念和待办事项……

当你的文案脑完全激活这种能力后，你就可以带着它进入产品和品牌的生产现场，去深挖产品和品牌想对广大用户传递出来的内在语言。

进入生产现场

很多时候，品牌和产品的故事性和记忆点，不是由我们凭空创造出来的。每一个项目里，所有需要用到的创作源素材就存档在品牌方肉眼可见的产品生产现场、使用现场和成交现场里，等着我们把它找出来。

如果你已经在生活日常小事上激活和训练了自己的"在场感受力"，不妨先把这份能力带到你要服务的品牌和产品的生产现场，去感受它已经存在，却没有被大众听到和感知到的内在语言。以下生产现场的 5 大生产环节，往往藏着品牌和产品的独特故事性和记忆点。

1. 在场感受创始人初心。可以说，很多企业都会明显带着创始人精神和意识的烙印。创始人和企业家精神，会转化为企业的经营之道和产品的开发理念。当你认真采访品牌和产品的创始人、负责人，他们会跟你表达出自己的经营理念和创业初心。一个带有故事的创始人，他的初心本身就是难得的沟通记忆点。

2. 在场感受材质用料。企业对材质用料的态度，就代表了这个企业对待广大消费者的态度。真实走进企业的生产现场，在场感受到生产原料加工成为成品的全过程，你的文字也会变得踏实有力、言之有物。材质用料可以直观体现一个企业在产品开发上的底线，还有团队生产经营的态度和良心。国内一个知名的纯净水品牌，它的瓶身标注的容量是 596ml，有零有整。企业创始人面对镜头解释说："当时想做 600ml 的，但是生产出来发现只有 596ml，多少就是多少，我们不能欺骗消费者。"这个品牌就是娃哈哈，当我在新闻上看到这个细节和背后的原因时，我对这家企业肃然起敬。

3. 在场感受设计语言。宣传一款产品时，我会代入消费者身份，真实去使用和体验产品，观察它的外观、配色、不起眼的设计细节。有一个特别的观察习惯可以跟你分享，我会选择用眼睛以外的感官去体验和使用产品。当我闭上眼睛使用产品时，我能感受到更多的产品设计细节。如果是手持产品，比如一只咖啡杯，我会闭上眼睛，换着左右手去接触杯子。拿起它递到嘴边，我发现杯身上带有一圈凹槽的硅胶设计可以隔热防滑。产品上的每一处细节和用料，都藏着产品开发团队的暗语。我们要做的就是在场感受它，把它讲给用户听。

4. 在场感受工人手艺。产品质量由无数个细节组成，而细节由一线加工工人亲自把控。我喜欢向产品生产的一线工人请教偷师。在我看来，他们自带金句体质，他们口中的原话是普通老百姓能听懂的接地气的生活表达。他们会用通俗的语言跟我讲解自己这一道工序上的达标要领。所以，如果我想去深挖和放大产品在细节上的工艺和用心，我不会坐在办公室里看资料找答案，我会到生产一线去现场感受手艺人的工作场景，观察他们的工序流程，访问他们的工作日常。

5. 在场感受生产环境。对了，进入生产环境时，我习惯使用身份置换的方式，用产品的视角去在场感受生产环境。比如，我要写一个茶叶品牌时，我会把自己变成一株高坡上的茶树，尽情地享受着充足的阳光、土壤和雨露，等待挑剔的茶农们到来采摘；当我写一个生蚝品牌时，我会在一秒间化身成一个潜睡在海水深处的大个生蚝。

以上是我进入生产现场挖掘产品和品牌内容故事的方法。当我代入产品视角，在场感受一泡茶、一只生蚝、一袋猫粮的创始人初心、材质用料、设计语言、工人手艺、生产环境，沉浸式体验一个产品从起心动念、原料准备到加工生产的全部过程，这更容易让我跟这个要宣传的品牌建立起内在联系。

如果一定要给这套方法概括一点底层逻辑，那么我会说以上内容只有一个方向和目的，它引导我尽可能成为产品和品牌生产经营方的一员，甚至让我自己真的成为产品的一部分。

我并不觉得那些项目文案是我写出来的，而是产品和品牌握着我的手、借着我的口，向公众说出了它们自己的心里话。所以在落笔写作前，我会让自己带上"在场感受力"，成为产品和品牌的合格听众。

当你比别人更擅长听见产品和品牌内在语言，你就更容易在生产现场捕捉到产品和品牌内在独特的故事性和记忆点。

文案取材期

第 9 封信

进入成交现场：抓牢这 3 大成交要件，透视买家真实的购买动机

亲爱的谷白：

写完上封信后，我迫不及待地想把文案取材期的第 2 封信的内容也尽早梳理完。

在上一封信里，我跟你沟通了带上"在场感受力"进入产品和品牌的生产现场，其实是让自己的文案脑直接进入卖方角色，去回应在"卖什么"的课题。你已经知道如何跟产品和用户建立内在联系，找到卖家内在的故事性和记忆点。当然，这还不够，因为卖家不能独立存在于市场。

你还需要带上"在场感受力"，进入买家角色和身份，去透视他们真实的内在购买动机是什么，也就是回应"买什么"的课题。

我们的文案脑同时在回应卖家和买家的内在心声，也是同时在追问"销售逻辑"和"购买逻辑"。你必须同时读懂企业在产品和品牌开发经营中的内在语言，也要像一个购买行为分析专家一样，能够真实过滤出用户在成交现场的购买动机。只有这样，用户才会为你的文案买单，用户才会给你的文案做出真实的反馈。

可能你会觉得自己又不是用户肚子里的蛔虫，怎么知道他的购买动机？其实，这个问题也曾困扰过我。不过后来我彻底想通了。下面，我把自己开悟的过程，以及探知用户购买动机的整套方法论原原本本地展示给你。

我们不用刻意去臆测他人的购买动机，我只管把自己当成一个活生生的用户样本，去研究自己成交决策的全过程就好了。我每天都在做消费和购买决策，我自己就是一位精明的购买专家。

我也是亿万消费者中的一员。在同一个购买沟通场景下，有成千上万像我一样的人。我本人就是用户需求的真实具象化的样本之一，我自身就带有其他用户的内在特征。我透过我这一粒沙子去认知整个沙漠。因为我身上有着完整的整个沙漠的基因信息。

我只需把自己当成一个真实的产品消费者，把自己完全暴露在真实的消费决策场景下，观察自己心甘情愿掏出真金白银为产品买单的原因，并且分析一个普通用户的决策过程。通过认知自己在成交现场的决策过程，推己及人地探索他人的心智。

通过长年观察和研究自己内在数千次的购买决策过程，我发现场景不一、形式多变的成交现场，都存在一个极简的购买模型，它由 3 大要件构成，形成了稳定的用户购买心理决策模型。只要你抓住以下 3 大要件，你也能精准透析用户的购买心理。

- 购买身份
- 内在买点
- 价值天平

当然这是一个经过加密的购买模型。破解这个购买模型的方式，就是拆解每一部分内容，并且把它套用在自己身上，回到真实的消费决策现场去用它来分析自己的购买行为。

接下来，我会用两个你熟悉的消费案例，带你走入生活化的成交现场，去理解这个购买模型的 3 大要件。在我介绍这个案例的过程中，你不妨把自己代入其中，体会一下，在同样的成交现场，你是不是也有过相同的购买动机？

成交现场 1：毕业后，用一笔存款给爸妈置办了大礼

小 Lin 是家中独女，从小到大，她眼里的父母就像努力张开翅膀的大鸟把她护在身下。从小她对父母印象最深的那句话就是："不要跑远了"。哪怕是

大四实习期间，加班中接到爸妈电话，听到最多的话也是："跑那老远干嘛，在外工作太累了就回家找个近点的单位。"

小 Lin 内心对待父母的态度是既感激又烦恼。她一直幻想着离开父母的港湾，去看看外面一览无余的大世界，但她又害怕自己经受不住外面的风浪。这对矛盾对她来说，可能是一个永远解不开的结。好在今年毕业后，她顺利找到第一份工作。年前回家，她特意跑去市中心的商场给爸妈各添置了一件新大衣，还有老妈一直舍不得买的护肤品。

我想这个消费场景你肯定不陌生。毕业后，拿出自己的第一份工资，给家人精心准备了一份大礼。如果你也有过类似的经历，不妨现在回到当时的成交现场，用这套购买模型去透析一下用户的购买决策过程。

问题1：她的购买身份是什么？

在掏出手机扫码付钱的那一刻，小 Lin 的购买身份是什么？我说的成交现场购买身份，是指用户潜意识里主动匹配的、促使她发起购买行动决策的那一行动身份，也就是那个对眼前的产品非买不可的行动身份。

她是父母眼里没吃过苦的好孩子，是个工作刚满半年的职场新人，是售货员眼里出手大方、孝敬长辈的女孩。这些都是真实的小 Lin，但都不是她的购买身份。

是什么内在诱因推动着小 Lin 一定要把这笔钱花出去，给爸妈带点东西回去？只要找到小 Lin 的购买身份，你就完全吃透了同一消费场景下的用户购买动机。

其实，掏出手机爽快买单的小 Lin，她真正的购买身份是一个全力证明、正式宣示自己已经长大独立的青年。她用高价礼物表达着对父母的感谢，更想让父母亲眼看到自己终于长大成人，让他们知道自己毕业上班后有能力独立生活了。这份成长宣示带着对父母养育之恩的感谢和回馈，也带着对得到身边至亲肯定的期待。

问题2：产品解决了她什么问题？

小 Lin 去商场之前，她自己都不知道要为父母准备什么礼物。她唯一明确的是，既然主动来了，就不会空手回去。她是带着一个明确的需求，一个未解决的问题前往成交现场。这个未解决的问题，就是用户的内在买点。

那么，我们来看小 Lin 的内在买点到底是什么？表达对父母的感谢，以及宣示自己独立长大，她需要一些具体的情感和情绪的传递物。这是她需要解决的问题。而那些价格不菲的衣服和化妆品，就成了她表达内心感谢和想法的工具。

问题3：她的价值天平里有什么？

我们可以这样理解成交价值天平，用户大脑里天生就有一套神奇的价值称量装置，它像天平一样。天平左边是用户即将失去的代价，天平右边是用户可能拿到的价值回报。

在整个成交决定过程中，最关键的一环是对价值天平的读取。用户只有看清了价值天平两端的轻重比后，他才会主动买单。只要用户发现付出的代价远远小于拿到的价值回报，用户就大概率在内心按下付费买单的确认键。可以说，所有成交都是读取价值天平后的自我成交。

那么，小 Lin 的价值天平两端有什么呢？她付出的可能是一个月的工资收入，而这在她承受的范围内，因为她知道未来的工资一定会越来越高。她的价值天平的回报端有什么呢？有拿在手里体面的礼物，有对父母感谢的表达物，有父母的欣慰和开心，还有在父母面前展示自己长大独立的成就感……除了有价的礼物之外，所有她拿到的其他确定的无形回报，对她来说，都是成长路上必不可少的无价情绪资产。

你已经拿到了一个极简的购买模型，通过回到成交现场，分析成交决策的 3 大要件——购买身份、内在买点、价值天平，你可以拿它去分析生活里众多的用户行为了。

成交现场 2：爸爸更容易出手给孩子买礼物

C 先生周末陪同妻儿来到小区周边的商场吃饭、看电影。路过一个玩具店，4 岁的孩子一头扎进店里，绕着几排玩具展示货柜逐一寻找自己喜欢的机器人。看着孩子准备拿起一款变形金刚，妈妈立马上前拦下，说："家里不是有过类似的吗？"这时候，爸爸站在一旁默不作声。他已经准备好了付款码，只要是孩子真心喜欢的玩具，都会满足他的小小心愿。

在同样的消费场景下，为什么同为一家人的妈妈和爸爸对待孩子买玩具这件事会表现出完全不同的购买决策过程？为什么爸爸更容易出手给孩子买礼物？我们不妨通过寻找成交决策的 3 大要件，去透视爸爸内在真实的购买动机。

问题1：他的购买身份是什么？

一心想买自己心爱玩具的孩子被妈妈制止后，他哭丧着小脸走到爸爸面前，含着眼泪、仰着脸喊着"爸爸"。听到孩子哭泣的求助，这时候 C 先生已经成了孩子愿望实现的最后保障。

摆在他面前的只有两个身份选项：第 1 个是做最后的"恶人"，上前去掐灭孩子心底最后微弱的希望；第 2 个是成为孩子眼里的"超人爸爸"，默默站在孩子一边，伸手接过孩子拿起的玩具走向收银台。

如果你是当事人，在这一成交现场，你会选择当一个"恶人"，还是当"超人爸爸"呢？也许，你还会纠结一番。那么再叠加一个决策影响变量，你就不难理解 C 先生的成交决策了。

C 先生工作很忙，平日里都是早出晚归。回到家后，4 岁的孩子都已经睡着了。他心里一直觉得亏欠孩子太多，陪他成长的时间太少了。一周才有一次陪孩子出来玩乐的机会，孩子想买的玩具没有超出家庭的消费能力。所以，他常常选择站在孩子一边，去当那个"超人爸爸"。

在这个成交场景下，C 先生的购买身份就是一个面对 4 岁孩子心里有愧，想要寻找内在平和的"超人爸爸"。

问题2：产品解决了他什么问题？

因为工作太忙，没能陪伴孩子成长，C 先生对孩子有愧，觉得亏欠太多。那几百元一件的玩具，满足了孩子一个小小的愿望，也传递出了 C 先生对亏欠孩子的爱意补偿。

所以，C 先生买下一件玩具，其实是实现他内心世界对爱的补偿。这是他真实的内在买点。

问题3：他的价值天平里有什么？

关于 C 先生内心的价值天平问题，我想你已经能够自主回应了。一边是几百元的代价，另一边是孩子挂满泪珠的脸上露出了天真的笑容，还有换来孩子对"超人爸爸"的加倍依赖和肯定，以及实现孩子当下的小小心愿，当然还包括弥补内心对孩子的亏欠感。无论怎么看，价值天平都偏向回报远大于付出的那一端。所以，C 先生会一而再地选择成为"超人爸爸"。

最后，再去细看用户成交决策模型的 3 大要件：购买身份，代表了用户身份的实现；内在买点，表达了用户的问题得到解决；价值天平，代表了用户的收益大于付出。这 3 大要件环环相扣、互相推动。只有你的文案脑真的读懂了用户在成交现场的潜在购买动机，你写出来的那些话，才能精准地点中用户内在需要。

给你写信，我只能把重点放在文案脑的思考模型上。因为书信形式不便展示真实商业案例的视频和图像。为了讲清用户的成交决策模型，我只好列举一些比较日常的成交场景，来说清这套透视用户成交动机的方法论。

如果你想看到这套模型应用在商业项目中的案例分析，可关注我的公众号"敲醒文案脑"，我会在上面用一些真实的项目落地过程来进一步展示深度实战应用结果。下一封信，我会带领你的文案脑到文案取材期第 3 个现场，去寻找具象化的共情符号，下期见！

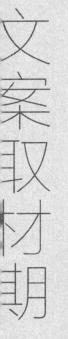

文案取材期

第 10 封信

走进使用现场：捕获
产品与用户真实的
连接和关系

亲爱的谷白：

在这些来信里，我一次写下几千字，它们不是为了教会你什么。其实我什么也没有教。如果我写下的这些文字，对你有启示作用，能带你向前走了一段，你获得的这些成长，都要归功于你不间断的刻意练习。

我只是在你文案脑升级闯关的路上立了一块路牌，简单标注了一组向前的箭头路标。地图和路标上没有路程和目的地的实景，重要的是你在真实工作中每一步的坚定前行。路标必不可少，迈开腿更加重要。

在文案路上，我是一个后知后觉的人。走了好远，我终于找到一个坚定的声音，来回应文案人身份对于市场的价值和意义。你投身文案圈，有没有问过自己，你想要拿到什么样的终极能力？实现什么样的价值？我说说支撑我自己走下去的那个真实的声音——"让品牌的用心被更多精准用户看到"。

作为文案出身的品牌营销人，我的本职工作内容是替品牌客户筛选精准用户，为用户匹配优质产品和服务。把客户和用户的心声同时放在心上，为双方搭建一个价值沟通通道，这是我的职责和使命。

无论我是在职上班，创业成为一个品牌咨询人，还是做一个职场教育者，我都靠着这份坚定的信念，规范和引导自己的行动方向。

所以，我才在前两封信里，把这份理念植入你的文案脑，带你走入"生产现场"和"成交现场"，去寻找产品和品牌的故事点，发掘用户真实的购买动机。

在文案取材期，我的文案脑有一条自动化的思考轨迹，即跟随产品加工、生产、运输、展示和使用的全过程，让自己的"在场感受力"从"生产现场"走到"成交现场"，再来到"使用现场"。这 3 大现场分别对应了三类人群：品牌生产者、产品购买者以及真实使用者。作为文案创作者，你要调用自己的文案脑，去感受这三类人群对产品的体验和需求。

这3大现场当中，最容易理解的就属"使用现场"了。来到"使用现场"，就是指在文案取材期，你以一个日常消费者和普通用户的身份，真正上手使用和体验产品。好像听起来很简单，感觉操作起来也不难，真的是这样吗？其实不然！很多文案人在体验产品时，只到了"初级使用现场"，他们根本就没有意识到"中级使用现场""高级使用现场"的存在。

接下来，我们就正式进入3大现场，去捕捉和感受产品在人脑和人心里留下的沟通机会点。

进入初级使用现场

在写一款产品时，直观真实的使用感很重要。文案人员是走在大众前面的产品使用者。你只有真实地下场使用和体验了，才有真实的使用感受传递给用户。

在初级使用现场，就需要你完全打开自己的五感，调用视觉、听觉、嗅觉、触觉、味觉，真实地跟产品产生深度的结合，并且尽量让这些使用场景真实发生在这件产品本应出现的场景和环境下。

如果你给一个菜刀品牌写文案，你不能坐在办公室里观察这把刀。因为你坐在电脑前，看到的内容不具备真实的生活气息。如果你的使用现场没有烟火气，你写出来的文案里也没有。你最好走入厨房、系上围裙、拿起菜刀，切出一盘土豆丝、打薄一块豆腐、剁断几根小排……当你让刀具跟食物真实接触起来，你笔下的文字也多了一份真情实感。

如果我给一个宝宝纸尿裤品牌写文案，我会等杯子中的茶水降温到37度左右，然后模拟婴儿小便时的速度，将茶水缓缓倒在纸尿裤吸水处。记得多试几次，然后观察产品的吸水速度、锁水效果。我还会把吸满茶水的纸尿裤放在手背上用力按一按，也会把它贴在脸上，去体验它跟宝宝肌肤接触时的触感。

在初级使用阶段，你要做的就是尽量模拟和还原真实的用户使用场景，把产品拿在面前使用它、体验它，记录它的产地、工艺、外形、材质、型号、尺寸、气味、触感、硬度、口感……

就像我们经常刷到的直播间卖货口播文案，99%的主播都是在介绍初级使用现场下提炼出来的产品特征。

在初级使用现场，我们观察和感受到的是产品物理层面的特征信息。这一步相对简单，只需调取五感，真实地去感触产品就能做到。你对产品的初级使用现场越真实、还原度越高，你就能抓住越丰富的产品细节。你真实的体验和使用后的感受，就是最重要的文案素材来源之一。往下走，来到中级使用现场。

进入中级使用现场

初级使用场景强调身体的感受，中级使用现场强调情绪的震动，我们要体验和感受的是产品给用户在情绪层面留下的连接和感动。

假设我写完这封回信后，就要去给一双跑鞋写文案。来到中级使用现场，我要关注的是自己身为一位跑者穿上这双鞋子，体会跑起来前后内心的情绪变化。可能在准备跑步前，我是迟疑和抗拒的，我的身体并不想动、只想躺着。但是，那双新买的鞋子，好像在看着我，向我挑眉，问我："要不要跑一场？"

我心动了一下，决心脱下消沉的精神面貌、换上跑鞋，踏上环湖跑道，正式出场。站在跑道上的我，感受到身体越来越重，步伐越来越沉，我觉得每一步都踏在放弃边缘。但是，我又振作精神、努力抬腿迈了下一步，后脚撑地、把自己的身体又向前送了一步。我的每一步都用尽了全力，我还在硬挺着，内心已经相当煎熬。天啊，要不到此结束吧。我快跑不动了。不，我不能这么早就服输。我，还能挺一阵。腿，真的好重。就这点东西？不，我，还能跑。痛苦地跑，喘着大气地跑。前面没有终点，只有痛苦。我正在"跑向痛苦"。于是，"跑向痛苦"这句话、这种感受，就成了一个留在跑者心中的情绪表达。它可能不适合用作品牌文案，但完全可以作为一句调动塘主内在多巴胺的专属自律文案。

说真的，写到这里，当"跑向痛苦"4个字自然地脱口而出时，我一下释然了。因为我昨天还接到了我妈身体检查的报告单，此时此刻的我肩上还挑着几个沉重的工作任务，我的下一本书还没写完……人生长跑就是主动跑向责任、担当和煎熬。作为一位生活的跑者，我不必努力成为一名跑者，我只需要在别人放弃时继续跑下去；我只需要在别人沉浸享乐时候，朝着艰难而有意义的事，坚定地享受着"跑向痛苦"……

跑步可以隐喻生活中的一切挑战。写一本书是一场长跑，经营个人品牌是一场长跑，读完1本600页的行业专著是一场长跑，考研是一场长跑……所有能够享受到前方丰盛回报的人，都是那些主动选择"跑向痛苦"的人。真正高级的快乐，多半是藏在痛苦之后的延迟满足带来的。大苦有大乐，你敢真心"跑向痛苦"吗？

这就是我在进入中级使用场景下，让自己的情绪在产品的使用场景中得到解放，并且用文字把它记录下来的过程。

进入高级使用现场

在高级使用现场，我们要在使用场景中寻找和建立物与人的关系、人与人之间的相互关系。

任何一个长期走进你我生活的产品，它都会陪伴我们走过一段特殊的成长时光，同时也附带着当时真实生发出来的情感和记忆。所以这件产品不再是一个无生命物体，而是主人鲜活生活的见证物。

比如，写一盏售价 2000 元的台灯的文案，在初级使用现场，你会写台灯的外观、设计、多档色温、可调节光源这些物理属性、护眼功能；进入中级使用现场，你会更多关注自己内在的情绪，打开这盏灯，灯光在你心头留下的温暖；进入高级使用现场，你不再关注产品呈现出来的物理属性，以及给你带来的情绪感受，而是去关注你和这盏灯之间的关系。

一盏灯它只是一盏灯吗？不！它一直守候在那里，等你下班、等你洗漱完，它看着你小声地抽出椅子，轻轻地坐在案前，打开电脑、打开书本，开始了一个人的学习。在家人和整个城市都在安睡的时候，一束温柔的光落在你的头上、落在你的肩上。一盏灯成了所有追梦人路上的最亲密的伙伴。用文字初步提炼总结品牌产品和用户的关系，就可以写成"为追梦人，造一束光"或"追梦人，前路有光"。

你看，文案产生的过程就是这么简单，只要进入对应的产品使用现场，把你看到的、体验到的、感受到的情绪和素材信息记录下来，再经过整理和加工，就能成为对外发布的商用文案。

写到高级使用现场，我从自己的备忘录里找到一条收藏好久的作品推荐给你，它是一条带货主播直播时的口播文案。这名主播就是感动过很多人的直播头部名人董宇辉。他自然是高级的文案表达者，他那脱口而出的带用户进入高级使用现场的文案水平，值得所有专业的品牌营销文案人学习。

当时，董宇辉在直播间里介绍一款给孩子用的绘画马克笔，以下是对他口播文案的摘录。如果你想真正读到这些文字里的真挚的情感，请找一个不打扰他人的地方，把这些话当成是你写的一样，小声念出它们。原文如下：

"我记得去年有一次讲到这种笔的时候，说过一段话，好多朋友说听得很感动嘛！就是家长其实不太喜欢给孩子买这类马克笔、水彩笔和蜡笔。为什么呢？因为家里的白墙干干净净的，你给他买来这个，他就要作妖。孩子不出声，多半是在作妖。口红给你涂到镜子上，然后这个彩笔给你涂到白墙上。就几天没见，过年回娘家去了，他给那门后面写了大大小小的字，什么"妈妈，我想你"，歪歪扭扭的，写得又大，你还没法清理。除非你把门重新刷油漆。你很生气，拉着孩子先打一顿，打完之后又觉得没必要打孩子。那个字就一直留在那啊。后来也没抽出时间清理，忙着就忘了。

嗯，忘着忘着孩子小学就毕业了，后来上初中就住校了，周末回来那一两天的时间洗校服，写作业，收拾东西。初中三年过去，一眨眼就高中了，那几个字还在那里。一直说重新收拾家里，没收拾。记得在高三，孩子学习紧张啊。高考前，你跟孩子他爸还到学校里陪孩子啊。一整夜没合眼，翻来覆去的，第二天去考试。考完了整个兵荒马乱的，人家自己把志愿报了。你跟孩子他爸就送孩子去了一趟大学。反正就寒暑假回来几次，大学就结束了。一转眼你看着以前那么小的孩子，在家里墙上乱画的孩子，现在瞬间就长大了，长大了之后样子跟以前也不一样了，个子也高了，但是也慢慢变得沉默了。找工作后回家次数越来越少，发消息越来越少，偶尔打电话联系，每次着急的挂电话。再过几年，我跟你说，等人家一结婚，过个年你都凑不到一块。

然后，那个大年初二，跟他媳妇回了娘家。这时候你又把门一关，'哎呀，我得亏没把孩子写的字擦掉，孩子三四年级时给我写的，到现在还在'。你能理解人那个时候的感受吗？所以，你现在让他画，管他干什么？你允许孩子画，你家的墙那么干净干啥呀？蜡笔画出来的是孩子眼里的世界，有的时候保护好孩子的童心是这个世界上非常重要的事情。所有的人曾经都是孩子，只不过很多人忘记了而已。"

读完上面内容，你的内心是不是也被这种简单的文字揪了一下？可惜的是，书信形式抹掉了原声的停顿、节奏和环境音，也压缩了文字的情绪。即便如此，你也能明显感受到这组卖货文案跟过往看到的所有卖货文案很不一样。

董宇辉在介绍产品时，直接跳过了初级和中级使用现场，他在马克笔材质、色彩、价格、品牌的物理属性上不着一墨，反而直接跳进了高级使用现场，用文字还原了真实生活中孩子和马克笔的关系，以及孩子和家长之间的关系。

在高级使用场景下，产品不再是重点，用户才是关系中的核心。案子中的蜡笔只是连接人与人亲密关系的一组工具和物件。

曾经有一个文案学员，给一个国内知名的冰箱写一条母亲节的短视频宣传文案。我就引导她进入产品的高级使用现场，写冰箱和家人之间的关系。她很顺利地拿到下了比稿项目，成功把广告推向了市场，获得了客户和市场的肯定。

至此，终于完整地带你通关了总监文案脑在文案取材期的 3 大现场。它们分别是产品和品牌的"生产现场""成交现场"以及"使用现场"。如果你真的在一个项目里走进 3 大现场，你根本不会缺少写作素材。拿到这些写作素材后，下一步就是去筛选、过滤、沉淀它们。而这是文案脑在第 4 关文案酝酿期的核心任务。先写到这里，下一封信再见！

撬开总监文案脑

实战卷

第4关

文案酝酿期

构建最简沟通模型，
让文案在大脑里
自然发声

文
案
辗
转
辗
期

填充沟通模型，让一场
沟通对话在大脑里自然
发生

亲爱的塘主：

我终于对你开发的总监文案脑升级路径有切身体会了。文案准备期、文案观察期和文案取材期，这不就是我们职业文案人面对工作项目时，可以自觉、自发调取的一套万能创作流程嘛！

细看塘主来信的过程中，我额外做了一件事，就是拿着塘主的文案脑思考路径，跟我自己原有的思考方式进行执行上的细节对比。

之前，来到一个工作项目里，我的大脑总会陷入一片兵荒马乱中，毫无推进方向。哪怕看过不少文案书、报过很多写作课，大脑里对品牌文案写作认知也不成系统，很多经验、信息和过往认知，以支离破碎的状态存储在大脑里。我发现每天处理客户品牌信息已经占用我绝大多数脑力了，我还要在内心慌乱的状态下，梳理大脑里混乱的文案认知信息。之前的我，根本无力把自己已有的认知梳理成现实工作中直接可以调用的思考模型。而塘主的引导，大大推动我完成了这一步的系统搭建。

现在，我的大脑里装备了一条清晰的升级路径，内心一下子就找到了一份踏踏实实的确定感。

我从你的讲述里，看到了逻辑性的文案创作模型。你把文案脑对整个项目推进过程直接拆分为 6 大关卡、6 大步骤。在这个总监文案创作系统中，我们的文案脑是中央处理芯片一样的存在，当前思考正处在哪个关卡，就直接进到对应的关卡，调取出现成的思考模型工具，解决对应的问题。不知道我这点理解得对不对？

我还观察到，你的文案脑在创作过程中，很少产生脑力内耗，感觉推进过程很流畅、很专注。这点可能我一时很难追赶。

就像进入生产现场、成交现场、产品使用现场，我也顺着塘主的引导做了多轮尝试，但是，我大脑里常常会出现各种声音掺和在一起，不同角色和身份的人，争着抢着站出来表明自己的态度。而我看你在信中，能把品牌方、购买用户以及使用者的身份，以及他们的内在声音拆分得非常清晰、细致，每个声音都很贴合当时场景下的人物内心活动。我暂时还达不到这种分析功力。

塘主，我把手上的一个案子思考发到你的公众号（敲醒文案脑）了。我在文件里展示了自己实战的分析过程，算是我交来的实战作业吧！以上是我在这一程的巨大收获。

真心感谢一路引导！

谷白

5月18日

亲爱的谷白：

我的文案脑运转的小秘密被你发现了。你的总结很到位。真的，我在推进项目思考时极少内耗。

我细细对内观照一番，可能原因有2点。**第1点，是因为我的文案脑对这套创作系统的整体流程太过熟悉了吧。**我自打毕业后，一直在做品牌文案相关的工作。我是在几千个日日夜夜里，通过几百个大大小小的项目实战，一点一点地在自己的大脑里打磨和锤炼出这套创作系统。我对系统里的每一个流程和操作细节，已经形成了本能的反应。比如，我在跟客户交流工作内容时，我就会不自觉地去咨询和调取我需要了解的对应的产品信息、产品开发设计理念。我的文案脑无须思考，就能把这些书信里的知识点完全融入实际工作中。

第2点，我可能比你更擅长控制和引导自己的总监文案脑。通常来说，我们智商相差无几，我们的大脑对外界事物的识别和感知能力不相上下。

哪怕我和你使用了同一套文案创作系统，你我的最大不同在于大脑算力的分配方式不同。

假如，我们的文案脑都有 10000 个算力。而我对这套总监创作系统太熟悉了，我的大脑内部对每一个流程、每一个环节建立了对应的思考模型。当我来到具体的创作环节，我会调集文案脑的这 10000 个算力当中的大部分集中在一个具体细小的问题点上，在短期得到一个认知结果。而你初学这套系统，大概逃脱不了顾前不顾后的起步状态。

我很强调文案脑的"在场力"。其实，就是对自己大脑算力的掌握深度。你我大脑总体算力相当，但我在局部问题上，能够让自己绝大多数的大脑算力尽数在场。你看懂了我们之间的区别后，就可以对应着优化自己的用脑方式了。

现在，我会跟你去交流和讨论第四关文案酝酿期的详细内容。我敢保证，最艰难的升级关卡都已经过去。有了前期的认知积累，你可以轻松地理解和应用下面关卡的实战经验。

文案酝酿期紧接在文案取材期之后，在这一关，我们要完成一个核心的创作任务。这个任务我已经在上一封信里向你提前透露了，你还有印象吗？

这么说吧，在很多精加工的生产流程里，完成原材料采集或进货后，都会设有一道原料的筛选、过滤和粗加工的工序。品牌文案创作的过程也不例外。

正像你所说，我在文案取材期里只管做好走进现场真实取材这件事，而完全不去考虑其他。因为我的文案脑里清晰地知道，对这些创作素材进入预处理和精加工，是后面创作流程上的事。

用曾国藩座右铭表达我的思考状态就是："物来顺应，未来不迎，当时不杂，既过不恋。"还未来到的创作细节，我不会预先考虑；只做好当下这件事，不要事事混杂在一起；上一环节的创作思考都走通了，就不要留恋，大胆进到下一关就好。我也把这 16 个字送给当下的你。

从生产现场、成交现场、使用现场取回来大量碎片化的品牌和产品信息后，我使用的最强创作素材过滤和加工工具，就是塘主文案脑沟通模型 7 要件。希望你对这张怪怪的小图还有一点印象，它是我自己画的，用来表现我的文案脑沟通模型。

对面何人？

与你何干？

总监文案脑沟通模型

先复习一下之前的知识点，完整的总监文案脑沟通模型 7 要件包含以下内容：

- 沟通场
- 讲述人（创作者）身份
- 观众身份
- 认知鸿沟
- 立场声明
- 共情符号
- 行动共识（购买决定）

实际上，一个完整的沟通模型不是一次性搭建完成的。我们可以按不同的思考深度分两步走，先在第 4 关文案酝酿期向这个沟通模型里填充一部分内容，剩下的内容留到第 5 关文案开悟期再填充完整。

在总监文案脑闯关的文案酝酿期，我只需要搭建一个极简的沟通模型，往这个模型里填入 3 大要件就算完成了这一关的闯关内容。从图中可见，整个沟通模型最重要的 3 大要件，都已经展示在你面前了。

这 3 个构成要件包括：左边认知大陆上的人，可以把他比作品牌方的发声主体；右边认知大陆上的人，可以把他比作用户方的信息接收者；他们两者中间长期存在的巨大认知鸿沟。在文案酝酿期，我的文案脑会不假思索地直接上前填充这 3 大要件。

简单来说，在一个项目中精准地找到这 3 大要件——讲述人（创作者）身份、观众身份和认知鸿沟，你就能搭建起一个最简沟通模型，让一场真实的对话在你的大脑里自然发生。

最简沟通模型 3 大构成要件

讲述人（创作者）身份，是指在这一场品牌传播发声中，你以什么样的人格化的身份对外传递出品牌真实声音。举先前说过的例子来说，同样在卖一只马克笔，有的直播间主播在介绍这款产品的价格、材质、颜色，他在带用户走入初级的使用现场；有的主播在跟用户讲一个孩子成长的故事，带用户走进高级的用户使用现场，去建立产品和人物之间的联系。显然，针对同一款产品出现了两种完全不同传播方式，这背后真正的不同是在于讲述人（创作者）身份的不同。

同一个品牌，在同一个项目、同一个时间段可以有不同的讲述人（创作者）身份选择。举一个生活化的案例做类比吧。

同一个妈妈跟孩子的沟通现场，也会有不同的面孔和风格。她可能带着微笑点评孩子的数学低分试卷，已经接受了孩子数学学不好的现实；但看到孩子的拼音拼写错误，她可能又毫不掩饰内心的怒火和咆哮……在数学和语文两个科目的沟通现场，这位妈妈就表现出了两种完全不同的讲述人身份。

到底以哪一个讲述身份出现在孩子的面前，这是妈妈自主选择的结果。

比如，我用写信跟你交流和讨论如何升级文案脑。我和你之间的对话交流形态，也是经过我刻意选择和设计的一个最简沟通模型。塘主的讲述人身份就是一个知无不言的老友。我只在全盘呈现让我受益的文案脑升级方式，但我不确定它跟你的大脑适配多少。我用写信的方式跟你交流，我希望这是一场平等的对话。我一旦选定了这样的创作者身份，那么给好友的书信就是更好的文体。创作表达者身份就会直接影响到我们的讲述节奏和内容呈现。创作者身份定义了语言文字内容的调性，身份越具体，内容越有辨识度。

我们品牌文案人，身为品牌和产品的发声筒，一定要装备这样的认知：品牌和产品不会说话，由我来传递出品牌的故事和心声。在文案酝酿期和文案创作期，我以什么创作者身份登场，以什么角色出现在品牌的沟通受众前面，就决定了品牌和产品以什么身份来到它的用户面前。所以，在思考文案酝酿期的最简沟通模型时，请一定先帮助客户找到那个它可以长期使用的讲述人（创作者）身份。这是很多文案从业人都忽略过的细节。

观众身份，是指在这一场传播发声中，你要去沟通哪一个精准的细分人群。当具体的观众身份出现在沟通模型中，你在写作文案时就有了具体的交流和谈话对象。你的文字不再是空写，而是要指向特定观众的心中。

一般来说，在具体的项目中，我们要优先盯着产品购买行为的具体决策人，把他列为重点沟通对象。谁是那个购买现场的具体决策者，就把他的观众身份填充到最简沟通模型中的右边大陆上。

比如，在做老年人品牌鞋子时，产品使用者自然是老年人，但是产品的购买用户是谁呢？是那些老年人的子女们。他们通过网购的方式把鞋子寄到家，通过购买老年鞋来传递出对爸妈的专属关心和爱意。这个项目里，产品的使用者和购买决策者就是不同的身份主体。在最简沟通模型里，记得提醒自己，观众身份是那个产品购买决策者和发起人。

最后，说说认知鸿沟。本质上，任何一场沟通和对话，都是两个不同系统的大脑在沟通和对话。两个大脑认知不同、观念不同、信息不同，最重要的是立场不同，这就导致了在每一场沟通中，一定天然存在一个大型的认知鸿沟。

我们思考和酝酿如何写好手上的文案时，一定要看到品牌和产品与目标用户之间存在的认知鸿沟是什么。要在下笔前，在搭建最简沟通模型时，就找到和填入在这个传播项目中，品牌方和用户自然存在的认知鸿沟，并且还要分析出它的成因是什么。

说到这里，不妨用"青春期叛逆"的案例引导你走近一个生活化的最简沟通现场。在这个常见的孩子和妈妈的沟通场景下，你将搭建一个怎样的最简沟通模型？你可以把这个沟通模型填写得多细致？不妨动手去做一做这个小功课，整理发到你的公众号后台。好了，下一封回信之前，希望能看到你的思考！

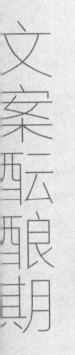

文案酝酿期

第 12 封信

生活影像法，一招让你
晋升为总监级的"观众
身份"画像高手

亲爱的谷白：

上一封信里，我引导你上手去搭建一个最简沟通模型，用它来过滤和筛选在取材期里获取的创作素材。我已经看到了你的来信，细看了你搭建的沟通模型。

我说句大实话吧，你给的内容有点粗，很难从你的来信描述中看到沟通模型 3 大要件的完整骨骼、具体细节。

在给出进一步的引导前，我跟你说说为什么自己在提笔写文案前，要在大脑里建立这样一个沟通模型吧。对我来说，"为什么做这件事"要远比"如何做好这件事"更加重要。因为前者才是一切行动的起点。同时，这也是在进一步回应你来信中提到的那个创作问题，怎么才能终结内心中对写作的恐惧，高效梳理大脑里混乱的文案认知信息？

在我看来，最简沟通模型，就是对一个真实沟通现场的微型还原。当我的总监文案脑不断丰富这 3 大要件的内在细节时，我像是一个坐在监视器背后的故事导演，安静地查看着这个沟通现场里的人物关系、内心需要和冲突演进。

比如，在我要构建有关"青春期叛逆"的沟通模型时，我会去关注母亲和孩子双方的真实身份细节，以及他们存在的认知鸿沟。我只关注这 3 大要件，其他内容暂时不在考虑范围内。

换句话说，当我来到文案创作的酝酿期，我只盯着一件重要的事，就是填充最简沟通模型的完整细节。我会在最简沟通模型里，尽可能还原出每一个构成要件原有的主要特征。对于一位创作者来说，搭建最简沟通模型的过程，就是以旁观者身份一遍一遍还原和看见一个沟通现场，真实再现一场沟通中最重要的 3 大主体内容——谁在说（讲述人身份）、谁在听（观众身份）以及他们间的立场和分歧（认知鸿沟）。

总结一下我真实的创作过程。来到文案酝酿期，我会在文案脑里提炼出一个最简沟通模型。在搭建过程中，我不断给 3 大要件添加细节，让我能够真实地看到、听到、感受到沟通现场的人物身份关系。

在构建沟通模型过程中，我的文案脑对沟通现场的 3 大要件进行了至少几百次的深度扫描。如果我能完全熟悉场中的人物身份、立场关系和内心需求，再让我以场中人物的身份写出他们的内心想法，这又有多大难度呢？

可能你也看过一些演技类的综艺节目，所有优秀的演员都有一个共同的特性，他们懂得把自己的身体和大脑真心地交给剧情和人物，他们是在呈现和表达戏中鲜活的人物，他们跟要表演的人物建立了真实的连接。而有些年轻的流量明星，无论表演什么角色，都是在表达他们自己。前者演什么是什么，后者演什么都是自己。两者之间最大的差距，具体体现在处理与创作人物关系和距离的意识和能力上。

一定程度上，文案人也是一个用文字表达人物身份的文字演员，你我都在扮演着品牌方的特定角色，同时也在揣摩一出出对手戏中的用户戏份。所以，我才一再强调要在酝酿期构建最简沟通模型。本质上，就是让自己落笔写字之前，对这一场沟通的人物关系要有切身的理解和体会。

说了这些，再回到"青春叛逆期"这一沟通现场，我先来说说我看到的3 大构成要件中，比较容易理解的"听众身份"和"认知鸿沟"。

实际上，我不喜欢"叛逆"这词。在我看来，这是一种中国传统大家长文化环境下衍生出来的一个主观词。在生活中，"叛逆"一词往往被很多家长毫无边界地滥用。甚至只要孩子不听从家里人事先安排好的前进路线，就被贴上"叛逆"的人生标签。它代表了对孩子生长轨迹的严格的控制和干预。

步入初中，少年们随着身心的发展，像刚刚学会起飞的雏鹰，渐渐开始以自我为中心，去认知和探索这个熟悉又陌生的世界。小学阶段的一切都是在父母的安排下度过的。到了初中，看到的一切都是新鲜的。

孩子的自主意识觉醒后，潜意识里会争抢和守护自己的领地和在领地上的话语权。哪怕面对自己强大的父母，孩子也想捍卫自己的专属领地。正因为有了这种自我意识的觉醒，一代一代的人类才得以很好地繁衍和生存下去。

所以，在我的家庭教育的字典里，不存在"叛逆"一词。如果我发现自家孩子有了这种自我意识的觉醒，行为选择上表现出"叛逆"，我会敬他是个小大人，并且暗中庆幸他终于有了强烈的自主意识，去争取和守护自己的专属领地。因为挣脱大人的约束，去看更大的世界，这才是真正的雏鹰必须具备的野心。在孩子的成长上，大人能做好两件事就了不起了：①提升自己的物质水平和认知水平，让更高维度的自己成为孩子的起跑点；②伴飞护航，让孩子拥有冲向天空的底气。

然而，不少家长选择的是第 3 条路线。他们把自己当成了孩子的起居保姆，长年跟踪监视孩子的成长，每天都让孩子按自己的标准和要求活着。

所谓的青春叛逆行为，不过是孩子自我意识觉醒后，对自我领地和话语权的诉求。孩子想要掌握自己的日常选择，而家长以爱之名无限度地越界干预孩子的生长，并且给孩子冠以"不听话"和"叛逆"的标签。当中的最大"认知鸿沟"来自孩子和家长对生命成长规律的不理解、不尊重。我为什么能得出跟大多数家长不同的认知结论呢？根本原因是我的总监文案脑时时提醒我，再小的沟通都是两个立场大陆的人在进行对话。

以上是我对"青春叛逆期"这一沟通场景双方"认知鸿沟"的理解。你要问我怎么训练才能具备犀利观察人和事的能力？我还是会提到之前跟你分享过的"在场感受力"，去真听、真看、真感受。

说完对"认知鸿沟"的理解，我们再来说说另一个构成要件——"观众身份"。你可以留意一个细节，我写的是"观众身份画像"，而不是"用户画像"。对我来说两者区别很大。

在日常工作中，我不喜欢"用户画像"一词。我在太多同行的传播方案上，看到他们用一组简单的文字抽象化地描述一个真实用户的"用户画像"。比如，给一款售价两万元的品牌洗衣机做方案，他们在做"用户画像"使用的关键词是"QUEEN、精英、贵妇、贤内助、辣妈、女高管、大厂白领、高知全职太太"……遇到这样的方案，我就不想往下看了。因为我知道做这个方案的团队，他们的大脑缺少传播现实感。他们的传播方案没有具体可知可感的、活生生的真实人物，完全没有构建出一组真实的沟通模型，他们只是对着一组用户标签做传播，整个方案都是在阐述虚空中一个不生根的、空洞的创意概念。

"用户画像"一词实在太单薄了。每每听到这个词，都让我想到了电视剧里的一位精英刑侦警察，根据证人的口头描述，在纸上给嫌疑人画一张人脸像。在创作中，我无法对着"贵妇""女高管""大厂白领""时尚潮男"这类脸谱化的、空洞的用户画像做沟通。

不破不立，推翻我接受不了的行业常规操作后，我重新定义了适合自己的用户画像方式，并且我给它取名为"生活影像法"，用这个独特的方式来记录"观众身份"影像细节。

可以这样理解"生活影像法"，我会带着文案脑走近一个生活现场，然后用文字去记录一个鲜活的观众人物的日常生活影像。我把一个沟通对象还原成一个真实的人物，把这个人物的生活日常搬到我正在搭建的最简沟通模型里。"生活影像法"会关注一个观众身份的 4 个组成部分：

（1）主角身份：可以用文字记录观众的年龄、性别、身份、职业、长相、性格、日常爱好……这些所有外在的信息加起来，构成了一个鲜活的人物身份。

（2）生活和工作情境：记录他的居住环境、房间摆设、出行方式、生活作息、生活习惯……这些信息交代了一个冲突发生的舞台和人物生长空间。

（3）人物关系：提取他跟爸妈、兄妹、同事、爱人和消费场景人员的关系状态。这一步是为了把观众身份还原成一个社会关系中的人，而不是一个生硬的标签。

（4）感受与情绪：提取这个主角身份在当前的生活、工作情绪，以及对应人物关系中的内心感受、思绪，以及当下的精神状态。

看完"生活影像法"的 4 大部分，是不是对做"观众身份"画像有了一点眉目了？别急，最后一个提醒，当你落笔描写这 4 大内容时，不妨以第 1 人称视角，以"我今天"为开头，去写下你看到的这个"观众身份"画像。再给你一个秘密引导，好进一步降低你的书写难度。你可以把它理解为写日记，而你就是那个真实的观众。现在，拿起笔写下你自己的"生活情境日记"。比如，接下来我就是那个叛逆的初中生。

"我今天又跟我妈发生了一场大战。哎，真不知道这场新冷战又要僵持多少天。我真的受够了这样的气氛。我都初二了，一点自己的自由空间都没有。我感觉我的脖子上套有一根绳子，越拉越紧，紧到我快喘不过气了。

她就会说"还不是为了你好"。这种好，真的让人接受不了。今天放假在家，上午起来想着把上次翻的那本科幻书快速看完再写作业。看了不到 30 分钟，就快看完了。结果，我妈看到我在看闲书，就一阵数落，根本不给我解释的机会。把我最近没有考好都归因在我把心思放在课外书上了。真是冤枉人的话随口就来。

我难道是一台学习机器吗？我没有一点点放松的空间，不能停下来喘口气吗？我不是不想学，我只是想偶尔换个脑子。

这是这月的第 2 次摔门了，我把自己反锁在小房间里。摔门声很大，冷静下来后，有点后悔了，不该太冲动。

我也觉得父母好累，我自己也好累。但是我不知道，怎么跟他们处理关系。我也没想过跟他们反着来，怎么让他们知道我并不是在逆反呢？但我真的没法活成一台只会听指令的学习机器……"

这就是我用"生活影像法"记录"观众身份"影像的呈现方式。从中你可以看到，我没有给"观众身份"粗暴地贴上一个"青春期逆反少年"的标签，我是通过刻意提取这个"观众身份"的生活影像，把它还原成一个生活中的鲜活的人物。这样的生活影像，来自我们青春期的生活经历，也来自于自己身边亲戚家中的青春少年的生活日常。

当我们在文案酝酿期把一个活生生的"观众身份"放进沟通模型里，你看到的不再是脸谱化的用户画像，而是一个真实的生命体。

当然，我给你的是通用的"观众身份"画像提取方法，如果你想就这个课题做刻意练习，不妨以这样的方式，写一个给父母买品牌老年鞋的"观众身份"。然后，在结尾处附上你练习"生活影像法"后，跟之前的用户画像方法做出的对比描述。

第 13 封信

**装载创作者身份，让文案
创作灵感整天追着你跑的
创作技巧**

亲爱的谷白：

先问你一个关键问题，你平常如何应对灵感枯竭、无话可说、无话可写的传播项目？

你是坐在原地干等灵感女神敲击大脑？还是不停地刷新行业网站，想在同类案例里找到让你灵光一现的启发点？如果你想摆脱这种凭运气写作、靠灵感吃饭的被动局面，就一定要放下脑中所有杂念，跟随我的引导去拿到这个让灵感追着你跑的实战创作技术——装载创作者身份。

是的，在这封信中我将跟你分享最简沟通模型的第 3 大要件——讲述人（创作者）身份。这是我多年来一直在偷偷使用的最强灵感捕捉器。

一旦你真正掌握了这个创作技巧，你会觉察笔下的文字不是一个字一个字写出来的，而是将心头溢满的真实情绪喷涌出来，化为一段一段的文字。

看到这，估计你的大脑还有点发懵，甚至冒出了一串疑问："塘主，创作者身份是什么？怎么用啊？真有那么神奇吗？"我可以给你一个肯定的回复，是的，不用怀疑。

很可能你一早就体验过了加载创作者身份后，心间有说不完的话、表达欲爆棚的成长期！我用一个实例，跟你细说创作者身份的具体用法吧。这个案例对我来说非常特殊。里面有一段是我即兴写作的文案。而现在的我，已经写不出这样的文案了。看完你就知道原因了。

3 年前，有位曾经共事的好搭档，后来去了国内排名前 2 的广告创意公司上班。有一天，她主动上线找我聊天，我心里一下生出一种不好的预感。她之前有过抑郁症史，我怕她心境又变得糟糕了。我们之间是那种经常一年都不联系，平时不会打扰对方，但一有机会聚在一起，依然可以无话不说的朋友。她跟我分享自己的近况，果然一下被我猜中了。

年底了，正好 3 年合同到期，她自己选择不续签。我故作轻松地调侃她，最近好些创意公司都在隐性减员，你挺为老板省心啊。

她回复我说，做创意太"费人"了，再续签 3 ~ 5 年，怕自己熬不下去了。但是，结束多年的高压工作状态，一下闲下来，整个人像一只停止打转的陀螺，倒在原地了。想放空自己后，脑子和身子又被焦虑填满，晃晃悠悠、失去当下的焦点和动力，之前的抑郁心境又渐渐缠上身了……

都是做创意方向的工作，我以文案岗入行，她以设计岗入行，我完全听得懂她的言外之意，也能一下子共情她的想法和当下处境。我还知道她之前是故意用工作把每天的时间填满，让自己没有时间胡思乱想。但是苦苦支撑 3 年，自己的身体也快熬不住了。她觉得自己当前的职场状态已经走到头，但又没想好接下来自己的前进方向。

我看着她发来的一串串文字，就像看到一株失水过多、生机逐渐涣散的盆景，仿佛正眼睁睁看着她在我眼前枯萎。

下意识间，我自觉启动了文案脑，于是，我在微信上给她发出去了两句话。

我："最近，我悟到了一个小道理。"

我："关于小孩子，关于赤子之心。"

朋友："快跟我分享。赤子之心？这个离我好远？"

朋友："人呢？快说啊。"

我："我来整理一下怎么说。"

身处人生低谷，身体被透支，没有了精神支柱，精气神全都处于涣散状态，面对这样的友人，我讲不出任何大道理。她也听不进大道理，她需要的是唤醒心能量，需要的是点亮心灯、照亮自己！

于是，我想到了，我可以借她一点能量。我准备用文字跟她说说我是用什么做精神支撑的。我希望拿出来温暖过我的东西，去暖暖她。

长大后的我们，常常扛着生活前行，习惯了与累、焦虑、抑郁、不安为伴。工作、生活，哪哪都需要自己出场救援。穿上铠甲、戴上面具，当奥特曼真的很累。

我也有过焦虑和不安，我没有刻意去回避它们，而是在找一种与它的相处方式。我在身边孩子的身上，找到了与焦虑不安共处的力量来源。孩子是怎么跟这个世界相处的呢？

观察孩子时，我会蹲下来，把自己的视角放低，想象自己像一个刚刚学会走路的小孩，一步一停，步履摇晃，跌跌撞撞。我知道我可能当不了"超人"，"超人"也有不会飞的时候，那我就回去当一个无所畏的孩子吧。

身边好多孩子的哭、笑、闹、喊、跑的画面，随之在脑中翻滚。我只用了四五分钟时间，一口气把脑海里的画面整理成了文字，发给了好友。原文如下：

"你去看那些孩子，

他们无惧，他们努力，他们用尽全身气力与地球引力对抗。

他们爬起来，又狠狠倒下去，与大地进行一次次猛烈的撞击。

他们撞得鼻青脸肿，他们泪眼汪汪。

他们从未停止与地球力量的对抗。

他们走出了第一步，第二步。

他们为自己的每一次小小进步手舞足蹈。

他们开心得像个孩子。

他们本来就是一个孩子。

他们慢慢长大。

他们去挑战滑板、平衡车、自行车、极速过山车。

大人说，小心点。

老人说，太危险。

他们是孩子，他们生来不带'怕'的。

后来，他们长大成了我们，

我们却忘了他们。

我们要面对提案，老板、客户和生活的刁难。

我们疑惑，我们焦虑，

我们不安，我们止步不前。

我们熄了赤子之心。

我们忘了，所有大人，

曾经都是孩子。

做回孩子，生而不'怕'，你还敢么？"

以上是我一气写成的初稿，没有经过修饰，但它们把我想说的话都表达出来了。我完全抛开了理性的缰绳，任由饱满的情绪从心头倾泻而出。写完文字发出后，她给我回复："你成功帮我找回了做孩子时的那份勇敢和好奇。我想起了我一路走来，想起了以前是做什么的。"看到这些，我确定我的目标达成了。

做"超人"很难，做小孩很简单！那些本来就是我们的天性和本能。我用一段文字，帮她也帮自己卸下心中沉重的强人铠甲。我们不用无所不能，不用故作坚强，只要捡回一颗赤子之心，天生不怕，只要拿起那份生来就归属于我，敢与地球引力正面对抗的勇气、倔强，和向前向上生长的期望。

这个案例故事讲完了。显然，讲完这个故事不是我提笔给你写这封信的目的。我真实的意图是用一个实例，带你深入认识和了解讲述人（创作者）身份。

跟你说说当时我用了4~5分钟写下那段文字的真实写作过程吧。我把大脑锁定在一个个刚刚学步的幼童上，这些幼童学步摔倒又爬起来的影像来自于亲朋好友的孩子日常。

我让自己进到一个创作身份，脑海里浮现了一个个矮墩墩的小幼儿双掌撑地、撅起屁股、抬起重心，一遍遍地试着站立起来的画面，于是我就在开篇直接写我大脑里看到的影像，用文字就写成了"你去看那些孩子，他们无惧，他们努力，他们用尽全身气力与地球引力对抗"。

很多小幼儿在妈妈做家务时不断练习蹲起、站立，但是他们重心不稳，双脚无力，又立马一屁股摔回地上，把大人们吓出一身冷汗。然后我继续写："他们爬起来，又狠狠倒下去，与大地进行一次次猛烈的撞击"。

倒下的孩子还会不知疲倦地原地站起。写到这，我已经看到了孩子身上与生俱来的那份勇敢和无畏。接着，我在文中对孩子这种挣扎着站起来的拼劲做了一下总结，我写的是"他们撞得鼻青脸肿，他们泪眼汪汪，他们从未停止与地球力量的对抗"……

写到这，我心中的那份来自于孩子的赤诚之心已经写完了。他们盯着一个目标，为了这个目标，可以不计后果地上场对抗强大的地球引力。正在学步的小幼童眼里只有站起来、迈出脚的这一坚定目标，而我们大人往往习惯把困难放在目标的前面。我把孩子和大人的状态放在一起做了一下对比，在结尾处提醒好友，让她明白自己天生就有孩子一般的赤诚之心，并帮她召唤出那份无所畏惧的内在能量。

现在就算我提笔去写，极可能无法精准写出那份滚烫的赤子之心了。就算硬着头皮去写，也绝无可能在短短4~5分钟内，写出完整度那么高的文案内容了。是我对生活敏感度降低了吗？是我这几年水平下降了吗？都不是。

后来我经历过很多实战、思考和总结，我最终发现我的所有创作都有一个规律。但凡我落笔写字前，脑中有一个形象清晰、情绪饱满的人物，且这个人物自带使命出场时，往往就能一气呵成地写出一篇底子还不错的商业文案或精品文章。我把登场写作前大脑装载的那个人物称为讲述人（创作者）身份。

　　为什么我当时能迅速写出来呢？因为我的身份是看到了一个好久未联系的好友出现在我手机对话框里，我看到她正在一点点地消沉和枯萎。我想拉她一把，我很想把自己的能量立马输送到她的大脑里，我想像罗丝拉住杰克一样，把缓缓下沉的好友拉上来。换句话说，是那位下沉的好友出现在我的写作现场，激活了我内在悲悯的创作者身份。

　　眼前的文字不是我写出来的，准确来说是那位临时居住在我大脑里的创作者所写，是他在我心里留下感动，在我耳边低语，最终借着我的手把这些话写出来。而这就是我在文案写作上长年保持灵感不竭的最大秘密。我从来不需要灵感降临，当我想要写一个确定的主题时，我只需要引导自己迅速接入对应的创作身份后，脑中自有源源不断的话自动往外冒。

　　所以说，在品牌项目服务中接入对应的创作者身份的能力，就成了总监文案脑的一个核心竞争优势。那么一个人的创作者身份有哪几个重要组成部分呢？如何快速进入创作者身份状态？我一般会从以下 4 个层面准确填充自己的创作者身份：

- 出场身份
- 悲悯之心
- 影像画面
- 内在使命

　　写到这里，我希望你真的能听懂我接下来要说的东西，它可能是你这辈子最重要的文案实战写作的训练内容之一。你准备好了吗？

　　我开始说了。

　　动人的内容不是写出来的，是养出来的。养，是指修整、培养一个具体的活着的创作者的整体心智、情绪和使命。

一养"我"的出场身份。"我"有没有到场？在场的这个"我"是谁？我不只在写文案这件事上练习创作者身份，我会在每一个生活场景下修整自己与当下那件事的创作者身份。我用洗碗修养创作身份，当水从手背上淋下时，我是一个爱玩水的生活玩家；我用看书练习创作身份，当我在场看书时，我是一个作者智慧的收纳者；当我写作前，我会找到一个与当前主题匹配的创作身份，让这个身份直接掌管我的身心，我把自己全部交付给这个身份，由他去说他想对这个世界说的话。

二养我的悲悯之心。我发现有一类特定的情境和事物，能够立马激发我的表达欲和创作本能。那就是当我看到有人正在遭受痛苦，或正面临着潜在的巨大风险、隐性损失时，看到一个摇摇欲坠的人差一步就要滑落深渊，他们立于险地的遭遇会立马点燃我内在的超能力，我想上前拉他一把，给出一些善意的提醒。对我来说，把客户的问题放在眼里，很容易激活内在的悲悯和恻隐之心。比如，有些品牌老板投入了高价和大量时间做的设计和传播，根本没有找准用户沟通点，白白浪费了市场机会。当我看到品牌受到误导，或发现创始人陷入传播困境，看着创始人投了大价钱做出了没什么价值的产品传播方案，我就不禁想伸出手为对方做点什么。

三养我的影像画面。我是先在大脑数据库里调出对应画面，然后再用文字去记录这些影像。就像我写学步的孩子摔倒后又倔强地爬起来，我是先看到这些画面，然后挑选出合适的文本记录他们。我看到了孩子生来就有与强大的地球引力全力对抗的底气。我只是把我看到的画面用文字呈现出来给我要沟通的那个人群。

四养我的内在使命。我的创作能够推动眼前的这个产品、这个人、这个品牌、这个客户摆脱困境，这件事本身会给我巨大的成就感。所以，在我给客户提笔写文案之前，我会反复观察自己的思考路径，正反验证自己的策略选择能否给客户带去一条更清晰的升级路径，能否帮助客户扭转被动的传播局面？如果我发现客户的经营可能因我的专业方案迎来转机，我的内在使命即将达成，那么我对接下来的创作会充满期待和热情。

一路走来，我从不追逐最终的文案结果。先有过程才有结果，创作者身份是过程，文案是结果。所有能够浸润人心的好文案，不是由什么神奇的写作手法写成，而是来源于一位灵魂饱满的文字雕刻者真诚的情义和思绪向外流淌。好文案是从他丰盈的大脑里长出来的，是他心里感动溢出后的自然成果。这是我长期以来的创作信念。

一定先是我这个创作者值得被世人看到，我的文字才因此有了生命力。所以，我做的长期修炼从来不是创作技法上的提升，而是不断拓展自己在生活、商业上的体验深度。在一个满是创作套路的商业世界里，做一个简简单单为结果负责的创作者，认真生活、深度工作，对客户的每一次托付全力负责，就能让自己成为一个日渐饱满的创作者，还能因此得到越来越丰厚的创作奖赏，这是我跟文案相互滋养的生存方式。

撬开总监文案脑

实战卷

第5关

文案开悟期

策略、洞察、调性，
总监文案脑一骑绝尘的
三驾马车

文案开悟期

第 14 封信

升级策略思维，成为
一出手就言中要点的
超能文案人

亲爱的塘主：

我反复看了 3 遍你在文案酝酿期的通关提醒，我明显得到了一种跟过往完全不一样的新奇体验，我现在整理一下，把它分享给塘主。

过去，无论是我看别人的书，还是学习课程，我很在意自己有没有听懂，有没有学会。投入了时间成本，我的潜意识里会很在意那个确定性的回报结果。包括在看塘主的前几封信之后，我也带着同样的思维惯性。直到来到文案酝酿期，我发现有些改变已经在我的大脑里悄然发生了。我不太在意那个结果了，甚至我都不在意我有没有真正看懂塘主给的提醒了……

别误会，我不是不在意塘主给的内容，我是不再纠结于自己对内容的理解深度。我不再坐等自己看透、搞懂后再去行动。哪怕我现在只看懂了创作者身份内容的 30%、40%，我也会踏出去，让自己动起来，进入具体的创作情境中去读、去用。

如果我只是对着信中的内容去求知，只是瞪着大眼对着塘主给的文字去理解创作者身份，那么我发现自己的大脑没有跟塘主的内容建立起真实的在场连接。

于是，我决心把自己扔进真实的使用现场里，这也是你教会我的，要"在场感受"。我翻出自己写给塘主的几封信，那些文字虽然很简单，但是我在信里也发现，一路走来我的创作者身份也在发生着变化和升级。过去几封信里，我的身份是慌乱的文案求助者、对塘主引导的真心感谢者、文案脑升级体验者……

经过你的提醒，我才发现一路走来我的内在身份也在不断发生着变化。在前几封信里，我完全是无意识的书写。之前，不懂去搭建沟通模型、没有创作身份，想真心感谢塘主的引导，但又不知道我能给出什么有价值的反馈。直到写信的上一秒我才发现，用好塘主的方法才是我最应该去做的事。

我在升级自己的总监文案脑，我想让自己变强，让身边人看到我的明显成长，让客户的产品和品牌因我的创作而被更多人看见，我想成为塘主的作品和见证人。感谢的言语分量很轻，只有真正强大后，才证明我把塘主的引导放在心上。

写到这里，我好像坚定了我当下全新的创作者身份——一位总监文案脑的实战者。

尽管我自知现有认知还不够，升级文案脑还有很长的路要走。但是，有了塘主的引路，我不再是先前那个自卑、怯弱、无助且内心惶恐、毫无章法的文案小白。我有了前行路线和行路星光，有了相信自己必定能到达的底气。

谷白

5 月 28 日

亲爱的谷白：

恭喜你来到文案开悟期了，我感受到你正在慢慢觉醒，渐渐找到了内在的确定感。

当你的文案脑对项目的思考来到文案开悟期，你当下的重点任务只有一个，确定最终通向文案创作出口的核心方向和路线。

跟着塘主升级总监文案脑，我希望你把自己当成自己的老板和总监。你得从今天开始，就要习惯去为自己找到创作方向和路线。不要去等着谁来给你布置写作方向。这个习惯和能力无比重要，它是你真正拉开跟同事竞争的核心关键能力所在。

只要留心观察，你不难发现，身边处在中高层的总监和老板，他们最强竞争优势绝不是万事亲力亲为。我想，你绝不甘心把自己修炼成一个只会低头码字的文案工具人。你也有靠文案力书写人生轨迹、创造个人独立品牌的野心。那么从这一刻开始，你就要把关注点落在文案真正值钱的地方上，重新校准文案价值的判断坐标。

对文案价值的误读

很多人已经入了文案门，但是他们对文案价值的认知，长期停留在门外人的状态。很多外行人对文案价值的评价，都停留在一句话的字面表达上。觉得文字走心、有共鸣、有记忆点、能共情的文案，就是好文案。

可能你看到行业网站上那些动人的文案时，也会心生羡慕，觉得如果我能写出这样的文案就好了。

带着这份由心的羡慕和偏见，很多文案人一入行就去打磨自己的文字表达，去提升自己的语感训练，想把自己磨炼成一个高精尖的文案人。如果你真这样去做了，很遗憾，你向"穷文案"的身份又成功迈进一步了。

市场上有大把大把对文案价值有着严重误读的文案人，他们真的会写文案吗？真不见得。他们只是执行总监、客户和老板的想法。

有一个让我印象深刻的身边案例，一个品牌老板联系我，让我推荐一些资深的文案人，帮他写新品上市传播文案。我问过对方的报价，写产品文案预算 2 万元左右，还比较靠谱吧。于是，我就在身边物色了一个相当资深的品牌文案人推荐过去。她在公司是独当一面的角色，一个人挑起一个小型设计公司的文案内容部分。我把文案人的作品集发过去，这位品牌老板也信任我的推荐。我认识不少写作能力出众的文案人，我做一下资源对接，也算是为信任我的客户创造一些价值。我做完牵线搭桥、引荐双方认识，本以为没我什么事了，我可以隐身了。结果这位资深文案接下来的两次咨询，让我惊掉了下巴。

她加过客户好友后，整个人慌乱了，不知道怎么往下开展沟通。赶紧私下找我："塘主，我怎么跟他沟通报价？"我心里一阵迟疑，但是很多文案人都没有独立面对客户的报价经历，不会报价也算正常。我就跟她说，先不要上来就去报价，先具体对接客户的要求，去看看他要解决什么问题。我在电话里一点点教她怎么梳理项目工作。接着第2天，她找到我说："塘主，按你的引导跟对方沟通了。他现在还是比较认可我给的工作梳理。我给品牌做过整体形象包装，但产品上市的文案工作怎么推进？"听到这，我心凉了。

我预判这2万元左右的项目，她拿不下来。我才意识到她过去的文案创作中，只是在参与执行和落实团队整体方案，都是在做整个方案的局部优化和填充。

在文案工作中，比没有写作方向更痛苦的是，长年像提线木偶一样去执行上司和领导给定的写作方向。我相信没有人想活成一只听话的笔，像工具人一样只会听话地执行领导和客户交代的写作方向。但是，很多文案人入行时就被很多片面的文案技法误导，觉得只要做好文字打磨，守好自己在文字上的一亩三分地就好了。其他诸如策略、设计和洞察上的内容跟他无关。这种思考方式明显错判了文案的核心价值所在。

真正的文案价值不在那些一眼看得到的字面修辞上，而是藏在人们看不到的方向决策上。写文案一点都不难，难的是做方向上的决策。而那些看不见的方向决策，才是真正的文案力价值所在。

如果你想成为一个先胜后战的全能文案人，就要提升自己的策略超能力。市场上从不缺会写优美词句的文案人，真正稀少的是能够把握创作大方向、一出手就能言中要点的全能文案人。

升级策略超能力

对很多文案圈的从业人来说，有3大未解之谜，策略就是其中之一。它看不见、摸不着，但是又随处听到。

很多人每天要跟策略打交道，但是又从来说不清、道不明什么是策略，无法给策略一个清楚的定义。他们一直是以总监帮手身份出现在团队里，执行别人给定的策略和方向。所以，不少人工作多年，写了很多年的文案，却一直都对自己没信心。

大脑在处理信息时，有一个特殊反应机制，它会优先处理那些清晰、简单和确定的选项，而逃避模糊不清的内容。如果想要提升文案脑的策略超能力，你必须在大脑深处，给策略设定一个清晰且能够推动实战落地的定义。

当然，这件事我已经提前帮助你完成了。我接下来要说的策略认知，可能颠覆你对策略的想象。看到我给出的答案后，你可能会露出不可思议的表情，难道只用一句话就能总结和概括出策略思维了？

是的，你没有听错。越接近实战底层逻辑的认知越简单。所有实战性的认知，都有一个特性，它们不是讲给人听的有道理的内容，它们是直接指向当事人大脑的行动指令。所以，你聪明的文案脑准备好去接住这个关于"策略"的超强行动指令了吗？我正式公布结果了：

"驱动目标实现的选择倾向、路线和手段，就是策略"

这个答案是不是出乎你的意料？这就是我近 5 年来一直在坚持和践行的策略。是的，你没有听错，策略就是通向目标的选择倾向、路线和手段。

一句话颠覆了你对策略的认知，原来策略的本源可以被提炼得这么清晰和明确。大策略就是从己方起点和立场出发所设定的，通往终点的最短路径和最优解，是为了实现大目标所做出的选择！

只要是一个地球上的大活人，他每天都在面临着各种各样的选择和决策。每一个选择和决策背后，都藏着一个隐性的目标。而他设定的实现这个目标的选择和路线，就是策略。可以说，我们每天都在做无数个隐性的策略选择。

生活中的事情小到中午点什么外卖、去地铁站是骑车还是打车，大到高考报志愿、如何靠近心动异性、怎么拿到理想工作，如何规划自己的创业项目……这背后都需要我们做出一个个认真的策略选择。

一个完整的策略包含 3 大部分内容——起点、终点和路线。起点就是当下自己的处境,终点就是要实现的目标,路线就是通往终点的行动方案。

你有没有发现,你已经走在一条跟多数文案总监都不一样的升级路线上?很多人都在练习写作方法,而你在跟随塘主升级自己的文案脑,你在建立文案脑对外在世界的认知反应流程。而升级文案脑就是你做出的那个提升文案力的大策略。

现在,有没有看到"策略就是通向目标的倾向和路线"这句话的真正价值?它的核心作用,是给大脑下了一个清晰的行动指令,让大脑在行动前全力去找到一个连接起点和终点的最优行动路线。

换句话说,在正式下笔前,你要在大脑载入一条明确的指令,给出一条清楚的创作方向和路线,这是在文案开悟期必须要完成的思考目标。那么,如何制订出一条清楚的路线呢?如何具体升级自己的策略超能力呢?不急,往下看。

5 步升级策略超能力

以下是我践行的面对复杂问题时制定策略的 5 个步骤。

第 1 步:量化作战目标;

第 2 步:进行战局和战势分析;

第 3 步:锁定关键决胜点;

第 4 步:构建路线;

第 5 步:验证调整。

我把解决复杂问题当作一场小型战争去对待。而这套已经被我反复使用了 5 年以上的策略思考流程,就是我赢下大小战争的核武器。

简单阐述一下这套思考流程的用法。**第 1 步,量化作战目标。**把目标拆解得越清楚越好。把目标量化后，就可以以终为始地去做下一步的路线设计。在这封信里，我在开头处就跟你说了给你的希望，要成为自己的总监和老板，不要等谁来给你指定创作方向。这就是我写这封信的作战目标。我们在提笔写文案前，也要设定商业目标是什么。具体如何拆解和分析客户的商业目标，我已经在其他信件内容里跟你做过详细的分拆说明。

第 2 步，进行战局和战势分析。这一步的本质是分析起点，其实就是在分析是什么让人们长期陷入当下的危险境地。我在信中写过，人们长期陷入文字层面的雕琢和修补，而对文案价值产生了严重的误读，同时他们的大脑对策略认识不清。这就是对绝大多数人策略能力薄弱的战局分析。

第 3 步，锁定关键决胜点。打蛇打七寸，做事找关键决胜点。比如，我找到的提升文案力的关键决胜点，就在于升级文案脑。来到文案策略期，你需要把 80%～90% 的大脑算力都聚焦在这一个决胜点上，一举攻克这个险要关卡。找不到关键决胜点，你的文案创作就是在漫天开炮。这一步没有任何技巧，全靠你过往的成功经验数据库，以及自己升级后的文案脑对当下问题的直接反应和连接。锁定项目关键决胜点，别人无法代替你完成这一步。如果别人走了这一步棋，落了这一颗子，那么对应的主要功劳和报酬要归他所有。好消息是，只要打了一次胜仗，同类型的案子对你来说，都不在话下。更大的好消息是，客户的创作需求本来就没多少，很多日常的工作需要都是重复性的。比如，做品牌宣传，做产品推广，做形象升级……你只要完成几个成功案例，这份经历就成了你下次找到决胜点的底气。

第 4 步，构建路线。大脑无法从起点直接跨到终点。你要把起点到终点的路线，拆分成几步来完成。比如，如何让你真正升级策略思考力呢？我为你铺设的路线就是把我一直在使用的策略思考术原原本本地拆分成 5 步摆在你面前，你直接去用就好了。

第 5 步，验证调整。你为自己、为客户搭建了一条路线，这条路线能不能高效通往目标终点，有没有进一步的优化空间？很多路线需要在验证中进行进一步的调整和升级。

　　以上就是我对升级策略思考的实战经验，算是把我用于写作赚钱的核心策略代码都开源了。下一封信，我将带你去解码文案路上的第 2 大未解谜团——洞察。解开策略和洞察的谜题后，你将正式推开文案开悟期的两扇大门。

第 15 封信

洞察人心，让每篇文案
直指人心的写作秘密

亲爱的谷白：

提笔写信时，我发现自己对文案开悟期的理解又新增了一分。

我现在对文案开悟的理解是过滤、是筛选，是聚焦，是提笔写作前，文案脑明确只要什么而不要什么的沉淀状态……

文案开悟期的策略思维，是在敲定最终的创作路线；文案开悟期的深度洞察，是在敲定、筛选出跟用户建立沟通的共情符号。当你在提笔前，已经知道自己接下来要行动的路线，以及在路上跟用户的接头暗号后，你就完成了文案开悟期的正式闯关。

记得刚工作不久，听办公室的同事讨论，像在听他们对暗号，洞察、调性、策略，这些词像一个个谜团一样灌入大脑，留下了一个个巨大问号。最常出现也最让人费解的话要属那句："这想法，没什么 insight（洞察）。感觉有点平！"

每个人都把洞察当口头禅一样挂在嘴边，但是，实话说我也很少看到他们提出过什么有洞察的想法（idea）。甚至，我在很多行业网站的推荐案例里，都看不到洞察的影子。于是，我知道了，这个行业的人只是喜欢说洞察，但是他们当中的绝大多数人根本没有什么洞察力。甚至很多人根本不知道洞察有什么用，更无法一句话给洞察设定一个清晰的定义。

于是，在刚起步时，我就跟"洞察"这个词进行了长达五六年的彼此折磨和互相纠缠。以下是近几年我对深度洞察的实战思考。

我那一走好多年的写作弯路

你有没有这样的写作体验？明明已经有了很明确的创作方法，但是提笔写字时，心里没有底，不知道从哪里入手。

你已经很努力地在文字里加入自己的思考，但是用尽全力写出来的文案里全是一些平平无奇的内容堆砌，自己读起来都毫无共鸣。

你明明已经完成了初稿的写作，但是你根本不想把稿子交给别人，你害怕眼前的这件粗糙的半成品招来外界的笑话。

不瞒你说，以上是我在文案成长路上曾经长期深陷的创作天坑。因为我选错了文案创作方式，导致每一次写作都像在发起一场对内消耗巨大的攻城战争。

原来，我的文案书写流程是以我为中心，向传播用户定向投放文字信号包。我用文案把我想说的品牌内容打包好，单向发送到用户的大脑，我在传送、他在接收。我想你当下大概率也是处于这样的写作状态。

这样写作有什么弊端呢？它让我们每一次提笔写作，都像是攻打一个用户群体的防守心门，让每一次传播都像一场战斗一样损耗巨大。我们每一次出手都试图越过用户大脑的层层防守，目的就是把产品信息包裹在一个个全新的想法、一个新奇的概念之下，定向传输和投放到用户的大脑里。这样的写作日常，像不像古希腊神话的特洛伊战争？古希腊人巧妙地利用一个巨大的木马攻打特洛伊城，结果到了战场上两军对垒时假装撤退，把木马留在战场上，特洛伊人以为俘获了新式战争武器，把木马带回城里，结果夜里埋伏在木马里的突击士兵从木马钻出，里应外合攻下了特洛伊城。

过去对外的广告传播就是一场小型的攻城战争，一方进攻、一方防守。而写文案的人，就是站在前排攻打用户心门的前锋大将军。但是用户看过的广告和传播越来越多，用户心门锁得越来越紧了，这仗也越发难打了。

现在，我改变了文案写作策略，不再去攻打用户心门了，不再向用户投放文案信息包，我整个颠倒了文案写作的方向。

以前我的写作状态是，我拼了命想要敲开用户心门。如今，我笔下的文案沟通对话，直接敞开心扉，去洞察用户真实需要的东西是什么。改变之后，我率先去发现和唤醒用户内在的需要，然后把对方的需要放在用户心门口，让他打开死守防御的心门，走出自我阵营来把他需要的内容取回去。

你能看出两种沟通方式的根本区别吗？一种是以我为主，强行攻打用户心门，写我想说的话，传播我想要传播的信息；另一种是以对方为主，先满足用户的内在需要，给出用户想要听到的信息，让用户自己打开心门，再说我想说的话。

如果能够提前发现和理解用户行动的内在本质和真实需要，那么每一次传播都能变成一种精准的定点投放，每篇文案都能直指人心，这也是洞察力在精准传播上发挥的威力所在。说了这么多，是时候解开你心底纠缠已久的那个巨大困惑了。

洞察到底是什么

接下来，你要接收到的这个洞察定义，是经过我加工和提炼后的个人独创的表达。它的威力是如此强大，只要你把这一句话在心里默念 5 遍以上，你就能成为一个强大的洞察高手。

拿到了这个有关洞察的核心定义，你会发现原来洞察并不玄乎，只要你抬眼望去，你就会发现生活里藏着一个个让你心头一亮的小洞察。

现在，拿起你手里的笔，把这句价值万金的提醒划下来。可能这句话将在未来的 3～5 年内长期陪伴着你，推动你的文案表达深入人心。

"找到场景或圈层用户在行为和需求上的普遍共性，就叫洞察。"

如果你觉得这句话不好记，还可以在大脑里记下浓缩版的洞察定义——"找普遍共性，就叫洞察"。

　　这只是我个人悟出来的有关洞察的元认知。没有人告诉我，什么才是洞察的标准答案。在洞察上我需要的不是一个概念，而是一个能够助我拿到洞察结果的行动方案。你看到的这句话，它已经陪我走了好多年。我就是凭着这份对洞察的底层理解，完成了一个个品牌项目的落地执行，我也把它传授给了一些文案总监，推动他们成功落地了重大的营销案例。

　　当我真正读懂"找普遍共性，就叫洞察"，当我不断提升自己的洞察能力后，我一下子发现手里仿佛拿到了一个自由进出用户心门的通关文牒，用户心门自此向我敞开。

　　我训练洞察力的方式很简单，就是回到具体生活场景下，问自己在这里能不能发现一些普遍共性的内容元素？有空的时候，我真会在每一个当下场景里刻意观察，用深度"在场感知力"做内容取材，去提炼这个场景下的事物和人物身上浮出的普遍共性符号。

　　记得初到上海上班，早高峰裹在人群里赶车，我发现身边人的脚步都好快，来到一个十字路口，抬头一看，天啊！红灯竟然要等 90 多秒，绿灯才亮短短 20 多秒，而且绿灯小人还在不停地闪烁，好像下一秒就要变红了。当时我写一句：

　　"一座城的节奏跟红灯时长成正比，

　　　跟绿灯时长成反比。"

　　带上这样的洞察，我到另外一个城市，只要去观察一下当地人在红绿灯时的步伐频率，就能感知到当地的生活节奏了。如果当地路口绿灯时间很长，人们可以悠然地穿过马路，说明这里的人不需要赶时间 。

　　你对下面这句话还有印象吗？它也是我的一句洞察提升练习记录：

　　"穿行在夜色里的出租车司机，

　　　旁观了这座城市最多的秘密。"

有段时间每天加班到深夜 12 点，下楼叫上出租车，三四十分钟的车程，挨上座位就只想当个哑巴。看着高架上的灯光快速向身后退去，我在大脑里写了这句话。

回忆当时的情形，嘴巴不想动，大脑却停不下来。我坐在后排神游，想到了今天有不同的客人曾经坐在这个相同的座位上，他们可能是一位刚改完 bug 的程序员、出门约会的年轻小伙、一位去赶火车的夜旅人……他们有人健谈，有人沉默，有人雀跃，有人面色凝重……

上夜班的出租车司机就这样送走了一个又一个夜归人。这些人从我的身体里穿过，也从出租车司机的后排穿过。他们有的会找司机聊天，有的闭口不言。

司机就成了这个小小移动空间的记录者，他记录与自己萍水相逢的每一位人生旅客。把他们从起点带去终点，目送他们下车离开。司机每天都在迎来送往这座城的众生相。

我把自己看到的夜班出租车场景的普遍共性记录成文字，就成了"穿行在夜色里的出租车司机，旁观了这座城市最多的秘密"。

你会发现，我们生存在同一个世界，生长在不同的物理空间中，但是生而为人的我们，会在相同的场景下折射出很多相似的情绪和共性化的认知。你找到这些普遍存在的共性，把它们记录下来，就成了一个个闪着光的生活洞察。

因为你找到的这些普遍共性不独属于哪个个体，它是某个用户圈层或特定场景下的共同特征，所以，当这些洞察符号出现在用户眼前时，一场认知上的启动效应会在他的大脑里自动上演，他会立马联想起自己也有过相同的生活经历，会觉得你在传达的这条内容与他有关，他自然就会停下脚步把这些文案看下去。

只要找到场景和用户圈层下的普遍共性，你就能拿到通往人心的大洞察。最近我印象比较深刻的一个洞察案例是一张网络截图，图中是一把倒在地上的椅子，椅子上搭着一件男士衣服。

这本来是一张平平无奇的生活家居场景图，绝妙之处在于，发图的作者给图片配了一句话："老公的衣帽间翻了"。

这位幽默博主用短短 8 个字描写了男士到家后把外套随手丢在椅子上的共同生活习惯。就这一张图、一句话，一下子带来百万阅读量，几千个用户纷纷给图片点赞，表示自己老公也有同款"衣帽间"。看到图文，你是不是也能一下子联想起自己男友、父亲也有相同的生活习惯？

来到文案开悟期，当你成功拿到了策略和洞察后，你就掌握了这场传播的沟通方向和前进路线，同时你还能通过洞察结果，把用户的注意力带到具体生活场景下，让他觉得这个传播是讲述与他有关的事。

写到这里，用身边一个真实的案例作为思考题，带你真实上场应用一下文案开悟期的前两场对话吧！

2022 年，冬奥会在北京举办。我带的一个总监文案脑学员，他当时服务的项目客户是一个家喻户晓的医药品牌，遇到这个全球瞩目的国际赛事，各路品牌方当然都想下场发点声音。但是，问题来了，第一，它们不是冬奥会的冠名赞助商，在传播中不能植入冬奥会赛事的官方元素；第二，它们的知名度最高的产品是一款治疗痔疮的药品，虽然名气很大，但是跟冬奥会的运动场景完全不搭边。

他描述了项目最大的挑战是难以跨越用户成见，怕用户说一个痔疮药硬蹭冬奥会热点。他们想了很多方式，哪怕非常严肃正经的发声，也很容易被带歪。冬奥会大赛时间临近，箭在弦上不得不发。这名总监学员拿着手上的项目找到我，让对他的思考内容给些参考和意见。记得他当时发出来的两个创作方向，都被我直接推翻了。

你能基于自己的学习理解，完成这项开悟作业吗？如果由你来执笔和操刀，你会给这个案例设定怎样的思考路线，你的文案脑又能发现哪些有效的洞察内容呢？把你对策略和洞察的思考，写下来发给我吧。

请记得，重要的不是答案，而是你启动文案脑正式思考的全过程。哪怕思考后，一时你拿不出结果，但只要你正式上场了，你也是在闯关文案开悟期。只要你思考了，你就能用实际行动体会到，原来文案开悟期只要做好3件事。前两件是定调核心策略和洞察。第三件开悟大事是什么呢？下一封信正式给你解密！

第 16 封信

文案调性，一个让你的
文案精准度超越 90%
同行的高清瞄准镜

亲爱的谷白：

上一封信里我给你留的思考作业是不是很烧脑？你想不想知道这个受塘主推动和启发的案例最终以什么形式落地了？

在文案开悟期，我很想带你从 0 到 1 体验一个传播案例从文案脑长出来的全程思考。不过，你需要成功拿到文案开悟期的最后一块认知拼板。

就像我在标题里写的，文案调性是一个超强的文案创作瞄准器。文案调性直接定义了成品文案的风格、氛围的表现形式。那些经验丰富的文案总监在提笔创作前，就已经看到了成品文案大概长什么样子。这其中的核心秘密就在于他们对文案调性的精准把握上。而你身边能够讲清楚文案调性，且能够把它熟练应用到实战当中的文案同行寥寥无几。

只凭空口说，很难让你真正理解调性的强大作用。因为调性是一种最终表达方式，它不能脱离策略和洞察而独立存在。我还是回到具体的案例现场，带你亲眼看一下策略思考、洞察人心和文案调性 3 者的内在关系吧。

策略确定大方向（从哪说）

为了方便描述，我把那个痔疮药物品牌简称为 Z。以下简单描述一下那位总监学员对 Z 品牌的策略理解。

他经过和几位患者交谈，发现了两个频繁出现的词：尴尬和掉链子。痔疮这种说大不大、说小不小的疾病，最怕的就是在关键时刻复发。比如，即将考研的人、准备了一晚上要去演讲的人、要参加约会的人、要去面试的人，这个时候痔疮复发，非常影响状态。就是本该发挥全力的重要时刻，却很可能因为痔疮复发而发挥失常、痛失机会……

这就让他想到了赛场上，最怕因个人健康因素而发挥失常，那将是选手一辈子的遗憾时刻。对用户而言，品牌的意义就是守护每一个关键时刻，让人能够尽情发挥全力。基于这些思考，那位总监学员提出了两个创作方向。

方向一：#守护全力时刻# 守护每一个需要全力出击的时刻，不让它留有遗憾。

方向二：#该你上场了，看你的了#（教练、家人、队友）。这是一种信任和鼓励。某种程度上，Z 品牌产品就如同教练，帮你扫清客观障碍，让你可以自信地出场，完成你的关键时刻。启动球 —— 一个动作：拍一拍肩膀（产品使用也有拍一拍这个动作）。

这是对方发来的创作方向，关乎项目的传播策略。其中有值得保留的可取部分，也有需要调整的地方。这两个策略方向需要升级的内容是什么？

沟通中，我当时就觉得这样的理解和设定太窄了。我发现他的思考主线，是聚焦体现品牌支持运动员全力上场去表现，整个内容看上去太像运动健康类品牌，跟品牌方的调性肯定不太符合。基于对调性的理解，我直接否定了他的两个创作方向。

我跟他沟通，一个非赞助冠名商在冬奥会期间上线品牌广告，如果只把注意力放在运动场，这样讲述面就太窄了。这会让观众觉得这样的传播跟自己无关。很多冰雪运动本身就是小众运动，很多南方人一辈子都没体验过雪上运动。具体怎么调整策略方向呢？

我让他把运动员的上场扩大到全民的上场，这就是一个确定的文案策略。把讲述镜头对准普通大众，去讲人们生活工作中的事。生活中，不只是运动员要上场，孩子考试、上台述职、登台演讲、敲开面试官的大门，生活中处处需要有上场。每一个运动员，他们站在了世界的舞台展示拼搏的风采，他们挑战人类运动极限的拼搏精神，对普通人来说也是一种鼓励和示范。

所以我把传播的策略方向拉回到关注大众上场时刻，通过传递品牌的人文关怀、奥运精神、品牌温度，来完成这个项目！传播方向具备了，具体对外说什么？那就要向洞察要结果了。

洞察确定沟通内容（说什么）

在做用户洞察的时候，我回到了真实的生活场景下。

我想到准备了一年的考研学子，他们远离家人，在学校周边租了一间小屋子，整个人消失在朋友圈，把自己活成了城市里的隐士，赌上一年的时间，就为了这一场决定命运走向的考试。

我想到深夜 11 点，还坐在办公室里熟悉方案 PPT 的品牌总监，整个团队花了半个月时间，才打磨出了这份方案，明天就要他上场提案了，他的肩上扛着沉重的担子，他不能让团队成员的所有付出在他这里掉了链子，他在一遍又一遍地试讲方案。上场前多熟悉一遍，他就多了一份底气。

我看到了一位刚毕业的女孩，特意提前 30 分钟来到面试现场，走出电梯后径直走向洗手间，她对着镜子整理了一下妆容，花了好长时间调整状态，深深调整呼吸后才决心去敲开面试公司的大门，正式上场……

我想到很多人，他们是生活在我身边、向上而生的普通大众。他们健健康康，没有痔疮，但是在很多关键时刻也会掉链子，也会因底气不足而打起退堂鼓。因为不自信、焦虑、恐惧、自我设限而发挥失常！

看到这，你能猜到我想到了什么吗？我立马想到了一个再明显不过的普遍共性，一个能与品牌挂钩的洞察点立马浮现在我的脑海里——

"很多人的心底，都埋着一颗痔疮，在关键时刻，影响你上场。"

把人们心底的"缺乏自信、自我设限、自我怀疑、没有安全感"视作一颗埋在心底随时复发的"痔疮"，它与"奥运精神挑战极限"形成一种强烈的反差对比。痔疮发作频率不高，心理上的"痔疮"，却时时都在拖累一个人的日常表现。这就是一个明确的用户心理洞察。一般人看到这里，大概会心生同感，觉得这是我的日常，这个品牌真的懂我，它在写我的故事，它看到了我心里的尴尬和软肋了。

身体上的痔疮可以用 Z 品牌，心理的"痔疮"要用精神去修复，品牌传播策略就是鼓励轻快上场，在跌倒后能够站起重来，每一次落后都能奋力赶上……

以上内容，是我当时给那位总监的建议和引导，相当于整个颠覆了他做方案的策略，重新架构了用户洞察点。

他们也接受了我当时的意见，重新调整了传播方案，最终把关注点从冬奥冰雪运动场上转移到了普通大众身上，传递出品牌对大众轻松上场的鼓励和共情。如何传递出这样的品牌声音呢？用什么沟通让用户一眼读懂品牌的真实心声呢？在执行中，他们直接去寻找场景和人群的普遍共性，巧妙地找到了一个四两拨千斤的共情符号，一个让十几亿人都能一眼识别出的传播符号——拍屁股！而这又是一个绝妙的洞察点。

最终，他们和客户一起共同完成了一个以小博大、不可复制的经典案例。

文案调性确定沟通风格（怎么说）

在那之后，我看过很多广告案例，但是我一直记得这个把策略、洞察人心和文案调性的价值完整结合在一起，三者全部体现出来的精品案例。

品牌广告开头直接提出问题："拍屁股代表什么？"视频广告画面记录了拍屁股准备上场的生活日常，比如刚上场的孩子一下跌倒在溜冰场上，妈妈连忙拉起孩子，嘴上说着"没事没事"，一只手连忙拍拍孩子屁股，拍屁股代表关心以及对孩子成长的肯定；一位滑雪爱好者在下坡雪道上，一头跌进了厚厚的雪堆里，他站起身、拍拍屁股上的残雪，调整姿势后准备下一次出发，拍屁股代表不服输；出租车司机早上出车前，围着车子转一圈检查车况，拍拍车屁股，这代表着对安全出行的提醒……视频广告一共叠加了 5~6 组"拍屁股"的画面，结尾处做了品牌主张升华和品牌信息露出，"关照屁股的我们，终究会被美好关照（露出 Z 品牌名）"。

Z 品牌不是冬奥会赞助方，不能呈现奥运元素，拍摄成本小、场景小，拍摄对象全是生活群像，少见一张人物正脸……这样配置在一众大品牌、大制作的作品中间实在是不起眼，但是他们却用小成本完成了一场大传播，在国际赛事期成功借势，也传递出了品牌对大众的鼓励和关心。

以上我把一个真实的传播案例从策略到洞察、从洞察到文案调性表达的生成过程，一步一步展示在你眼前了。有一个我用文字无法展示出来的创作细节，我在思考这个品牌传播的策略、洞察和调性时，顺手找了一条我认知当中的相同调性的短片发给那位总监学员。最终，他们团队采纳了我给的建议，用同样的文案讲述风格和调性完成了品牌短片的拍摄创作。

你可以留意到一个基本事实，那些有经验的创作者在提笔创作之前，他们就对成品文案有了一个大体的构想和预期。在未动笔之前，我的文案脑就已经完成了对这条文案最终的内容风格和情绪基调的构想和设定。

现实版的文案写作过程，跟摄影师和广告导演的工作模式几乎一模一样。真正的私人定制摄影师不是等到拍摄的那一天，等客户走到面前，才举起相机寻找角度按下快门，而是在正式付费前的沟通中，就已经在了解眼前客户的谈吐、气质、精神面貌、妆容风格、穿搭路线、拍摄预期……高级摄影师早在正式拍摄前就已经定调了拍摄想法，有了推荐的拍摄风格。同理，哪怕是不知名的广告导演在上场拍摄前，也会早早拿出成熟的拍摄脚本，提前构思每一秒的画面构成。

相反，我们文案行业的从业人，却相信一定有什么神奇的写作公式、文案模板，让自己不用动脑直接套用，就能生成一条可以商用的品牌文案。很多人已经工作五六年了，一路上都在拼凑碎片化的写作方法，而忽略了对自己文案脑整体的系统升级。我们职业文案人入行时缺少了一份系统化的创作指导，95% 的文案人上场时都没有机会见过一条商用文案从 0 到 1 的诞生思考过程。因为在过去，文案总监大脑的思考流程，对新人来说就是藏在商业保险柜里的行业机密，只能靠猜、靠悟、靠撞破头，靠用无限的加班时长去把前人走过的弯路再走一遍。我总结总监文案脑的初衷，就是记录文案总监创作思考过程，让后入行的弟弟妹妹能看到一些善意的避坑提醒，为他们避开一些被空耗的成长周期。

从上述文字描述中，你会看到一个活生生的创作人，看到塘主这个文字写作者跟其他的文案人会有一些身份和使命上的区别。跟随我升级文案脑，这一路走来，你看到了我坚守了自己的初心、理念和身份使命。当你跟我产生真实的连接后，你会对塘主这个人、这个身份产生了一定的身份印象和认知感受。你所感受到的那部分内容，就是我在你的大脑里投射出来的人格化的身份。当一个真人出现在你面前，你很容易辨识到他的身份，而一件产品、一个品牌出现在你生活里，你往往容易忽略它们的身份。

铺垫写到这里，我终于可以给调性做一个简单的解释：

调性是人、商品或品牌的人格化身份，
给用户留下的身份印象和认知感觉的体验集和。

哎呀，我也不喜欢写复杂的长句，所以，我来把这个定义拆解成 2 个方便理解的简单句。

第 1 层有效信息，"调性是身份印象和认知感觉的总和"，你对塘主的理解和认知总和，就是塘主在你的大脑里留下的个人品牌调性。这一层信息很容易理解。

第 2 层信息有点反常识，调性的主体是"人、商品或品牌的人格化身份"。文案本没有调性，人、商品或品牌才有调性。

通常我们讲文案调性时，会尊重人们的日常习惯，把"文案"二字加在"调性"前面。但事实是，文案是没有调性的，只有人、商品和品牌的人格化身份才有调性。文案是在服从和服务于品牌的调性，看懂这一点很重要。

在思考那个痔疮药物品牌的案例中，我把自己置换成这个品牌的人格化身份，我会在文案脑里设计和构想他的登场角色、初心、使命。我没有动笔写文案，但我的文案脑已提前构想和录入了这个品牌细致的人格化身份信息。

甚至当我清楚地看到了品牌的人格化身份细节，触摸到品牌调性的层层肌理后，我的文案脑会坚定地迈出抬脚射门前的最后一步—— 此时，我就是品牌，品牌就是我。我把身体躯壳和意识大脑常驻的"我"交给品牌的人格化身份，我让这个品牌身份借助"我"在纸上写出他想对这个世界说的心里话。一定程度上，不是我在写文案，是我请来了那个品牌短暂住进我的大脑里，让他来指挥"我"用文案跟他关心的用户群体来一场心与心的对话。

关于文案调性，我想这是有几个值得你刻在大脑深处的底层认知：

- 文案本身没有调性，品牌才有调性
- 文案要忠于品牌人格化的身份表达，文案出场是为了呈现品牌的身份调性
- 文案是在衬托品牌发光的本色。文案要亮品牌的相，发品牌的光

广告文案人没那么神奇，不要动不动就说自己在创造和升级品牌形象。我们没有那么伟大，我们在做的只是复原品牌的真容和本相。我从不认为文案是在赋予品牌某种人格特征，品牌有且只有一个最符合它的调性。属于品牌的调性一直摆在那里，文案只是在做一份发掘的工作，把埋在复杂信息里但本已存在的品牌调性还原出来，用最简单易懂的沟通方式呈现给用户。

最后，请记住"文案没有调性，品牌才有"。明白这点之后，希望你以后思考"文案调性"时，要永远把焦点放在产品和品牌人格化的身份上，而不是花费时间去雕琢文字表达风格。职业文案永远不应该为了写文案而思考文

案，而是要像商业侦探一样，去洞察品牌和产品的所有有效信息，去还原品牌的真容。

好激动啊，马上就要带你敲开最后一关的 3 扇大门！我准备把帮我快速进入心流写作状态的心法经验整理出来。真期望早点看到你完成 6 大闯关后的升级改变！

撬开总监文案脑

实战卷

第6关

付诸笔端期

开源心流起稿、浇铸
写作、极限改稿的武器

第 17 封信

**心流起稿：用跑步的方式写起，
人人都能练就的一套收心文案
写作之道**

亲爱的塘主：

目前，对我来说最难的一关就是文案开悟期了。这种难不在于内容本身，不是我看不懂，不是我无法理解塘主的信中提醒，而是我隐隐约约感觉到文案开悟期是对前面所有关卡内容的综合应用、升华、提炼……

离开对生产现场、成交现场、使用现场、沟通模型、创作者身份、生活影像等实战内容的理解和认知，就没法拿到文案开悟期的策略、洞察和调性，甚至准备期的铺垫也在影响着策略方向的选择。把前面所有内容结合在一起，才是成功闯关的核心要点。不知道我这样的理解，符不符合塘主的设定？

当下，我对这场"总监文案脑蝶变计划"由衷地升起了99分的敬畏心。我好像真正理解了塘主说的开发自己文案脑的价值和意义。回看当初向塘主走近时，我想要的不过是那些表面的文案写作方法。现在我看清了，起作用的根本不是创作方法，而是站在方法背后挥动方法的那个人。塘主，你给出的不是文案写作的方法，而是开源了文案总监在每一个文案创作流程和环节上的思考程序源代码。在文案开悟期，我第一次看到有人无保留地把自己对策略、洞察和调性的实战认知和内在关系打包发出来了。

在文案升级上，我从来没看到过如此清晰且能让我内在笃定的成长路线。是你让我看到了文案升级的真相，文案人根本不是用方法在创作，而是启动整个文案脑、调配全部身心感官，去理解和认知当前的产品和品牌！

除了这套无法估价的文案脑成长路线外，我获得的另一个巨大收获是你对待一个课题时的研究过程和深度。如果不是塘主示范和引导，我想我还是会像以前一样，任由自己长期停留在认知混沌状态，然后四处寻找表层的文案写作方法！

一路走来，我不仅关注了内容本身，也会把我自己的文案脑跟塘主的文案脑放在一起做比较，从思考方式上做对比和内省。我发现拥有不同系统文案大脑的人，在面对同样问题的时候，竟然会产生如此天差地别的认知反应。

先前我也深知策略、洞察和调性对文案人的重要性，就像颜料和画笔之于绘画师一样，都是每天在使用的创作工具。但是，我从没这样去深度思考什么是策略、什么是洞察、什么是调性，想想真是惭愧。

但是，你给我展示了完全不同的认知、思考状态。你会围绕着一个课题长期研究，把一个文案创作环节、一个文案工具对象彻底拆解和剖析到位，并且提炼出自己对它的深层认知理解，最终基于自己的这份认知梳理出创作方法论。

一个文案人只能写出他的文案脑对这个世界的理解和认知，所有外来的创作方法都只是对他认知理解的梳理和呈现工具。"我"才是创作的终极方法论。

我在塘主这里取到了火种，塘主帮我点亮了一束光。我看到了前路的这束光，它来自我自己。我想我会把它传下去，用它点亮身边文案人，服务好认真做产品和服务的好品牌！

谷白

6 月 20 日

亲爱的谷白：

恭喜啊，看到你说出这句话，"我才是创作的终极方法论"，真的替你高兴。我想你已经找到出发时心心念念的答案了。

对了，还是先回应你来信中提及的问题吧。你说把前面所有内容结合在一起，才是成功闯关文案开悟期的核心要点，大体是可以这样理解的。

就算我上场创作，我也会严格从第 1 关出发。脱离了前面 4 大关卡的准备工作，我也拿不到好的文案开悟期闯关结果。在一个具体的商业项目中，对策略、洞察和调性的认知理解，不会凭空出现在你我的大脑里。

在工作中，当一个下属对自己要写的内容无感时，我不会教他怎么写文案，我也教不了他怎么写文案，因为他的大脑里不具备对文案的整体认知。我只能直接告诉他朝着具体方向去写。我会提前想好这个项目的策略、洞察结果，让他朝着我设定好的方向去创作。这样一来，哪怕他跟着我学了半年、一年，他也只是在执行我对项目的认知和理解，他依然无法独立为一个项目负责。

但是，我并不希望一个文案人活成别人手里的文字工具，那是对文字的大不敬。所以，我借着跟你沟通的机会，梳理了我的文案脑在项目思考中必经的 6 大关卡，然后把这些内容整理成一本书稿，它将惠及更多文案人。当你走过前面烧脑的文案准备期、文案观察期、文案取材期、文案酝酿期、文案开悟期，第 6 关的付诸笔端期将是一次充满享受的创作旅行。

接下来的内容，会是一场全新的体验。我将引导你放下逻辑脑思考、提笔上场，把你对一个项目的策略、洞察和调性理解整理成最终文案。阅读到这，我希望你在大脑里重复默念至少 5 遍 "放轻松"，记得 "放轻松" "放轻松" "放轻松" "放轻松" "放轻松" ……

好了，我想你已经等了好久，很想把自己的想法梳理变成指向人心的成品文案。那么你最好不要错过接下来的每一步引导。

进入心流起稿的 3 重准备

前面 5 个关卡，你都是在构思文案内容方向，第 6 关要完全聚焦在文案内容的写作上。这是两个完全不同的闯关阶段。在正式进入心流写作状态前，你需要做好以下 3 重准备工作。

（1）认知准备。这套心流写作方法只适用于你对一个新项目完成了前面 5 关闯关思考，有了前期铺垫和准备后，才可以正式进入付诸笔端期。

当你对一个项目有了明确的认知和理解，在酝酿期建立起了最简沟通模型，并且在文案开悟期拿到了对项目的策略、洞察和文案调性的思考结果，这时候就到了提笔写文案阶段。这是进入心流写作的必要前提。如果你还没准备好，那就回到前面 5 关，按照前面的引导一步步地去做闯关准备。

（2）大脑准备。想要进入心流写作状态，你还需要练习切换大脑思考模式，彻底关闭理性的文案脑。当你的理性思维占主导时，你的大脑在高速运转时，它的全部算力会被各种数据、方法、资料、结论所占据，你还会不自觉地评价、去思考、分析它们。你的大脑里可能会有几十个声音和杂念同时浮现出来，每个声音都在争夺你的率先回应。你会像一个忙碌的帝王一样逐一批阅、检视大脑里的一个个声音。你眼看着自己写出来的第一段话，觉得它太糟糕了。你把自己写的内容删得一干二净。可是时间已经过去了一个小时、两个小时，看着空白的文档，你更加焦虑起来。

有没有发现，当你提笔写作时，理性文案脑极有可能成为你最大的写作障碍。因为理性文案脑非常渴望确定性，它会像后台运行的杀毒程序一样自动化地监视你写下的每一个字、每一句话，并且对这些文字指指点点。当你在写文案时，其实你背后正站着另外一个"你"，对你写下的每一个字进行评价和思考。面对接踵而来的自我否定，你明显感觉到自己正一点点陷入煎熬的创作泥潭，你开始了拖延、逃避、恐惧、焦虑……

所有这一切的根源，都是因为你在写作前没有关闭理性的文案脑。这听起来很反常，但是它至关重要。在前面的 5 个关卡，你已经充分开发了理性文案脑，并将它的思考潜力发挥到极致，现在已经不需要它发挥作用了。当你准备上场写作时，请坚持停下理性的思考，让你的感性文案脑来接管你的全部身心。

（3）工具准备。品牌文案人最亲密的书写工具永远是纸和笔。如果可以，我希望你随时在手边准备一支写起来顺手的签字笔。你用不着为日常文案草稿特意购买正规本册。从打印机取出的 A4 纸就是记录文案草稿的最佳选择。

当你写出了让自己恼火的初稿，只需要把它揉成一团、丢到垃圾桶，抽出下一张 A4 纸后，又能轻松地重新开启下一场创作了。但是，如果直接写在本册上的话，那一页页被你否定掉的文字，反复出现在眼前，会加剧你内在的创作痛苦。

我知道习惯键盘打字的人，不太能一下回到提笔写字的方式。但是，请听完我给出的行动理由再去做决定。当我提笔书写，我会更容易进入心流书写状态。

当我拿起笔，我的大脑就跟眼前的纸张建立起了实时的、无延迟的投影。当我想到一个人、一朵云、一束花、一个人影，我都可以在纸上的任何位置把它们画下来。你可以从开篇写起，也可以在纸上完成全篇布局后再从第一句话写起，还可以临时在旁边写下当时的感受和大脑里灵光一现的金句。在纸张上书写时，我是自由的。使用键盘在文档里输入文字时，我的写作注意力只能锁死在光标处的这一句话，而忽略了对全篇的布局。

完成了以上 3 重心流书写准备，你现在就可以提笔上场了。

用跑步的方式，开场心流写作

我是从跑步的过程中得到了灵感启发，然后用跑步的方式写起，引导自己快速进入心流写作状态。

有段时间，我发现自己长年久坐导致身体变差了，是时候到室外跑跑步了。我一次次问自己："今天要不要跑步"，得到的内心回应往往都是"算了吧，还没有准备好，再等等。"渐渐地，我发现跑步和文案写作有着天然相通之处。它们都是一个与自己较劲的过程，需要自己去面对上场的精神负担。

往往在拿到写作任务时就脑补一大堆困难细节，接着又开始预演如何一个个去消灭这些困难。结果还没开始写，已经身心俱疲。1 个小时过去了，再问自己："基础材料搜集好了吗，现在要不要动笔?"这时候多半是不想写，不想动笔。真动笔了，每一行、每一个字，都像跑道上向前迈出的每一步一样煎熬，会随时停下来。随着交稿日期临近，这些反复出现的自问自答，最终慢慢化为心中的焦虑。

后来我不问今天要不要跑步了，想跑就直接换上鞋子出门。不给大脑太多选择，先让自己的身体动起来，从调动身体开始管控大脑。

要想跑得自然，进入忘我的"跑者"状态，需要在跑步中调整步伐节奏、频率，要控制呼吸使它变得平顺细长，要用轻微摆臂来带动身体找到节奏。我发现只要我离开家门，跑出前几步，自然会调整呼吸，放空大脑，忘掉思考、忘掉跑步，重复迈出下一步，让保持向前的节奏成为一种惯性。

进入第 6 关，提笔上场后就不要过度准备了。直接拿起笔写，允许自己先写出第一句垃圾内容来。要调整跑步状态，需要先跑起来。同理，我们也不可能立在原地找文案切入角度、创作灵感和表达身份，笔要先动起来，带上纸和笔，允许笔在纸面上跑起来再说。你不用关注写下的这一行字有没有价值和意义，就像身处跑道上，你会追问自己迈出去的这一步有没有价值和意义吗？不要去评价和批判笔下流淌出的杂念和废话，这也是在倾倒大脑垃圾的必备过程。你要允许自己把最垃圾的文字和想法先倾倒在纸上，然后再把它们揉成一团，扔到垃圾桶。

在每次书写开场，我都习惯先宣示我要进行一个具体的写作课题，先让自己的笔在纸上跑起来，先把自己接下来要做的事一五一十地写在纸上。比如，我会写出这样的话：

"我现在要来给一款 2000 元的台灯写文案。那些会为自己和家人花 2000 元买一盏灯的人，是怎么想的呢？

成年人在台灯下会做什么？上班累了一天，回到家里洗洗躺着不好吗？为什么要坐在桌前开灯做事？为什么会用台灯？或许他在一个房间内不想开大灯，让光源干扰身边人不能好好休息；或许他想在灯光下，找到一个独属于自己的空间。那些能抵抗大床诱惑，揉着眼睛、打着哈欠，仍然坐在灯下的人有着异于常人的自控力。下班后他们多花的每一个小时是他们优于常人的最好注解。

他独自坐在台灯前的身影，就是他蓄力打拼的写照。点亮一盏更好的灯，也在点亮更好的前程。人们不是为了一盏灯买单，而是在买一束光。他们在深夜为生活点亮一束光的样子，很值得赞扬。这盏灯多贵不重要，重要的是他们值得为自己挑选一束温暖的光……他们值得最好的回报。"

写的时候，不用在意上下句的逻辑，让手中的笔像一位"跑者"一样，在纸上跑起来。你不难发现，在你不停写出下一句时，你的大脑变得异常敏锐、专注和活跃。此时，你全身的感知细胞都已经悄悄打开，帮助你理解文案要沟通的人群。

我每跑一步，都会想象身体中的杂念被抖落在地上、抛在身后。每写一句话，就像笔迈出了一步。只有把心里无关紧要的垃圾想法写出来，它才不会一直萦绕在脑中，成为你整理创作头绪的牵绊。像倒垃圾一样把大脑清空后，自会有一片片带有灵感的云，轻幽幽地飘进你的脑中。那阵把云吹过来的风，来自笔下的文字。

当这些看似无价值的语言从你的笔端流淌出来，那些生活中的场景像一场场电影在脑中回放，你不会错过每一个重要细节。你正式像一位"文字跑者"一样完全进入了"无我"的心流写作状态。此时的你完全隔绝了手机、电脑和其他同事的干扰，你的内在感知力和大脑认知也达到了巅峰状态。

正式进入"文字跑者"状态，你真正完全关闭了理性文案脑，不对笔下文字做任何的思考和评价，你完全激活了整个感性文案脑，让自己带着饱满的情绪走进一个封闭的沟通情境中。

我通常会把这一步心流写作目的设定为场景再现、情绪培养和身份接入。这是心流写作期要完成的 3 大创作任务。

我相信眼见为实的体验。当我的文字在纸上记下我要书写的场景和人物关系，这些人物就成了我眼前真实的存在，而不再是大脑里的一个思考信号；当我把要传达的情绪记录下来，我就定格了一份真实存在的感动，它不会因我转身泡杯茶的工夫而变淡；当我完成了创作身份的接入，我就有了说不完的话和感动，想要告诉这个世界。

此刻，我对产品和品牌的内在认知和滚烫的情绪，像一炉被高温烧红的铁水。剩下的创作部分就只差找来一个匹配的结构化的文案模型，把我心中滚烫的情绪倒入模具中。下一封信里，我将带你动手开发自己的文案写作模型库。距离正式产生扣人心弦的文案只差一步之遥。下一封信很关键，值得期待！

第 18 封信

**浇铸写作：用人工智能
大模型的升级方式，向一流
文案导师学习结构化表达**

亲爱的谷白：

昨天，我在信中提到，用心流写作的方式初步完成提笔写作时的 3 大目标：场景再现、情绪培养和身份接入。

当我对产品和品牌的内在认知和滚烫的情绪，像一炉被高温烧红的铁水时，剩下的创作部分就只差找来一个匹配的结构化的文案模型，把我心中滚烫的情绪倒入模具中。先有情绪和认知，后有文字。

我把这种引导情绪和认知按照一定的内容结构模型呈现出来的写作过程，称作文案浇铸写作法。

文案要打动用户，得先感动自己。很多人都听过这句话，但又误读了这句话。这份内在感动得先于文字存于心间，文字只是记录和呈现内在情绪的镜子和工具。当认知和情绪填满内心后，只需要给情绪一个出口，它自然就会顺着现有的文案模型轨道倾泻而出！

所以，现在距离成功使用文案浇铸写作法写出成品文案只剩下最后一步了。怎么拿到结构化的文案模型？当然是"借"。向谁借？答案是向一流的文案导师借。如何借？用人工智能的学习方式，快速学习和积累结构化的文案表达。下面我会跟你解密我向一流文案导师学习文案结构化表达的成长经历。

用大模型的学习方式写文案

近两年，当人工智能大模型涌现时，我内心非常惊喜。因为我好像在 ChatGPT 和文心一言这样的大模型上，看到了我自己的文案脑走过的升级过程。

在我刚入门文案时，我喜欢做顶尖的文案作品搜集整理。我的做法是把那些纯文案摘录下来，重新整理、排版成为一张张方便在手机相册里随时查看的图片。遇到喜欢的文案作品，还会手抄下来。可能看过 100 条文案作品，我才能得到 2 ~ 3 条能够真正打动我的文案内容。所以在入门前几年，我向大脑里直接输入了海量的案例数据。

当时，我纯粹是无意识地去搜索和整理。现在看来我这个不经意的动作，其实正好符合了人工智能场景下的投喂数据和数据标注的动作。在搜集和摘录过程中，我会大量去看行业案例。

在整理那些经典的文案数据时，我不仅会关注它的用词、结构和行文调性，我还会透过那些文字去理解和反向推理作者是以什么情绪和身份在写下这些文字。所以，被我整理下来的顶尖文案作品，就成了引我入门的一流文案导师们！

比如，看到下面这条经典的芝华士的父亲节文案时，我就会去分析和感受它的最大特点是什么，它哪里打动了我，是什么让我记住了它？我不是去琢磨文字，而是理解和学习文案生产的创作过程。当我思考这些问题时，就是在拆解文案的结构模型，并且给它做数据标注。

"因为我一生下来就认识你了。

因为那辆红色的 Rudge 自行车，一度使我成为全街区最快乐的男孩。

因为你允许我在草坪上玩蟋蟀。

因为你过去常在厨房腰围抹布翩翩起舞。

因为你的支票簿总是因我而忙碌不已。

因为我们的家总是洋溢着书香和欢笑。

因为你牺牲了无数个周六的早晨去看一个小男孩打橄榄球。

因为你总是给予我太多而对我却所求甚少。

因为有多少个夜晚你在桌前挑灯夜战而我在床上酣然入睡。

因为你从不谈论鸟类和蜜蜂来使我难堪。

因为我知道你的皮夹中有一张关于我获得奖学金的发黄的剪报。

因为你总是让我把鞋跟擦得和鞋尖一样铮亮。

因为你在 38 年中 38 次记住了我的生日。

因为在我们见面时你依然拥抱我。

因为你仍然买花给我的妈妈。

因为你的白发比同龄人更多，而我知道是谁助长了它们。

因为你是一位了不起的祖父。

因为你让我的妻子感受到她是这个家的一分子。

因为我上回请你吃饭时你想去麦当劳。

因为当我需要你的时候，你总会在我左右。

因为你允许我犯错误，却从未说过"我早告诉过你"。

因为你仍然假装只在阅读时才需要眼镜。

因为我没有像我应该做到的那样经常说谢谢你。

因为今天是父亲节。

因为如果你不值得送 Chivas Regal 这样的礼物，还有谁值得？"

这条作品的核心结构就在于，全篇使用统一格式的排比句，罗列和堆叠出与父亲相关的大量事实信息，集中展示对父爱的铭记和感谢。当事实叠加事实，结果就会让人更笃信；当情绪推动着情绪，像一层层浪花奔涌而来时，就能漫过坚固的理性大坝直指人心。

后来，在整理经典案例的过程中，我惊喜地发现很多文案作品中间存在着明确的衍生和师徒关系。有些经典的文案作品就是拿着已有的文案模型，直接装入全新的认知和情绪。比如，下面这条耐克发在官方微博的经典广告文案，讲述的就是知名篮球巨星科比·布莱恩特在篮球场上代表着的那股永不言弃的"曼巴精神"。

> "他不必再搏一枚总冠军戒指。
>
> 他不必在打破30000分纪录后还拼上一切。
>
> 他不必连续9场比赛都独揽40多分。
>
> 他不必连全明星赛总得分也独占鳌头，
>
> 也不必为一场胜利狂砍81分。
>
> 他不必一次又一次地刷新'最年轻'纪录。
>
> 他不必肩负整个洛杉矶的期望。
>
> 以至于跟腱不堪重负。
>
> 倒地的那一刻，他不必站起。
>
> 他不必再站上罚球线投进那一球。
>
> 也不必投进第二球力挽狂澜。
>
> 他甚至不必重回赛场。
>
> 即使科比已不必再向世人证明什么，
>
> 他也必定要卷土重来！
>
> JUST DO IT"

分开去看上述两个案例，它们在内容构思上处处不同，却都是能够直击人心的文案。一个描写生活中的小人物，一个记录全世界顶尖的篮球巨星；一个记录生活里的小事情，一个讲述巨星职业生涯的伟大事件。除却内容本身，明眼人一眼就能看到，两条文案在写作上采用了完全相同的事实排比的讲述结构。

不仅耐克文案，我还看到不下10个一线品牌直接使用一模一样的结构化文案表达方式，这让我大受启发。我发现一个长期存在但是被从业人严重忽略的事实。这也完全改变了我在文案能力上的投入方向，我不再像入行时那样关注文字雕琢了，转而去关注文案策略和用户洞察。这个颠覆了我的文案训练方向的事实就是，文案结构只是呈现内容的通道，文案内容才是王道。

上面两条文案，它们完全采用了相同的结构化表达方式，各自呈现了不同领域情绪饱满的动人内容。接下来，另一个更大胆的想法在我脑中冒出来了。有没有这样的实战可能性？我只关注情绪内容的生成，完全不去做表达结构上的创新？

像大模型一样提取文案结构

我当时做了一个决定，与其自己创新表达结构，不如从我能接触到的一切顶尖作品里提取直接为我所用的结构。因为不只文案作品，所有成熟作品都是我吸收和提取表达结构的内容来源。我可以在诗歌里得到开篇写作的启发，也能在电影里发现吸引用户注意力的创作灵感。这份构想一下子打开了我对文案写作结构的想象。现在看来，我当时正好应用了训练大模型、投喂巨量数据的方式来训练我的总监文案脑。

我大量积累顶尖文案素材，从中抽离和提取出十多个结构化的文案表达模型，然后把我对一个产品、一个品牌的饱满情绪直接装入现成的结构中。而且，当我掌握了 10 来个顶尖的文案结构化表达模型，我可以像拼装积木一样，自由组织它们的内部结构。比如，当我看到下面的文案，我会特意提取出它们在表达结构上的共同特征。

豆瓣，我们的精神角落。——豆瓣

你的小生活，都是值得记录的大事件。——快手

她学会视频通话，是想跟你多说点话。——农村淘宝

味至浓时是故乡。——下厨房

我把所有人都喝趴下，就是为了和你说句悄悄话！——江小白

　　从文案结构上看，这 5 条文案是同一个类型的句式表达。我给这样的表达结构模型取名为"真 A，本 B"结构。它们都是给一个对象下定义，句中"豆瓣"是"精神角落"，"小生活"是"大事件"。A 是用户熟悉的生活日常或产品，但是在表达时，用 B 内容赋予了 A 全新的定义和解释。

　　这样的写作结构采用最简单的"A 是 B"下定义的句型结构，它的好处是让人们对日常熟悉的内容对象产生陌生感和认知冲突，从而以全新的视角来回味自己的当下生活。从结果上来看，这种结构模型引导人们更加重视生活中的 A 内容。

　　还有另外一种完全相反的结构模型，我叫它"非 A，而 B"。在这个结构模型里，把 A 和 B 放在一起做对比，直接否定 A，去衬托和肯定 B 的核心价值。

　　伤疤不会一直痛，失败会。——某运动品牌

　　伟大的反义词不是失败，而是不去拼。——Nike

　　别赶路，去感受路。——别克

　　重要的不是享受风景，而是成为风景。——方太

　　唯一的不同，是处处都不同。——苹果

　　这些来自不同品牌的文案内容，都是使用同一套结构模型浇铸出来的文案作品。就连苹果、Nike、芝华士这种国际一线大品牌，都在使用前人的文案结构模型来生产和创作内容，我又何必扭捏作态地不想使用前人的表达结构，而非要狂妄地创新出一种文案结构呢？

　　可以说文案表达结构，就是一种开源、通用的创作资产。就像人人都能使用"总—分—总"的文章结构去写文立论。同一款文案结构，能够生成千千万万种独立的文案。人人都能把心中滚烫的情绪倒入结构化的文案模型中，让它冷却成一件件独立的文案作品。

以上展示了我的文案写作模型库的开发过程。我希望我的讲述可以给你提供一种落地实战上的引导和启发。你无法拿上别人的创作武器直接上场打仗。修筑和开发你自己的写作模型，这一步只能你亲力亲为。在这封信的结尾，我再送你一份大礼，它是塘主梳理和学习完数百件顶尖品牌长文案后，提炼出来的长文案写作结构。这个框架写作结构可以直接用在短视频脚本创作上，也可以用在品牌观念文案上。

你在信中看到塘主能够用 4 ~ 5 分钟的时间立马生成一条完成的品牌主张长文案，最根本的原因就是我把当时滚烫的内在情绪直接倾注在这个"塘主 AFIPA 写作结构"文案模型里了。

- Attention——开篇引发注意
- Fact——呈现经筛选的事实
- Insight——展示洞察
- Position——明确立场（结论）
- Action——号召行动

"塘主 AFIPA 写作结构"由 5 部分组成，前面的 Attention 引发注意，后面的 Action 号召行动，这两个部分是固定搭配内容，一般不会轻易发生变动。

中间的 Fact（事实）、Insight（洞察）、Position（立场）部分，可以自由组合。通过这 5 个结构组件，你就可以完成一篇品牌文案的浇铸创作过程。当然，你也可以使用这个"塘主 AFIPA 写作结构"去拆解其他经典的品牌文案结构。拿到了这个文案模型，你会惊喜地发现自己能够看懂一篇文案的内在生长脉络。

案例：NIKE 科比《Don't Love Me Hate Me》

你爱我，你爱我，　　　　　　　　　　　（Attention——开篇引发注意）
因为我是科比。　　　　　　　　　　　　（Fact——呈现经筛选的事实）

因为我有五枚总冠军戒指。　　　　　　　（Fact——呈现经筛选的事实）

因为我是场上最伟大的球员之一。　　　　（Fact——呈现经筛选的事实）

但你不该爱我，你应该恨我、恨我。　　　（Position——明确立场、结论）

因为我让你看到凌晨四点的世界。　　　　（Fact——呈现经筛选的事实）

因为只有我会这样逼迫你挑战极限。　　　（Fact——呈现经筛选的事实）

恨我！　　　　　　　　　　　　　　　　（Position——明确立场、结论）

因为我要求你变得伟大，　　　　　　　　（Insight——展示洞察）

而传奇之路需要你付出一切。　　　　　　（Insight——展示洞察）

爱我，　　　　　　　　　　　　　　　　（Action——号召行动）

等你变强了再说。　　　　　　　　　　　（Action——号召行动）

这依然是一条科比参与拍摄的 Nike 品牌广告，通过标注"AFIPA 写作结构"，你可以看到文案的行文结构。在这篇文案中，我看到了巨星的责任和价值感。

视频广告里，科比原声出场讲述他心中的爱与恨。"你不该爱我，你应该恨我，恨我"，这是一句极度反常识的策略主张。因为创作者深刻地洞察到了，爱是本能，恨才是责任，在爱"我"前，请保持恨"我"。"恨我，因为我要求你变得伟大，而传奇之路需要你付出一切"。

恨"我"对你百般挑刺，恨"我"督促你去做那些让自己很累的刻苦训练。掌声、赞赏可以轻易得到，但强者更看重实力相当的肯定。"爱我，等你变强了再说"，这是科比对全球粉丝的行动感召、激励和推动。此刻，品牌形象、科比形象和粉丝读者真正完成了共情沟通，达成了统一联盟。

"塘主 AFIPA 写作结构"就是我自己在用的内容组织结构，通过增减、调整 Fact（事实）、Insight（洞察）、Position（立场）三个部分的内容，可以生出无数种文案结构模型组合方式。

从本质上说，提笔写文案就是把创作者对一个写作对象（产品或品牌）的饱满情绪、感知、体验，按一定的框架结构梳理和呈现出来。上面提到的全套"文案浇铸写作法"，就是我提笔上场会用到的压箱底的创作方式。

当然，写出一条文案只是完成了创作的第一步。至此，真正的文案"写作"才正式开始。改稿能力真正体现出了普通文案和文案总监之间基本功的差距。文案总监一般怎么改文案呢？下一封信我再跟你展开细说。

第 19 封信

改稿圣手：文案总监只做不说的 4 个黄金法则，助你找到"点字成金"的力量

亲爱的谷白：

今天我想写写在付诸笔端期最重要却最经常被人忽略的内容。

在我提笔写这封信时，有个问题一下闪现在大脑里："在文案写作过程中，你是如何分配自己的时间和脑力的？"这个问题很重要，它决定了在整个创作过程中，如何去分配文案脑的有效算力资源。先说说我的文案脑在创作上的精力分配状态吧。

在整个文案创作过程中，提笔上场的前 5 关内容思考，大概会吃掉我80%的时间和脑力，剩下的 20% 大多数用在文案成型后的修改上。我真正用在写文案上的时间和脑力反而占比很少，大概只有 5%～8%。为什么我在文案写作上用的时间和脑力很少？

因为我在动笔前已经花费了大量的时间和脑力做足了策略方向、用户洞察和沟通场景的搭建，然后提笔上场一鼓作气完成写作。同时，我真正明白好文案是改出来的，不是直接写出来的。在文案写作上我坚决只打闪电战，不打消耗战。所以，我会有意压缩自己在文案写作上所耗费的时间和脑力，一般只用几分钟、十几分钟就写完一篇重要文案。但是，我可能会用几小时、几天去修改和升级。

在文案写作阶段，我坚持不控制、不思考、不批判、不停写的"四不"写作状态。提笔写作的我简直是在守护和纵容自己大脑对产品和品牌的初始信念，让它们得以完整地真情流露在纸面上。因为我知道，只有真实情绪才能真实打动用户。我完全允许自己先拿出一条低分的称不上文案的半成品文案，我只是先把内容、情绪和结构搭建出来，再在它的基础上做细节雕琢和升级。

可到了文案改稿阶段，我就成了一个杀伐果断的文字刀客。我一般会把前几稿文案中的几个或全部选项直接砍掉，全部丢进垃圾桶，再逼自己重新去写出下一稿。

说一个很玄乎的事实，大多数人的第一稿文案都不堪入目。普通文案人的前几稿文案，就是用来投喂垃圾桶的废稿子。

不仅是你我这样的普通文案人，就连国内最顶尖的那群创意人、声名在外的"金牌文案"，他们中的大多数人写出来的第一稿也是废稿。如果不信，你可以在网上搜索一下"甲方闭嘴"，回顾一下当时引发广告圈震动和思考的一个营销案例。看到那些完全由国内顶尖创意人和"金牌文案"们自由发挥出来的作品，你会重新鼓起做一名好文案的勇气。因为活动规则是"甲方闭嘴"，一旦不让甲方和市场点评、提要求，大多数"金牌文案"自由创作的内容都是平平无奇的行货。好文案不是写出来的，是改出来的。

甚至于我都有了一个自觉认知，我一般会全力去写，先写出几稿让我觉得相当满意的内容，放置半天后，再把它们当垃圾、亲手毁掉它们。

不管你愿不愿意，都要承认自己的前几稿就是废稿。

在商业文案上，好是不够的，满意是不够的。如果我没有尽到全力，就代表我还有余力写出更好的版本。做到把自己搜刮和榨干最后一滴创作心血后，当我觉得自己到了表达上的极限，再也没有能力拿出比眼下更适合的文案时，我才放下对自己文案动刀子的心。先暂时放放，松松心，然后回过头来，再对它动刀子。我的修改原则是，直到交稿前的最后一刻，所有文案都有修改的空间。

下面是我在工作中只做不说的 4 个改稿黄金法则。无论是删减自己的文案，还是修改下属的稿件，我都会严格遵循这些法则对文字进行修剪和二次创作。

这 4 个黄金法则，有的是认知层面，有的是方法论层面，想要做到知行合一，就要细细体会其中的机要之处。

黄金法则一：对齐目标

往往在现实工作项目中，你的想法、总监的想法、老板的想法、客户的想法，都会不知不觉回荡在你的大脑里。一篇文案从 0 到 1 生产的过程中，所有相关人都在试图给这条品牌文案加上自己的主张。所以说，一条文案是不同认知杂交和嫁接的结果。我把策略方向交代给下属去创作执行，这是把我的想法嫁接到他的大脑里。他真能理解到我要表达的六成内容吗？他理解后传递出来的内容能够充分展示我自己的原始想法吗？整个创作过程都存在着大量主观的变量。

创作过程不可控，这是文案人很难精进的原因所在。既然创作过程不可控，那我就在创作出口设一个文案结果检查站。把文案看成子弹，把创作看作瞄准射击动作。

所以，我看文案的第一反应不是看文字好不好，而是去看它的目标有没有达到，或者去看文案要表达的想法，跟用户对这一消费场景的看法，是否具备正相关和一致性？

在文案创作中，创作人、公司和品牌方有自己的"想法"，但是用户会对文案产生出自己的独立"看法"。当用户对文案内容的最终"看法"无限接近创作人的"想法"，当"想法"跟"看法"连成一线时，才是一次有结果的传播。

我改文案，不会一上来就去查看文字细节，不会放任注意力陷入字里行间，我不会直接重点看文案，我会去看靶子，看用户大脑对这条文案的反应如何。我会优先去对齐目标，优先感受和体验作品给我留下的直观印象是什么。

比如，在文案改稿的当下这一秒，我会立马格式化自己的文案脑，清空自己对品牌营销、策略洞察的所有认知和积淀，把自己的文案总监、项目负责人的身份藏起来。我把自己完全变成一个外行人，变成一个普通消费者，我设想自己不爱看广告，我看到广告和画面就想跳开。我把自己清空成一个"路人"后，再看自己笔下的文案。

如果这条文案作品是出现在地铁墙体广告画面上，我会设想自己匆匆从它面前走过，只会分配 2 ~ 3 秒的注意力给到画面中最核心的品牌文案主张。我会把自己的身份设定为产品和品牌沟通的用户，像真实用户对待广告一样随意瞟上几眼，看看这个作品和文案给我留下了什么初始印象。

当你以一张白纸状态无心去看文案，这条文案留在你大脑里的直观印象就无限接近于它在用户大脑留下的直观印象了。这时候再去评价它是不是你要引发用户产生的认知反应。

如果在这一关不合格，就不用再往下看了，直接退稿重新写。

黄金法则二：删、删、删

文案改稿的第二步，仍然还是不去修改文字，而是去删除内容。对用户最友好的创作态度是让用户直接看到文案的主干，直接砍掉作品里的藤藤蔓蔓。

我很早就有这种自觉认知，普通用户没有义务看我们写的文案。他们很忙，他们注意力涣散，他们时刻想方设法从那些与他无关的信息里逃离出去，寻找下一个信息刺激点。所以，我们文案人要重视和尊重用户的每一秒有效停留时长。

无论你喜不喜欢，都要去做这件事。把你的文案稿子删到一个废字都榨不出来为止。剔除和砍掉文案里的一切冗余信息，只留下你想表达的核心内容，这不仅是对用户负责，也是对客户负责，最终是对自己负责。起码有以下几类内容是你必须要删除的。

第1类内容：空洞、无感、冗余信息

如何发现文案中的冗余信息？我有一个小技巧，一句句往后排查，一个字一个字往后排查。试着用一支笔把当前这句话或这个字遮挡住。没有它，句子还能成立吗？还能成立的话，就立马删去它。可删可不删的字句，要立马删掉，直到你删不了一个字为止。

句子中的大词、空词、生造词和一些形容词可以直接删。不要爱惜它们。"澎湃、领新、卓行、无可 T 代"诸如此类，直接删，准没错。所有空洞无感的词，不会留下任何认知印象，留着它有什么用呢？

要知道多看 3～4 个字，就要多浪费用户的 1 秒钟时间。如果这 1 秒钟他没有看到有效信息，就可能直接走掉，再也不会回头来看你用心写下的文案。

第2类内容：冒犯用户群体

广告传播毕竟是向一个特定的群体做有关产品和品牌的宣传，是一方对另一方主动展开的宣传攻势。这时候要尽量避免以冒犯用户群体的姿态出现在受众面前。比如，减肥广告文案一不小心就容易做成对过重人群的冒犯。

当然，还有一些冒犯是隐性的，不易察觉。这类内容大多是在强行引导用户去做出一些违背群体意愿的行动选择。比如，国内某知名金融机构为了推销自家手机移动支付产品，一度大张旗鼓地上线一组以宣传"支付快"为核心策略点的品牌广告。我当时就纳闷，"支付快""一闪就付"怎么能成为营销宣传点呢？支付快，说明钱流出得快。谁会希望自己手机钱包里的钱快快流出呢？

不管是有意还是无意，所有主动冒犯都会招来用户的主动抵制。所以这类信息务必直接删除。

第3类内容：违背公序良俗

公序良俗是千百年来生活在这片土地上的人长期形成的生活盟约，它永

远是文案创作中的禁碰红线，擦边也不行。这一条内容不需要说明，也用不着举例说明。

把文案中的这 3 类信息都删除后，可能很多初稿只剩下一个空架子了。那没办法，只好重新再写一稿。

黄金法则三：重组认知滑梯

如果改稿中有幸通过上面两道考核，我在改稿中做的第 3 件事是重组认知滑梯。

有位文案大神向我传授过一个行文秘诀："作品里的所有图像、设计元素组合的唯一目的，就是让人去阅读文案里的第一句话。第一句话的唯一目的就是让读者去读第二句话，而第二句话的唯一目的就是让他们去读第三句话，然后是第四句话……"这位文案大神是约瑟夫·休格。

第一句话必须非常容易阅读，非常引人入胜。这样读者才能进入认知滑梯。看完第一句后，必须给他一个看第二句的有效理由。这样用户才会一句句地读下去，一口气从开头滑到结尾。我在反复练习"滑梯效应"后，有那么一瞬间，感觉自己有点会写内容、会写文案了。

当读者进入你的作品范围内，一旦他们开始阅读让人无法抗拒的第一句话，就像搭上了一座滑梯，从阅读第一句起，就开始了自然下滑。这就是"滑梯效应"。

在提笔写作长文案时，我用"塘主 AFIPA 写作结构"已经大体构建出文案里段与段之间的内在联系。而句与句之间的紧密联系，就可以留在改稿阶段，用重组认知滑梯的方式做进一步的升级和调整。

黄金法则四：整体放大一个点

我知道用户通常是在无意间的状态下看到我们的文案内容，因此最可能出现的情况就是他会转身就忘。如何避免这样的传播问题呢？

我长期使用的创作解决方案是聚焦和简化。用户不可能去记得我笔下的文案细节，但是，我只要他记得最核心的一个信息点就好了。

我会找出整篇文案里最关键的一个内容记忆点，并且想方设法尽量放大它。只重点聚焦呈现这一个信息点上，用一个信息点击穿用户的一个记忆点。

就像看完这封信，可能要花费你 7 ~ 8 分钟的时间，你不可能记下信中的大部分信息点，甚至你可能已经淡忘了我在第 2 个改稿法则中提到的那 3 个核心信息点。这很正常，我们的大脑本就不擅长关注诸多细节。用户大脑擅长记录那些已经贴好记忆标签的内容和事物。比如，你会记得在改稿期间，塘主提到了"4 大黄金法则"，而这就是我想在你大脑里主动放大的一个记忆点。

只要你的大脑留下这一记忆标签就够了。你不需要记住我这里写下的每个信息点，等你来到改稿现场，把这封信直接翻出来，对照着去改稿就足够了。

我默认大多数用户对文案内容的注意力是涣散的，他们不喜欢无序信息，不爱深度思考，他们从不会主动归纳总结自己看过的内容。所以，我习惯在每一次创作改稿时，主动营造和提取一个记忆符号，整体放大一个点，把这个点植入用户脑中。这个记忆符号不一定是文字符号，很多情况下它还可以是生活场景中的一个视觉符号。比如，我在前面的信件中提到冬奥会期间的品牌案例，就是在放大"拍屁股"这一生活场景中的共情符号。

以上，我全部写完了升级总监文案脑 6 大关卡的通关引导。感谢你一路陪我走到这里。愿我写下的这些提醒能够成为你前行路上的青石板，陪你走过一段探索的路程。

　　当然，这次实战闯关只是升级总监文案脑的起点。我特意开通了一个叫"敲醒文案脑"的公众号，今后的日子里，如果你还想继续给我来信，我可以在这里接收你的成长好消息。当然，在上面我也会同步更新我升级后的文案脑对品牌客户商业案例的思考，以及文案学员的实战案例。我打造的鱼塘是一个知行合一的文案道场。随时期待你，有空回来！

撬开总监文案脑

实战卷

后记

冲破文案的局，循道而行，
争做一流文案人

亲爱的朋友：

很高兴和你相遇，希望下回再见时，你笔下的文字鲜活又明亮。我是塘主，写文案的。

用文字聊了这么久，我希望自己可以够得上以朋友的身份，向你道一声感谢。感谢你什么呢，感谢你一路从头看到了结尾。因为一本书被你看完，已经是它能从你这里拿到的最高规格的嘉奖！

说句实话，这本书是我经历的最长时间的复盘，自立项到截稿花费了我整整 2 年时间。可自打写完书稿的那一秒，这本书的命运就与我无关了。作者写完书稿后，无法限定旁人以什么身份、什么视角去解读和评判这里的文字。如果看完全书，你还愿意与我保持联系，那说明我们在文案这件事上，至少保持着相同的志向和认知。古代说同门为朋，同志为友。那么，在文案人生主场上，我又多了你这位朋友了。

我始终秉持写我知道、做到的，写我深度认可的思考。如果里面的一些字句对你能起到提醒作用，能为你扫清些许迷雾，那我会觉得前 10 年艰难摸索时期走过的弯路、受过的苦，终归没有白熬。

可能因我以汉语言文学专业毕业生的身份入行，几千年前的文字从我身体里流过，撑起了我身为中文生独有的文字风骨。作为一位书写者入行至今，我觉得我有一点坚持得还行，那就是我一直在忠于我心表达，没写过违背内心曲直和规范的文案，从来不拿文字去向商业献媚、向权威低头。想要掌稳自己手中的笔，其实需要的是一颗坚定且纯粹的循道而行的文案之心。现在，由我带你重新俯瞰一度让我们身陷其中的文案的局。

这场 200 年的文案迷局

强者布局，弱者以身入他人设下的局。误入迷局后每一步都将凶险万分。而这场文案的局，已经在世界上存在着至少 200 年之久。

从文案这个职业诞生起，文案人的职能就是帮助品牌方连接用户，帮助用户方筛选产品。国内职业文案人主要有这几种去向，营销策略公司、创意广告公司、新媒体内容生产型公司。无论是哪一种公司类型，它们都采用轻资产、低风险型的商业模式。这些公司雇佣文案人所投入的必要成本极低。只要一个文案人、一台电脑就可以开启内容生产，甚至不接入电脑，只要带上一支笔、一张纸，文案人就可以进入创作者身份。

当然，有得就有失，不可能好处都让这类公司占尽了。这种低投入、轻资产、低风险的商业模式的弊端就是，它的内容生产永远无法规模化、不可标准化实现。没有哪个广告公司的老板会集中雇佣 100 个文案，让他们像奶牛产奶一样源源不断地生产内容出来卖给客户。规模化的这条路根本走不通！所以，身在高位的布局者想到了另外一种赚钱方式。既然批量出货走不通，那只能把一件内容产品卖出天价，公司才能回本并且保有利润空间。

所以，身在高位的公司经营者会去重点招揽那些对创意、对文字、对策略、对设计一心向往的好苗子，用他们的脑力和热情，让他们在内容加工生产一线现场，为了一个作品倾尽全部心血。要实现这样高规格、高品质、长期稳定质量的内容生产目标，势必要把这件事交给那些拥有一流创作资质的人才，同时还要想方设法长期维持他们的创作热情投入度。因为在创意现场的任何一次松懈，都会让作品大打折扣。

为此，那些顶级布局人是怎么做的呢？他们不是给物质回报，而是造了一个局，让绝大多数创意从业者都心甘情愿地生活在一种创意为王、作品至上、内容至上的精神花园里，并且把它默认为这就是文案世界的运转规则。

　　比如，在过往，很多创意公司不是通过提升待遇，而是通过宣讲创意使命和特立独行的自由精神来吸引年轻人。这些创意公司都选址在一线城市核心城区的核心商业广场的写字楼里，配套齐全、装修精致的办公环境让刚毕业的新人们仿佛一脚踏入了都市电视剧主角的工作空间。行业里层出不穷的创意大奖，更是各家争相追逐的精神兴奋剂。这些奖项大多数都是行业圈子里关起门来互相吹捧的物料和道具。哪怕在圈子里，很多台上的获奖创意作品都少有人关注到。但是成了获奖团队中的一员，自己职业简历介绍页上就多了一份重量……

　　于是时间长了，自上而下的所有人都在这个精神花园找到了自己暂时舒适的位置，所有人也都成了这个精神花园里的共建和共创者。你稍有反抗、不愿接受，就入不了这个局，进不了这个圈。

　　过去，你看到的绝大多数行业文案书、那些业内名家的下场亲授，都在无形中教育每个个体臣服于这个文案的局，并引导你参与建设和传承这个充满甜蜜致幻气体的精神花园。但是，我偏不。我一直在做一个特立独行的文案鱼塘塘主。

　　随着时代的发展，这个文案的局也有了裂缝。但当下还有很多资深创意人对过去的辉煌和高光时刻念念不忘。他们无限感慨广告人的黄金年代再也回不来了，感叹创意人在商业市场的话语权越来越低了。实际上，他们感叹的是自己原有的那套创作三板斧，在新媒体当道的大环境下不再奏效，他们感慨天马行空的创意不再是创意公司的专属了。

　　那些身在高位的布局者，不愿意主动坦承创意的背后是生意。很多资深从业者更不愿意面对自己先是生意人、是商人，然后才是创意人、创作者。生意人的身份听起来一点也不酷。他们不要做生意人，要做创意人，他要生产出家喻户晓和改变世界的大创意，很大的那种创意。

　　但是，要追问他们做大创意是不是为了拿到大订单时，他们多半会默认。创意的背后是生意，这是布局者极力想让从业者忽略的事实。

很多创意公司的创作出发点根本不是品牌需要、产品需要，而是基于他们的生意需要。为了能够拿到震动行业、打响名气的案子，他们想方设法说服客户追加预算，给不懂行的客户极力推销大预算、大制作的创作方向，生产一个个看似亮眼、实则如烟花一般闪现几秒转而消失不见的大创意。很多行业人津津乐道、投入不菲的大创意作品，在用户端根本没有激起一点水花，更没有转为品牌的认知资产。

他们打着创意之名做创意，并全力洗脑局中的创作者，跟着他们一起为了创意献祭青春。他们把客户来之不易的经营利润转化为自己的利润和对外展示实力的大创意。实则品牌方的预算、客户的生意、创作者的青春，都是他们口中创意的祭品。所有人为了布局者更快、更好、更大的生意献出所有。这是这个局的死穴，是我看到的不合理的地方。

我是文案局的亲历者，是它锻造了我对市场营销和商业传播的理解，我不会完全否定它的价值，但我不会接受它全局改写我的大脑。但对于布局者来说，他有他的规则，我有我的准则。塘主是见路不走的人，就要准备过人的心力，来冲破文案的局。

或者说，因为我对文案爱得沉淀，我想尽一己之力点破此局不合理的成分，为我想守护的文案之道发出一点点微弱的声音。这是一个破局之人能给予这个局的最大回报。我，塘主，声如蚊蚋，但我愿以萤萤之光让人看到还有一群人相信文案的力量，在循道而行。

起点是文案，终点是人心

如果重新再选一次，我会以一个弱者之姿躬身入这个文案局吗？答案是，会的，我会义无反顾地直接跳入。

一个没有资源、没有背景、没有学历优势的普通人，从入行初就能够跟随团队一同参与企业在市场上的重要决策，能够不必付出风险却能拿着客户的几十万元、上百万元的传播预算，到市场上去做大面积的实战演练。是客户真心实意地给予信任、送上真金白银让我在市场上毫无顾忌地迭代成长、奋力冲杀。所以，我始终对客户、对文案心存感恩。

于是我内心一直有一个朴素的信念，让创意回归创意，让生意回归生意。

开门营生，当然要追求利润、追求回报。站着赚钱，不丢人；但若我又想赚钱，又要以创意的名义掩饰本心，这就相当寒碜。创意滋养生意，但不是把创意当作一门生意。

创意滋养生意，是我下场帮助客户一起把产品和品牌经营好，跟着企业和品牌一起生长，一起把蛋糕做大。而把创意当生意，是把客户的经营利润变成我方的利润，把客户篮子里的鸡蛋转移到我方的篮子里来。

身处上位的布局者本可以不用那么着急回款，不用那么焦虑变现，他们本可以跟着客户一起打市场、做蛋糕。跟着企业一起把产品和品牌做大、做强，去赚客户业务增长后的长期稳定回报。这是我推崇的文案与品牌的共生共养关系，也是我的专业经营之道。

而我对文案好与坏最重要的一个判断标准就是，我愿不愿意为它花钱买单？判断一条文案应不应该提交给客户时，我不会拿个人审美倾向去衡量和评价一条文案，而是拿自己花钱买单的意愿度、强烈度去评价一则文案。我经常会把客户的钱当成我自己的钱一样重视和对待。如果我愿意从自己的腰包里掏出真金白银来为这则广告文案买单，那么这就是一条可以推荐给客户的内容。

我一直认为，只有用好内容帮助企业在市场上站稳脚跟，创意服务公司和从业者们才有长期生长的土壤。相反，如果布局者们只关注自己的创意生意，长期做着杀鸡取卵、涸泽而渔的事，还要为后入行的兄弟姐妹们说教，就是亲手把这个行业推向覆灭边缘。

我回顾一路走来的路，感觉一直在冲破文案的局，循道而行。这一路上的噪声、嘘声、质疑和掌声从未间断过。然而重要的是，我只关注我心底的那个文案声音要把我带向何处。

你看到的《撬开总监文案脑》，算得上是我过去 10 年职业文案人生的课题小结。当这本书写完，我终于可以对自己说，我亲手落下一子，冲破了深陷 10 年的文案迷局。

在我这里，文案人的创作使命不是去完成一个个优秀作品，作品只是一个与用户沟通的工具。甚至我会建议身边的文案学员把"作品"二字从大脑里剔除干净。拿着客户的钱去做自己的作品，这是一种近似借鸡生蛋、公款私用的不义之举。在文案和商业上我都严格奉行一套"离经叛道"的、独立的价值主张。

我不是卖给客户一个作品、一个创意，我不是收大创意、营销方案的钱。我上场只做一件事，用文案帮助客户铺就一条通往人心的高速路。我的总监文案脑就是在优化产品和品牌跟用户的沟通效率，找到通往目标用户人心的传输通道。

文案是我的起点，用户人心是我主持的每一场传播的终点。把产品和品牌的形象和声音送到用户人心，则是塘主文案脑的价值所在。

所以，我在前面说，我从来不拿文字去向商业献媚、向权威低头。我想要掌稳自己手中的笔，其实需要的是一颗坚定且纯粹的循道而行的文案之心。坚持这条路不轻松，但很纯粹。

不做恶，不做无心之恶。

记得有一个知名国际 4A 公司，给他们新员工开发了一套文创周边产品。其中有一套给新员工的笔，每支笔身上印着一条文案，诸如，"写了再说""咦，这人说人话""浑身上下就词不穷"……有的是提醒，有的是调侃。

当时，我做了一下思考。作为员工，我想把什么话印在笔上；作为一个企业价值的倡导者，我又该在员工的办工笔上写下什么文案作为提醒？

我们笔下的每句话都不是随手写写，你我写下的一笔一画都很重要，每一笔都算数，每一笔都关乎客户的商业布局；每一句都是企业对外的展示形象；每一次发声对客户来说都至关重要，关系了他们买卖的成败。想到这里，有一句文案浮现在我脑海里——"每一笔，都是大买卖"。

在此，我也把这句千金重的提醒送给每一位文案同路人，你的责任重大，你为品牌和产品写下的每一篇、每一笔都事关重大。

不妨设身处地想一下，如果你是一个中小微创业者，你战战兢兢地从自己上一季的盈利中拿出 10 万元预算，投到自己小品牌的形象升级中。10 万元对大企业来说算不上什么，但这是你鼓起勇气、攒足心力才拿出来的一笔投入。中小微经营者的每一分钱都是活命钱，经不起任何试错的风险。如果这次付出没有拿到像样结果，可能在今后三五年内你都不敢再冒险把品牌升级这件事提上日程。如果这 10 万元钱折损在我的手里，相当于我亲手断送了一个新生品牌的成长机会。不做伤害品牌生长的事，不作恶，这对我来说，是一件举足轻重的大事。

当你真正付出一笔 10 万元以上的品牌学费，你大概会体会到一个事实，市场上有专业实力、认真做事且愿意真心为品牌出全力的业务团队可谓罕见！

市场传播上有一个生死攸关的东西叫机会成本。如果你是品牌方，一个可有可无的方案被投到市场了，从内容本身上说它本没有错，只是它没有什么亮点。一次小型的宣传投放，从前期沟通、内容创作、制作落地到市场投放结束，至少用 3 个月。

而这个无功无过的内容落在市场上，会让企业损失一次跟用户建立连接的重要机会。这是一种无形的伤害，隐形的放血，无心之恶。企业和品牌明确失去的是 3 个月的有效生长周期，而这背后所要支付的时间成本和机会成本则无法计量。

一路走来，我反复提醒自己，不作恶，不作无心之恶。

至今，我落笔写文案，依然内心忐忑、谨小慎微，生怕给人家指了一条要绕远的路。不过，只要说起文案策划和品牌营销，我就是那个双眼放光、大脑飞转的塘主。

我喜欢跟认真做产品、做用户服务的企业经营者相处、共事。他们的产品和服务在改变这个世界，我的文案在勾勒他们的产品和服务。

文案是品牌写给用户的一封情书。塘主用正心正念写文案，不是做给客户和用户看，而是做给我自己看。

循道而行，争做一流文案人，你总监文案脑的上场实战才刚刚开始。在人生的主场，天地是纸张，你我的一言一行都是我们各自在这个世界写下的一条条文案。这些文案的读者有人、有山、有风，还有天和地！

我是塘主，写文案的，已经写了10多年。我相信正心正念的文案，定能让用心的品牌和品牌的用心被更多用户看到。

塘主